この本の特長と使い方

問題回数ギガ増しドリル!

1年間で学習する内容が、この1冊でたっぷり学べます。

※音読みはカタカナ、訓読みはひらがなになっています。
※色になっている文字は送りがなです。
※(　)は、小学校で習わない読みです。

1枚ずつはがして使うこともできます。

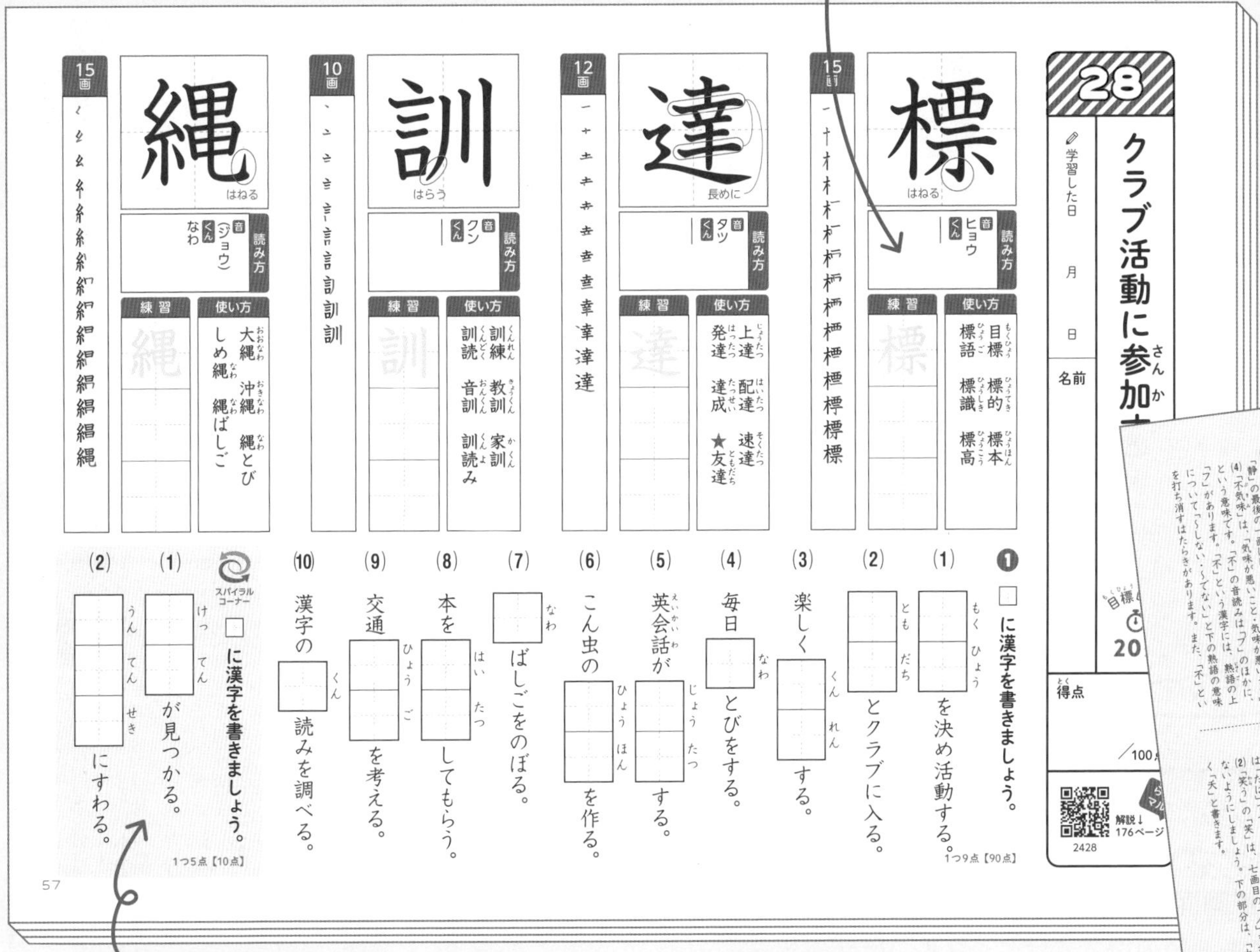

28 クラブ活動に参加《さんか》する

学習した日　月　日
名前
目標時間 20分
得点　/100点
解説↓176ページ
2428

標　15画　はねる
読み方　音 ヒョウ
使い方　目標《もくひょう》　標的《ひょうてき》　標本《ひょうほん》　標語《ひょうご》　標識《ひょうしき》　標高《ひょうこう》

達　12画　長めに
読み方　音 タツ
使い方　上達《じょうたつ》　配達《はいたつ》　速達《そくたつ》　発達《はったつ》　達成《たっせい》　★友達《ともだち》

訓　10画　はらう
読み方　音 クン
使い方　訓練《くんれん》　教訓《きょうくん》　家訓《かくん》　訓読《くんどく》　音訓《おんくん》　訓読《くんよ》み

縄　15画　はねる
読み方　音 (ジョウ)　くん なわ
使い方　大縄《おおなわ》　沖縄《おきなわ》　縄《なわ》とび　しめ縄《なわ》　縄《なわ》ばしご

1 □に漢字を書きましょう。
(1) □《もくひょう》を決め活動する。
(2) □《ともだち》とクラブに入る。
(3) 楽しく□《くんれん》する。
(4) 毎日□《なわ》とびをする。
(5) 英会話《えいかいわ》が□《じょうたつ》する。
(6) こん虫の□《ひょうほん》を作る。
(7) □《なわ》ばしごをのぼる。
(8) 本を□《はいたつ》してもらう。
(9) 交通□《ひょうご》を考える。
(10) 漢字の□《くん》読みを調べる。
1つ9点【90点】

スパイラルコーナー　□に漢字を書きましょう。
(1) □《けってん》が見つかる。
(2) □《うんてんせき》にすわる。
1つ5点【10点】

57

裏面

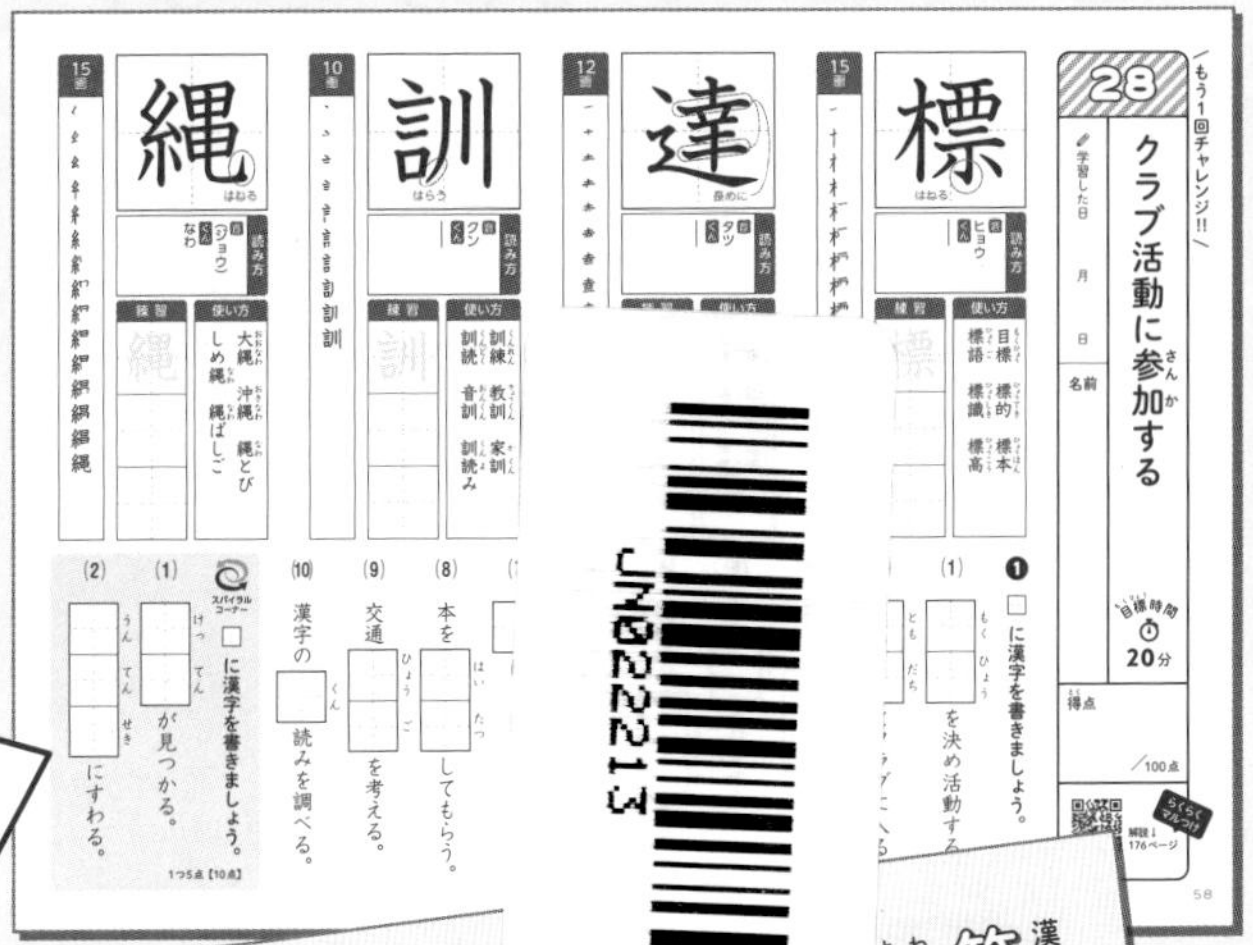

もう1回チャレンジできる!

裏面には、表面と同じ問題を掲載。
解きなおしや復習がしっかりできます。

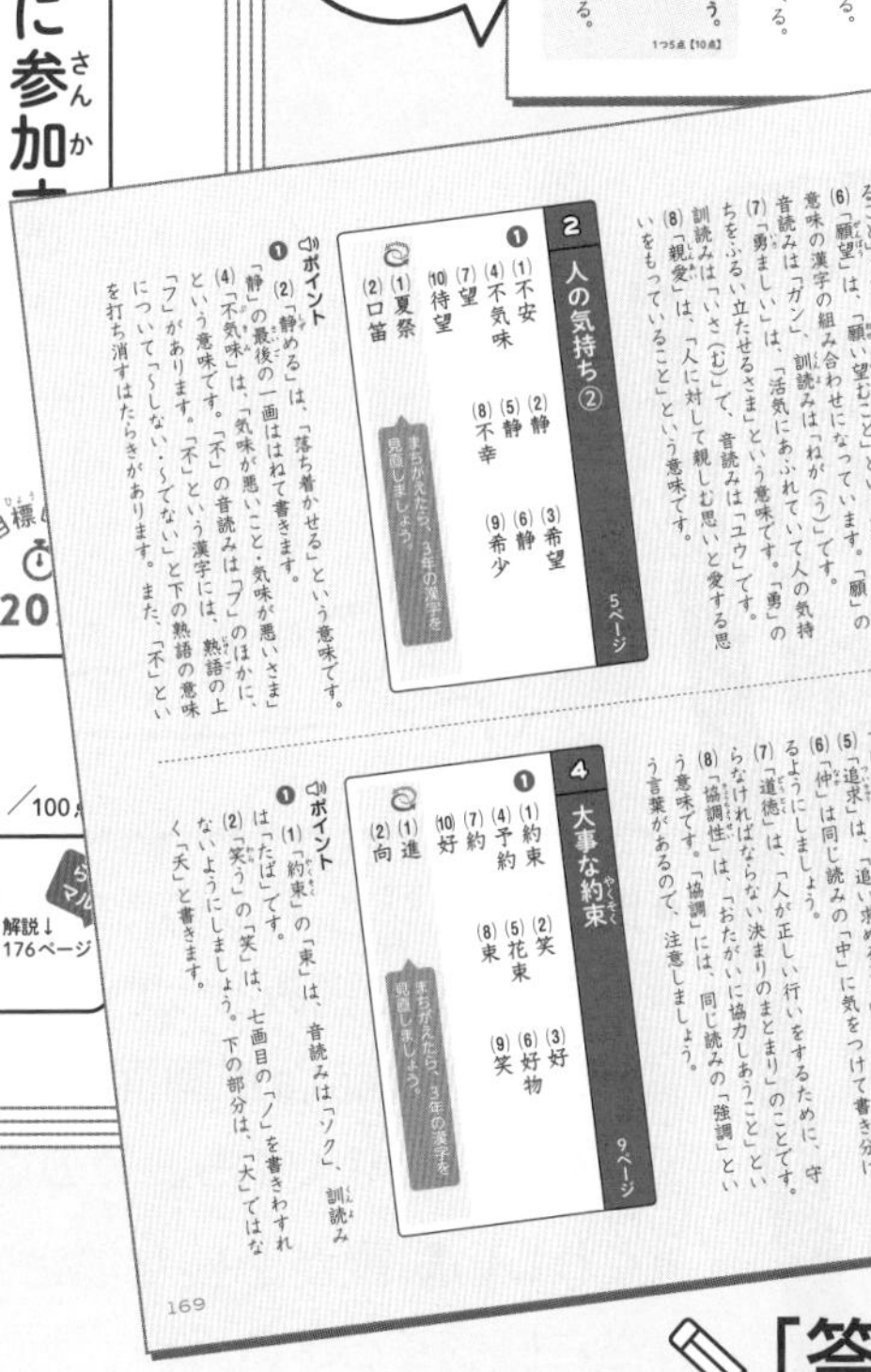

漢字ギガドリル　小学4年
答え
わからなかった問題は、ポイントの解説をよく読んで、確認してください。

スパイラルコーナー!

何回か前に学習した内容が登場。
くり返し学習で定着させます。

※「使い方」の部分に★が付いている語は特別な読みをするもの(熟字訓)です。

マルつけはスマホでサクッと!

その場でサクッと、赤字解答入り誌面が見られます。

くわしくはp.2へ

「答え」のページはていねいな解説つき!

解き方がわかるポイントがついています。

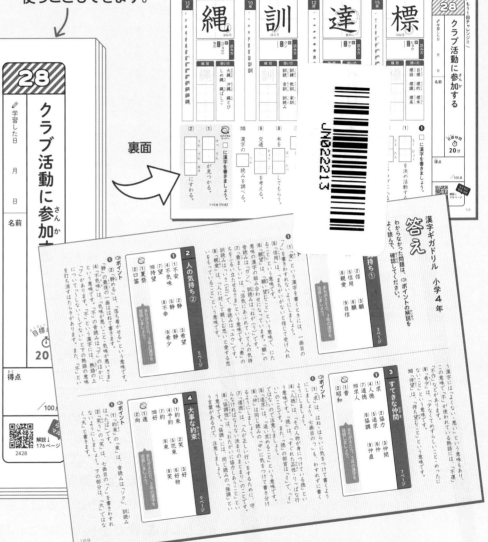

スマホでサクッと!
らくらくマルつけシステム

「答え」のページを
見なくても!
その場でスピーディーに!

- 問題ページ右下のQRコードを、お手持ちのスマートフォンやタブレットで読みとってください。そのページの解答が印字された状態の誌面が画面上に表示されるので、「答え」のページを確認しなくても、その場ですばやくマルつけができます。
- くわしい解説が必要な場合は、「答え」のページのポイントをご確認ください。

●「らくらくマルつけシステム」は無料でご利用いただけますが、通信料金はお客様のご負担となります。●すべての機器での動作を保証するものではありません。●やむを得ずサービス内容に予告なく変更が生じる場合があります。●QRコードは㈱デンソーウェーブの登録商標です。

プラスαの学習効果で成績ぐんのび!

パズル問題で考える力を育みます。

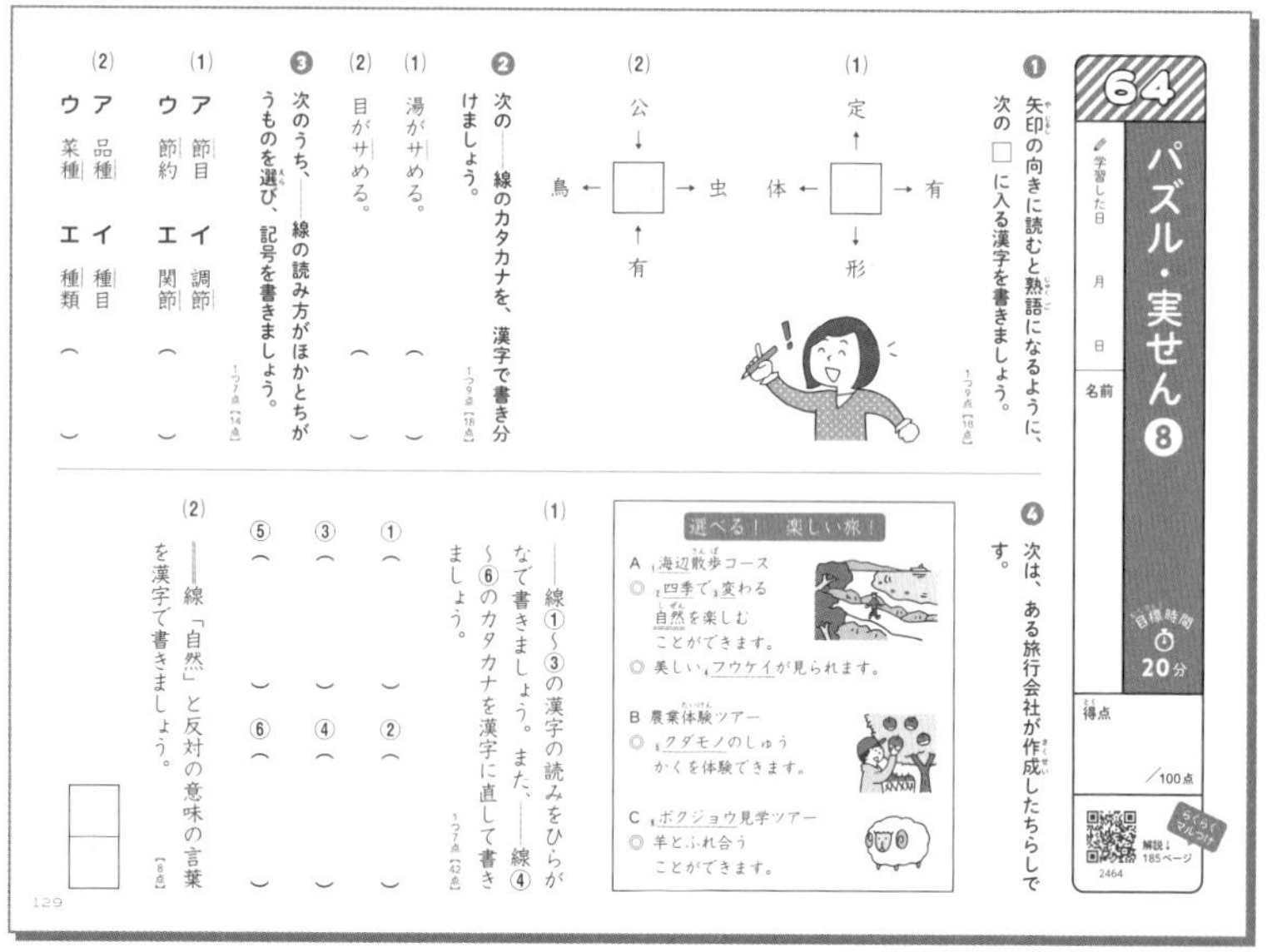

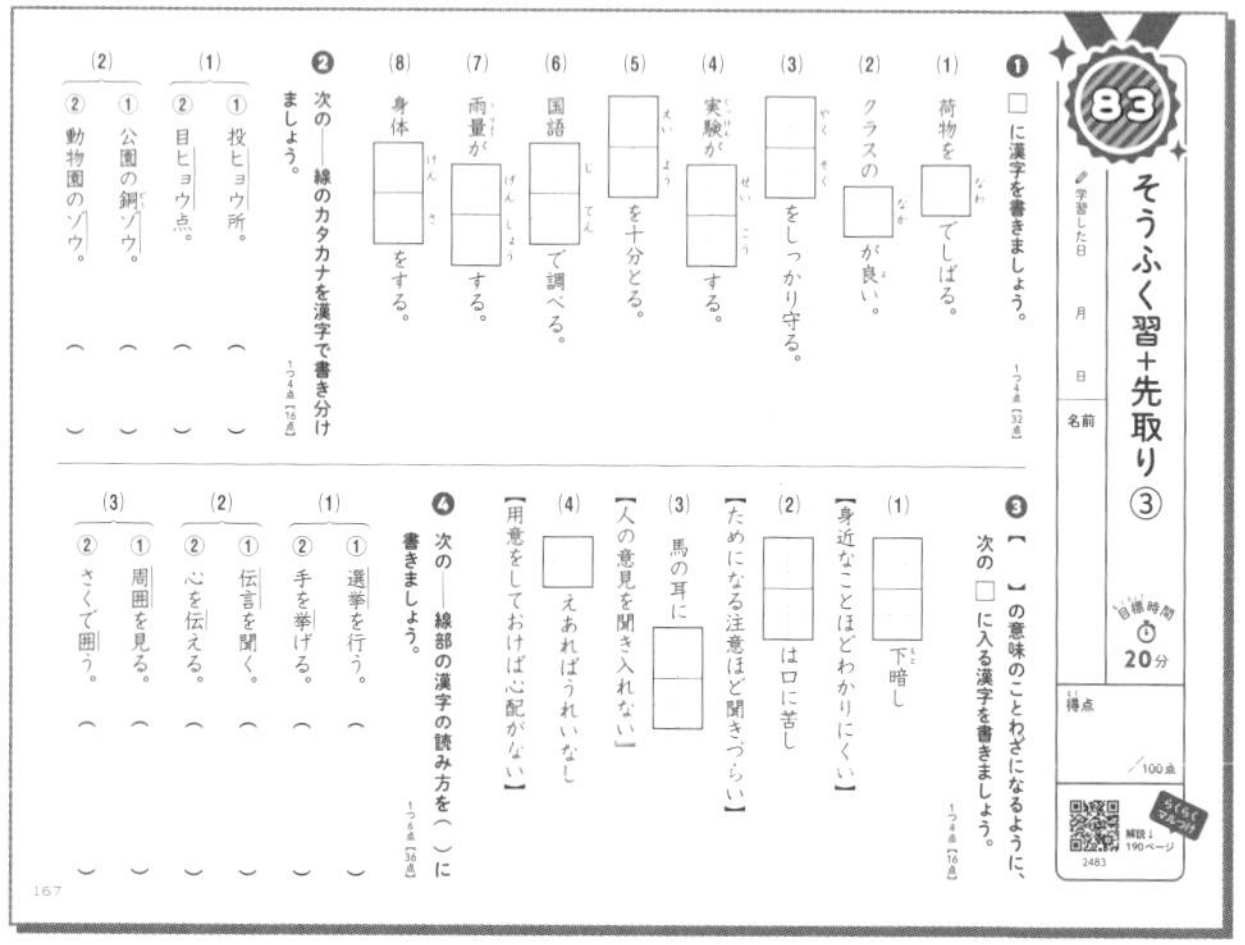

巻末のそうふく習+先取り問題で、今より一歩先までがんばれます。

1 人の気持ち①

学習した日　月　日

名前

目標《もくひょう》時間 20分

得《とく》点　／100点

解説↓ 169ページ

2401

らくらくマルつけ

愛　13画

点のうちかたに注意

読み方　音 アイ　くん ―

使い方：愛犬《あいけん》　愛着《あいちゃく》　愛用《あいよう》　親愛《しんあい》　愛読書《あいどくしょ》　愛《あい》する

練習　愛

信　9画

ななめにうつ

読み方　音 シン　くん ―

使い方：信用《しんよう》　自信《じしん》　信号《しんごう》　通信《つうしん》　送信《そうしん》　信《しん》じる

練習　信

願　19画

はねる　とめる

読み方　音 ガン　くん ねが(う)

使い方：願望《がんぼう》　念願《ねんがん》　悲願《ひがん》　願書《がんしょ》　お願《ねが》い　願《ねが》いごと

練習　願

勇　9画

「々」としない

読み方　音 ユウ　くん いさ(む)

使い方：勇気《ゆうき》　勇者《ゆうしゃ》　勇士《ゆうし》　勇《ゆう》そう　勇退《ゆうたい》　勇《いさ》ましい

練習　勇

---

1 □に漢字を書きましょう。

(1) 家族を□《あい》する。

(2) 友人を□《しん》じる。

(3) 旅の安全を□《ねが》う。

(4) □□《ゆうき》を出して行動する。

(5) 相手のことを□□《しんよう》する。

(6) □《がん》望《ぼう》を口に出して言う。

(7) □《いさ》ましいすがたを見る。

(8) □□《しんあい》なる友と会う。

(9) □□《じしん》をもって話す。

(10) □《ねが》いごとをかなえる。

1つ9点【90点】

スパイラルコーナー

□に漢字を書きましょう。

(1) きまりをしっかり□《まも》る。

(2) 校庭の□《てつ》ぼうで遊ぶ。

1つ5点【10点】

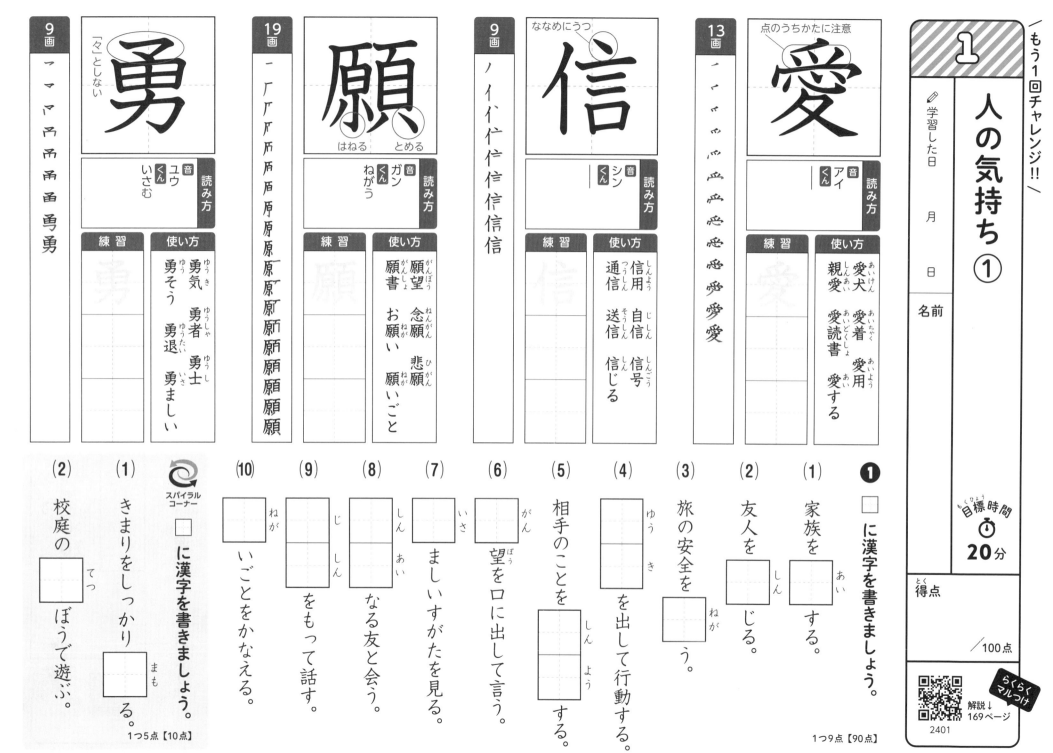

もう1回チャレンジ!!

1 人の気持ち①

学習した日　月　日

名前

目標《もくひょう》時間 20分

得《とく》点

/100点

解説↓169ページ

らくらくマルつけ

2401

愛 13画

点のうちかたに注意

読み方：音 アイ　くん —

使い方：愛犬《あいけん》　愛着《あいちゃく》　愛用《あいよう》　親愛《しんあい》　愛読書《あいどくしょ》　愛《あい》する

練習

信 9画

ななめにうつ

読み方：音 シン　くん —

使い方：信用《しんよう》　自信《じしん》　信号《しんごう》　通信《つうしん》　送信《そうしん》　信《しん》じる

練習

願 19画

はねる　とめる

読み方：音 ガン　くん ねがう

使い方：願望《がんぼう》　念願《ねんがん》　悲願《ひがん》　願書《がんしょ》　お願《ねが》い　願《ねが》いごと

練習

勇 9画

「〻」としない

読み方：音 ユウ　くん いさむ

使い方：勇気《ゆうき》　勇者《ゆうしゃ》　勇士《ゆうし》　勇《ゆう》そう　勇退《ゆうたい》　勇《いさ》ましい

練習

1 □に漢字を書きましょう。

(1) 家族を□《あい》する。

(2) 友人を□《しん》じる。

(3) 旅の安全を□《ねが》う。

(4) □□《ゆうき》を出して行動する。

(5) 相手のことを□□《しんよう》する。

(6) □《がん》望《ぼう》を口に出して言う。

(7) □《いさ》ましいすがたを見る。

(8) □□《しんあい》なる友と会う。

(9) □□《じしん》をもって話す。

(10) □《ねが》いごとをかなえる。

1つ9点【90点】

スパイラルコーナー

□に漢字を書きましょう。

(1) きまりをしっかり□《まも》る。

(2) 校庭の□《てつ》ぼうで遊ぶ。

1つ5点【10点】

2 人の気持ち②

学習した日　月　日

名前

目標《もくひょう》時間 20分

得点《とく》　／100点

解説↓ 169ページ

らくらくマルつけ

2402

不

4画

一 ア 不 不

「不」としない

読み方
- 音 ブ フ
- くん ―

使い方
不安《ふあん》　不幸《ふこう》　不自由《ふじゆう》
不気味《ぶきみ》　不器用《ぶきよう》　不用心《ぶようじん》

練習

静

14画

一 十 キ 丰 青 青 青 青 青 青' 青' 静 静 静

右につき出す

読み方
- 音 セイ （ジョウ）
- くん しず　しずか　しずまる　しずめる

使い方
冷静《れいせい》　静止《せいし》　安静《あんせい》
平静《へいせい》　静物画《せいぶつが》　静《しず》けさ

練習

希

7画

ノ メ 㐅 产 𢀖 希 希

つき出す

読み方
- 音 キ
- くん ―

使い方
希望《きぼう》　希少《きしょう》　希求《ききゅう》
希《き》はく

練習

望

11画

丶 亠 亡 亡 切 切 切 胡 胡 望 望

少しななめに書く

読み方
- 音 ボウ （モウ）
- くん のぞむ

使い方
願望《がんぼう》　失望《しつぼう》　待望《たいぼう》
有望《ゆうぼう》　望遠鏡《ぼうえんきょう》　望《のぞ》み

練習

---

1 □に漢字を書きましょう。　1つ9点【90点】

(1) □□《ふあん》な気持ちになる。

(2) 息をはいて心を□《しず》める。

(3) 未来《みらい》に□□《きぼう》をもつ。

(4) □□□《ぶきみ》だと感じる。

(5) あわてず、冷《れい》□《せい》になる。

(6) □《しず》けさを味わう。

(7) 楽しい一日を□《のぞ》む。

(8) □□《ふこう》だとは思わない。

(9) □□《きしょう》な動物を守りたい。

(10) □□《たいぼう》の夏休みが始まる。

スパイラルコーナー

□に漢字を書きましょう。　1つ5点【10点】

(1) □□《なつまつ》りが開かれる。

(2) □□《くちぶえ》をふきながら歩く。

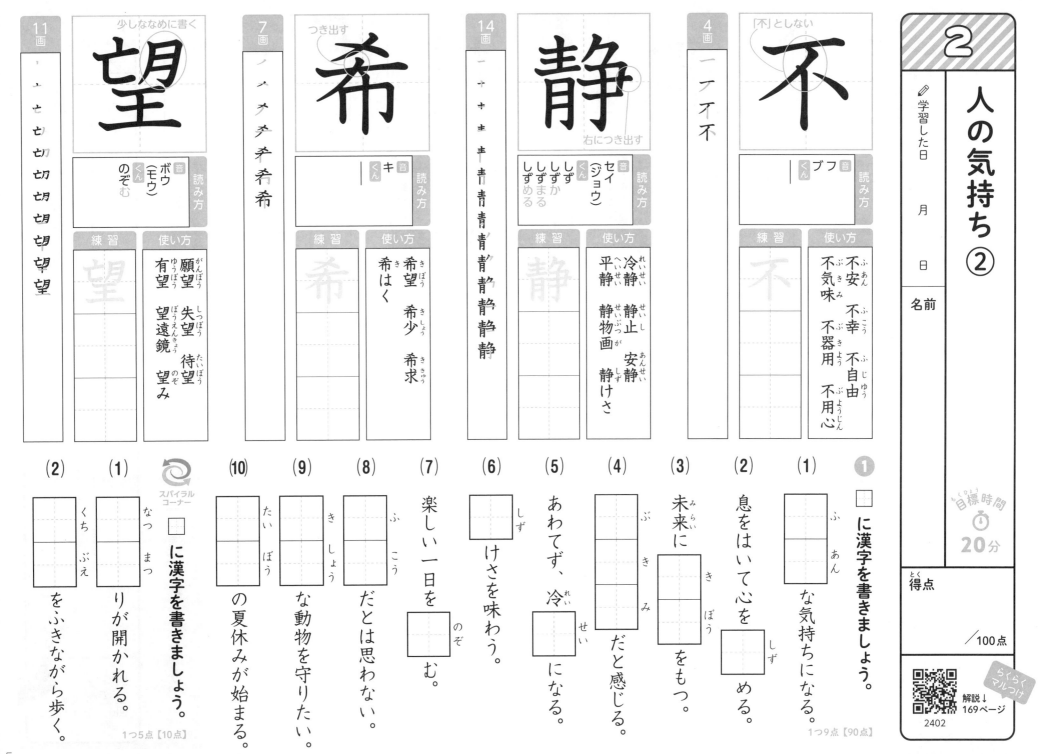

もう1回チャレンジ!!

2 人の気持ち②

学習した日　月　日

名前

目標《もくひょう》時間 20分

得点《とく》　／100点

不（4画）

一 ア 不 不

「不」としない

読み方　音 ブ フ　くん

使い方：不安《ふあん》　不気味《ぶきみ》　不幸《ふこう》　不器用《ぶきよう》　不自由《ふじゆう》　不用心《ぶようじん》

練習

静（14画）

右につき出す

読み方　音 セイ（ジョウ）　くん しず　しずか　しずまる　しずめる

使い方：冷静《れいせい》　平静《へいせい》　静止《せいし》　静物画《せいぶつが》　安静《あんせい》　静《しず》けさ

練習

希（7画）

つき出す

読み方　音 キ　くん

使い方：希望《きぼう》　希《き》はく　希少《きしょう》　希求《ききゅう》

練習

望（11画）

少しななめに書く

読み方　音 ボウ（モウ）　くん のぞむ

使い方：願望《がんぼう》　有望《ゆうぼう》　失望《しつぼう》　望遠鏡《ぼうえんきょう》　待望《たいぼう》　望《のぞ》み

練習

1 □に漢字を書きましょう。

(1) □□《ふあん》な気持ちになる。

(2) 息をはいて心を□《しず》める。

(3) 未来《みらい》に□□《きぼう》をもつ。

(4) □□□《ぶきみ》だと感じる。

(5) あわてず、冷《れい》□《せい》になる。

(6) □《しず》けさを味わう。

(7) 楽しい一日を□《のぞ》む。

(8) □□《ふこう》だとは思わない。

(9) □□《きしょう》な動物を守りたい。

(10) □□《たいぼう》の夏休みが始まる。

1つ9点【90点】

スパイラルコーナー □に漢字を書きましょう。

(1) □□《なつまつ》りが開かれる。

(2) □□《くちぶえ》をふきながら歩く。

1つ5点【10点】

らくらくマルつけ
解説↓ 169ページ

2402

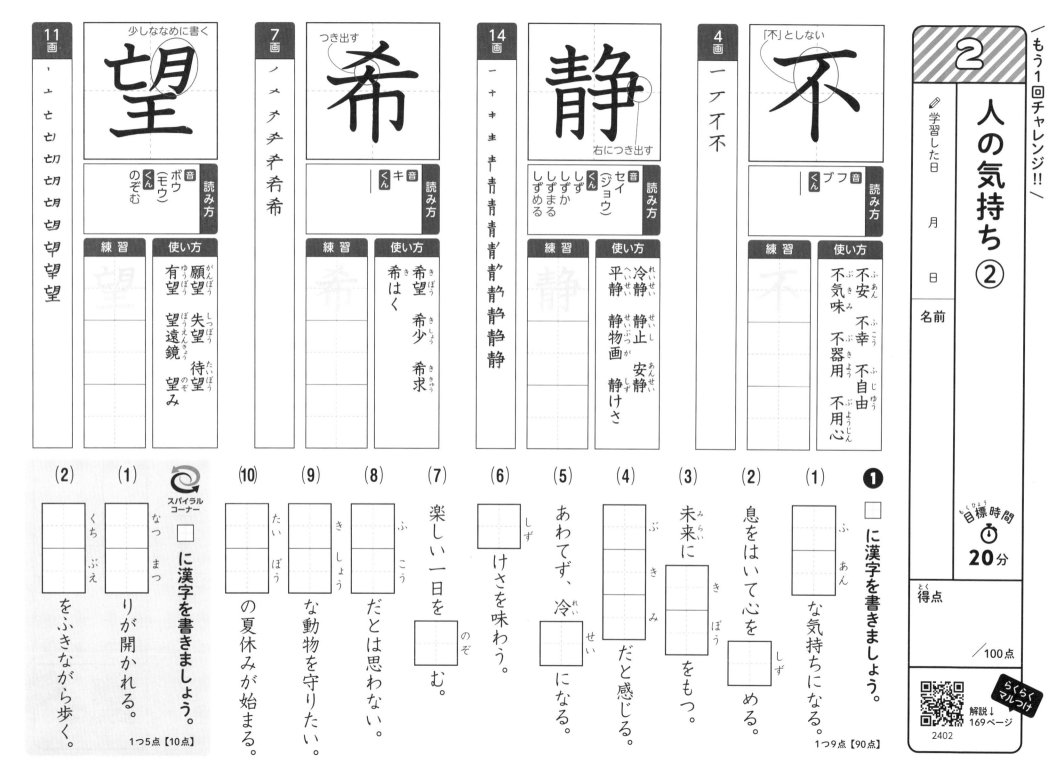

3

すてきな仲間《なかま》

学習した日　月　日

名前

目標時間《もくひょう》 20分

得《と》点　/100点

解説↓169ページ

2403

らくらくマルつけ

求（7画）

はねる

読み方　音 キュウ　くん もとめる

使い方：要求《ようきゅう》　追求《ついきゅう》　求人《きゅうじん》　欲求《よっきゅう》　探求《たんきゅう》　追《お》い求《もと》める

練習

協（8画）

上の「力」は少し大きめ

読み方　音 キョウ　くん

使い方：協力《きょうりょく》　協同《きょうどう》　協調《きょうちょう》　協定《きょうてい》　協会《きょうかい》　協議《きょうぎ》

練習

仲（6画）

とめる

読み方　音 (チュウ)　くん なか

使い方：仲間《なかま》　仲直《なかなお》り　仲《なか》たがい　仲良《なかよ》し　仲立《なかだ》ち　仲《ちゅう》かい

練習

徳（14画）

はねる

読み方　音 トク　くん

使い方：道徳《どうとく》　人徳《じんとく》　美徳《びとく》　不徳《ふとく》　徳用品《とくようひん》　徳島県《とくしまけん》

練習

1 □に漢字を書きましょう。

(1) 友人に助けを□《もと》める。

(2) □□《きょうりょく》して取り組む。

(3) 多くの□□《なかま》ができる。

(4) 友人は□□《じんとく》がある。

(5) 理想を□□《ついきゅう》する。

(6) □《なか》の良《よ》い友人と出かける。

(7) □□《どうとく》について学ぶ。

(8) □□《きょうちょう》性《せい》のあるクラスだ。

(9) □□《なかなお》りのあく手をする。

(10) □□《きゅうじん》の知らせを読む。

1つ9点【90点】

スパイラルコーナー

□に漢字を書きましょう。

(1) □《むかし》の生活と今の生活。

(2) □□《しょうわ》時代の文化を調べる。

1つ5点【10点】

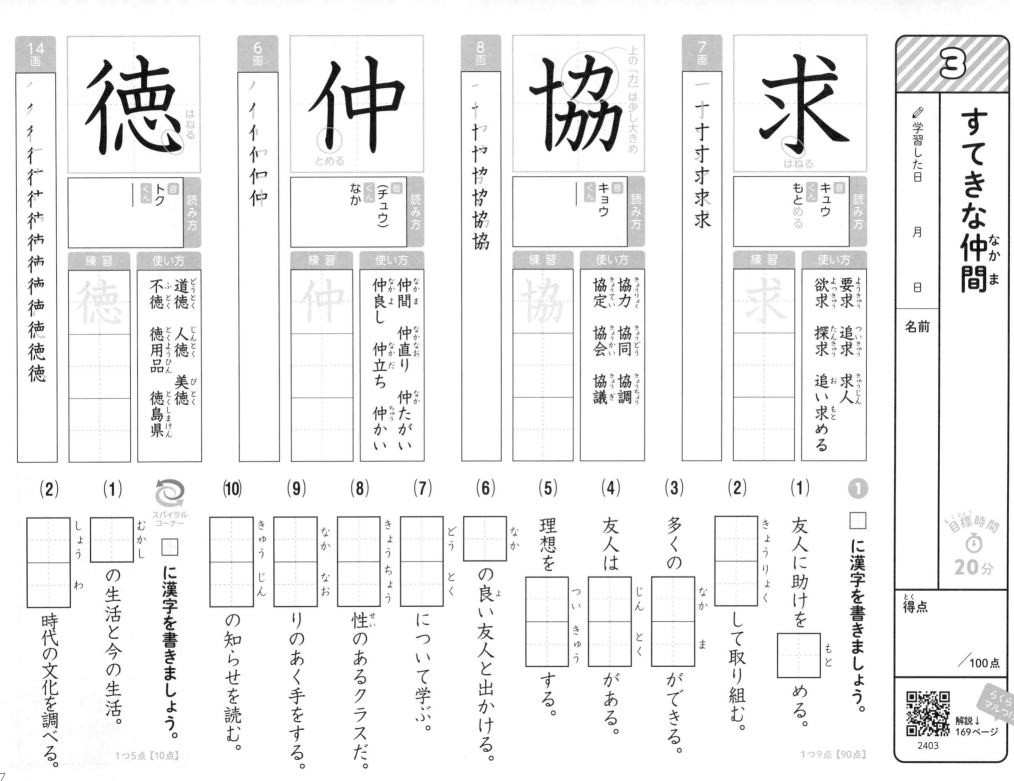

もう1回チャレンジ!!

3 すてきな仲間《なかま》

学習した日　月　日

名前

目標時間《もくひょうじかん》 20分

得《とく》点　／100点

らくらくマルつけ　解説↓169ページ

2403

求　7画

一 寸 寸 才 求 求 求

はねる

読み方　音 キュウ　くん もとめる

使い方：要求《ようきゅう》　追求《ついきゅう》　求人《きゅうじん》　欲求《よっきゅう》　探求《たんきゅう》　追《お》い求《もと》める

練習

協　8画

一 十 忄 忄 忄 协 協 協

上の「力」は少し大きめ

読み方　音 キョウ　くん ―

使い方：協力《きょうりょく》　協同《きょうどう》　協調《きょうちょう》　協定《きょうてい》　協会《きょうかい》　協議《きょうぎ》

練習

仲　6画

ノ 亻 仆 仂 仲 仲

とめる

読み方　音 （チュウ）　くん なか

使い方：仲間《なかま》　仲直《なかなお》り　仲《なか》たがい　仲良《なかよ》し　仲立《なかだ》ち　仲《ちゅう》かい

練習

徳　14画

ノ 彳 彳 彳 彳 彳 徎 徎 徳 徳 徳 徳 徳 徳

はねる

読み方　音 トク　くん ―

使い方：道徳《どうとく》　人徳《じんとく》　美徳《びとく》　不徳《ふとく》　徳用品《とくようひん》　徳島県《とくしまけん》

練習

❶ □に漢字を書きましょう。　1つ9点【90点】

(1) 友人に助けを□《もと》める。

(2) □□《きょうりょく》して取り組む。

(3) 多くの□□《なかま》ができる。

(4) 友人は□□《じんとく》がある。

(5) 理想を□□《ついきゅう》する。

(6) □《なか》の良《よ》い友人と出かける。

(7) □□《どうとく》について学ぶ。

(8) □□《きょうちょう》性《せい》のあるクラスだ。

(9) □□《なかなお》りのあく手をする。

(10) □□《きゅうじん》の知らせを読む。

スパイラルコーナー

□に漢字を書きましょう。　1つ5点【10点】

(1) □《むかし》の生活と今の生活。

(2) □□《しょうわ》時代の文化を調べる。

4 大事な約束《やくそく》

✎学習した日　月　日

名前

目標《もくひょう》時間 20分

得点《とく》

／100点

解説↓ 169ページ

らくらくマルつけ

2404

約（9画）

はねる

読み方：音 ヤク　くん —

使い方：予約《よやく》　先約《せんやく》　条約《じょうやく》　約分《やくぶん》　要約《ようやく》　節約《せつやく》

練習

束（7画）

とめる

読み方：音 ソク　くん たば

使い方：約束《やくそく》　結束《けっそく》　収束《しゅうそく》　花束《はなたば》　札束《さつたば》　束《たば》ねる

練習

笑（10画）

「天」としない

読み方：音 （ショウ）　くん わらう　（えむ）

使い方：笑《わら》い声《ごえ》　笑《わら》い話《ばなし》　大笑《おおわら》い　笑《わら》い転《ころ》げる　苦笑《くしょう》

練習

好（6画）

はねる

読み方：音 コウ　くん このむ　すく

使い方：好物《こうぶつ》　好意《こうい》　好調《こうちょう》　良好《りょうこう》　好《この》み　大好《だいす》き

練習

1 □に漢字を書きましょう。

(1) 大事な□□《やくそく》を守る。

(2) 大きな声で□《わら》う。

(3) □《す》きな場所に行く。

(4) 店の□□《よやく》をする。

(5) □□《はなたば》をわたす。

(6) □□《こうぶつ》を二人で食べる。

(7) □《やく》一週間待っている。

(8) 手紙を□《たば》ねてわたす。

(9) □《わら》い声が聞こえる。

(10) 相手の□《この》みを知る。

1つ9点【90点】

スパイラルコーナー

□に漢字を書きましょう。

(1) まっすぐに道を□《すす》む。

(2) 集合場所に□《む》かう。

1つ5点【10点】

もう1回チャレンジ!!

4 大事な約束《やくそく》

学習した日　月　日

名前

目標《もくひょう》時間 20分

得点《とく》　／100点

解説↓ 169ページ

らくらくマルつけ

2404

約 9画

筆順：く 幺 幺 糸 糸 糸 約 約 約

はねる

読み方　音 ヤク　くん ―

練習

使い方　予約《よやく》　約分《やくぶん》　先約《せんやく》　要約《ようやく》　条約《じょうやく》　節約《せつやく》

束 7画

筆順：一 厂 戸 百 申 東 束

とめる

読み方　音 ソク　くん たば

練習

使い方　約束《やくそく》　花束《はなたば》　結束《けっそく》　札束《さつたば》　収束《しゅうそく》　束《たば》ねる

笑 10画

筆順：ノ ⺈ ⺮ ⺮ 𥫗 𥫗 竺 竺 笑 笑

「夭」としない

読み方　音 (ショウ)　くん わらう (えむ)

練習

使い方　笑《わら》い声《ごえ》　笑《わら》い転《ころ》げる　笑《わら》い話《ばなし》　苦笑《くしょう》　大笑《おおわら》い

好 6画

筆順：く 女 女 女 好 好

はねる

読み方　音 コウ　くん このむ すく

練習

使い方　好物《こうぶつ》　良好《りょうこう》　好意《こうい》　好《この》み　好調《こうちょう》　大好《だいす》き

❶ □に漢字を書きましょう。　1つ9点【90点】

(1) 大事な□□《やくそく》を守る。

(2) 大きな声で□《わら》う。

(3) □《す》きな場所に行く。

(4) 店の□□《よやく》をする。

(5) □□《はなたば》をわたす。

(6) □□《こうぶつ》を二人で食べる。

(7) □《やく》一週間待っている。

(8) 手紙を□《たば》ねてわたす。

(9) □《わら》い声が聞こえる。

(10) 相手の□《この》みを知る。

スパイラルコーナー

□に漢字を書きましょう。　1つ5点【10点】

(1) まっすぐに道を□《すす》む。

(2) 集合場所に□《む》かう。

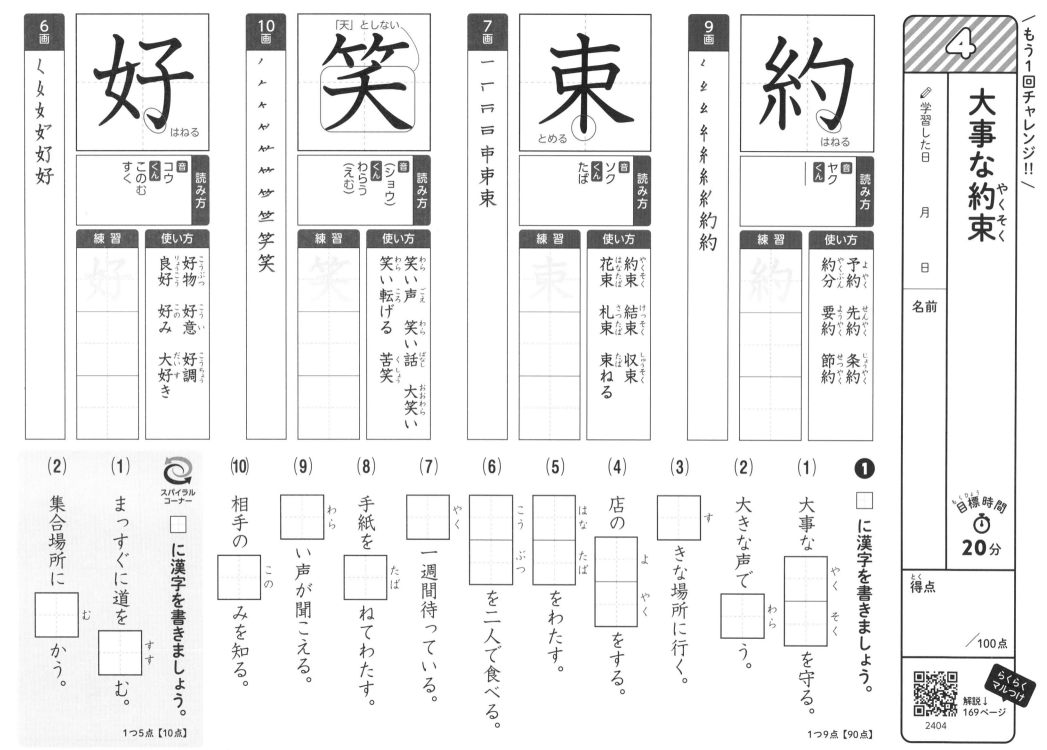

5 すばらしい一日

学習した日　月　日

名前

目標《もくひょう》時間　20分

得《とく》点　／100点

らくらくマルつけ　解説↓170ページ

2405

特（10画）

右上にはらう

読み方　音　トク　くん　―

使い方：特急《とっきゅう》　特色《とくしょく》　特技《とくぎ》　特定《とくてい》　特売《とくばい》　特集《とくしゅう》

練習

別（7画）

はねる

読み方　音　ベツ　くん　わかれる

使い方：特別《とくべつ》　区別《くべつ》　別人《べつじん》　別々《べつべつ》　別名《べつめい》　生《い》き別《わか》れ

練習

最（12画）

右上にはらう

読み方　音　サイ　くん　もっとも

使い方：最高《さいこう》　最大《さいだい》　最小《さいしょう》　最新《さいしん》　最後《さいご》　最《もっと》も

練習

完（7画）

曲げて上にはねる

読み方　音　カン　くん　―

使い方：完全《かんぜん》　完成《かんせい》　完結《かんけつ》　完走《かんそう》　完勝《かんしょう》　完《かん》ぺき

練習

---

1 □に漢字を書きましょう。　1つ9点【90点】

(1) □□《とくべつ》な日をむかえる。

(2) □□《さいこう》の気分になる。

(3) □□《かんぜん》にやりとげる。

(4) □□《とっきゅう》列車に乗る。

(5) 手をふって□《わか》れる。

(6) 夕方が□《もっと》もすばらしい。

(7) □《かん》ぺきな計画を立てる。

(8) □□《とくしゅう》記事を読む。

(9) □□《べつじん》のように見える。

(10) □□《さいご》にあいさつをする。

スパイラルコーナー □に漢字を書きましょう。　1つ5点【10点】

(1) 友人が来るのを□《ま》つ。

(2) □□《やね》の上に鳥がいる。

＼もう1回チャレンジ!!／

5 すばらしい一日

学習した日　月　日

名前

目標《もくひょう》時間 20分

得《とく》点　／100点

解説↓170ページ

らくらくマルつけ

2405

特 10画

ノ 𠂉 牛 牜 牪 牪 特 特 特 特

右上にはらう

読み方　音 トク　くん

練習　特

使い方
特急《とっきゅう》　特定《とくてい》
特色《とくしょく》　特売《とくばい》
特技《とくぎ》　特集《とくしゅう》

別 7画

丨 口 口 另 另 别 別

はねる

読み方　音 ベツ　くん わかれる

練習　別

使い方
特別《とくべつ》　別々《べつべつ》
区別《くべつ》　別名《べつめい》
別人《べつじん》　生《い》き別《わか》れ

最 12画

丨 冂 日 日 旦 早 早 昰 昰 最 最 最

右上にはらう

読み方　音 サイ　くん もっとも

練習　最

使い方
最高《さいこう》　最新《さいしん》
最大《さいだい》　最後《さいご》
最小《さいしょう》　最《もっと》も

完 7画

丶 丶 宀 宀 宀 宇 完

曲げて上にはねる

読み方　音 カン　くん

練習　完

使い方
完全《かんぜん》　完走《かんそう》
完成《かんせい》　完勝《かんしょう》
完結《かんけつ》　完《かん》ぺき

❶ □に漢字を書きましょう。

1つ9点【90点】

(1) □□《とくべつ》な日をむかえる。
(2) □□《さいこう》の気分になる。
(3) □□《かんぜん》にやりとげる。
(4) □□《とっきゅう》列車に乗る。
(5) 手をふって□《わか》れる。
(6) 夕方が□《もっと》もすばらしい。
(7) □《かん》ぺきな計画を立てる。
(8) □□《とくしゅう》記事を読む。
(9) □□《べつじん》のように見える。
(10) □□《さいご》にあいさつをする。

スパイラルコーナー　□に漢字を書きましょう。

1つ5点【10点】

(1) 友人が来るのを□《ま》つ。
(2) □□《やね》の上に鳥がいる。

6 まとめのテスト 1

✎学習した日　　月　　日

名前

目標時間《もくひょうじかん》 20分

得《とく》点　　／100点

解説↓
170ページ

2406

らくらくマルつけ

1 （　）に――線の読みがなを書きましょう。　1つ4点【52点】

(1) 友人と笑い話をする。（　　）

(2) 美しい音楽を愛する。（　　）

(3) 山から町を一望する。（　　）

(4) 部屋《へや》で安静にする。（　　）

(5) 日曜日は先約がある。（　　）

(6) 願書をとどける。（　　）

(7) 大会で完勝をめざす。（　　）

(8) 平静なふりをする。（　　）

(9) 返事を要《よう》求する。（　　）

(10) 空気が希はくになる。（　　）

(11) 有望な学者と話す。（　　）

(12) みんなで結《けっ》束する。（　　）

(13) 愛用のペンで書く。（　　）

2 □に漢字を書きましょう。　1つ4点【48点】

(1) □《なか》たがいをする。

(2) おたがいを□《しん》じる。

(3) 音を□□《さいだい》にする。

(4) □□《ゆうしゃ》が登場する。

(5) 両国で□□《きょうてい》を結《むす》ぶ。

(6) 計画が□□《こうちょう》に進む。

(7) □《とく》技《ぎ》をひろうする。

(8) 善悪《ぜんあく》を□□《くべつ》する。

(9) □□《さいしん》の機械《きかい》を使う。

(10) □□《しんごう》が青に変《か》わる。

(11) □□□《とくようひん》を買う。

(12) □□□《ふじゆう》に思う。

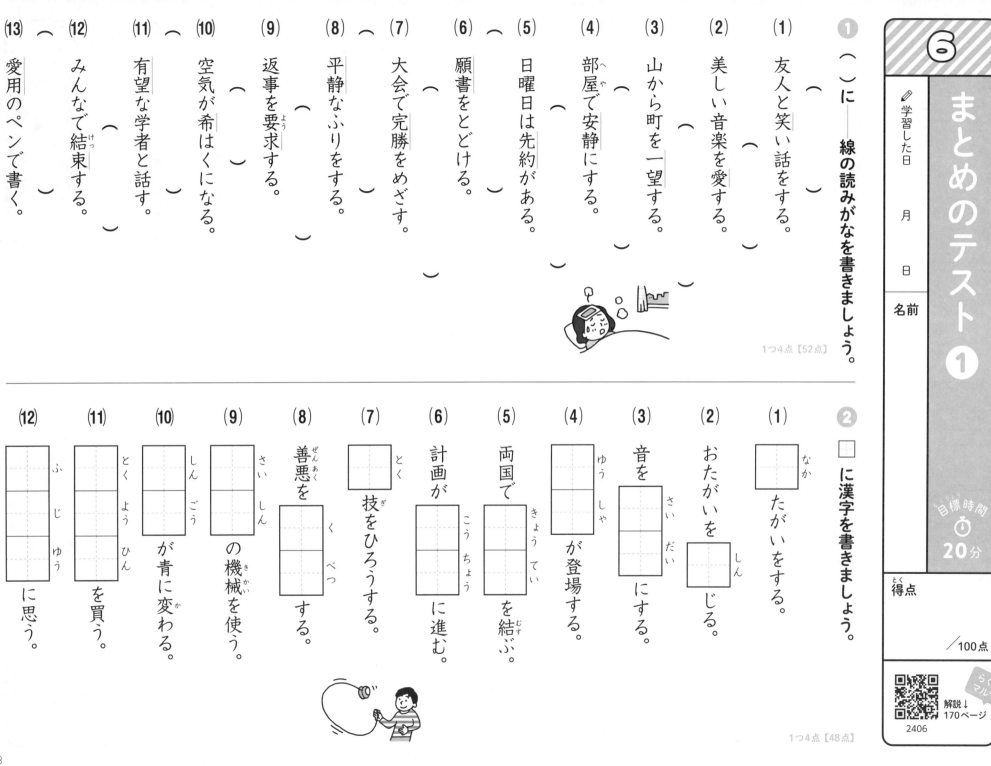

／もう1回チャレンジ!!／

6 まとめのテスト 1

学習した日　月　日

名前

目標時間《もくひょうじかん》 20分

得点《とく》

／100点

解説↓ 170ページ

らくらくマルつけ

2406

1 （　）に——線の読みがなを書きましょう。

1つ4点【52点】

(1) 友人と笑い話をする。（　）
(2) 美しい音楽を愛する。（　）
(3) 山から町を一望する。（　）
(4) 部屋《へや》で安静にする。（　）
(5) 日曜日は先約がある。（　）
(6) 願書をとどける。（　）
(7) 大会で完勝をめざす。（　）
(8) 平静なふりをする。（　）
(9) 返事を要《よう》求する。（　）
(10) 空気が希はくになる。（　）
(11) 有望な学者と話す。（　）
(12) みんなで結《けっ》束する。（　）
(13) 愛用のペンで書く。（　）

2 □に漢字を書きましょう。

1つ4点【48点】

(1) □《なか》たがいをする。
(2) おたがいを□《しん》じる。
(3) 音を□□《さいだい》にする。
(4) □□《ゆうしゃ》が登場する。
(5) 両国で□□《きょうてい》を結《むす》ぶ。
(6) 計画が□□《こうちょう》に進む。
(7) □《とく》技《ぎ》をひろうする。
(8) 善悪《ぜんあく》を□□《くべつ》する。
(9) □□《さいしん》の機械《きかい》を使う。
(10) □□《しんごう》が青に変《か》わる。
(11) □□□《とくようひん》を買う。
(12) □□□《ふじゆう》に思う。

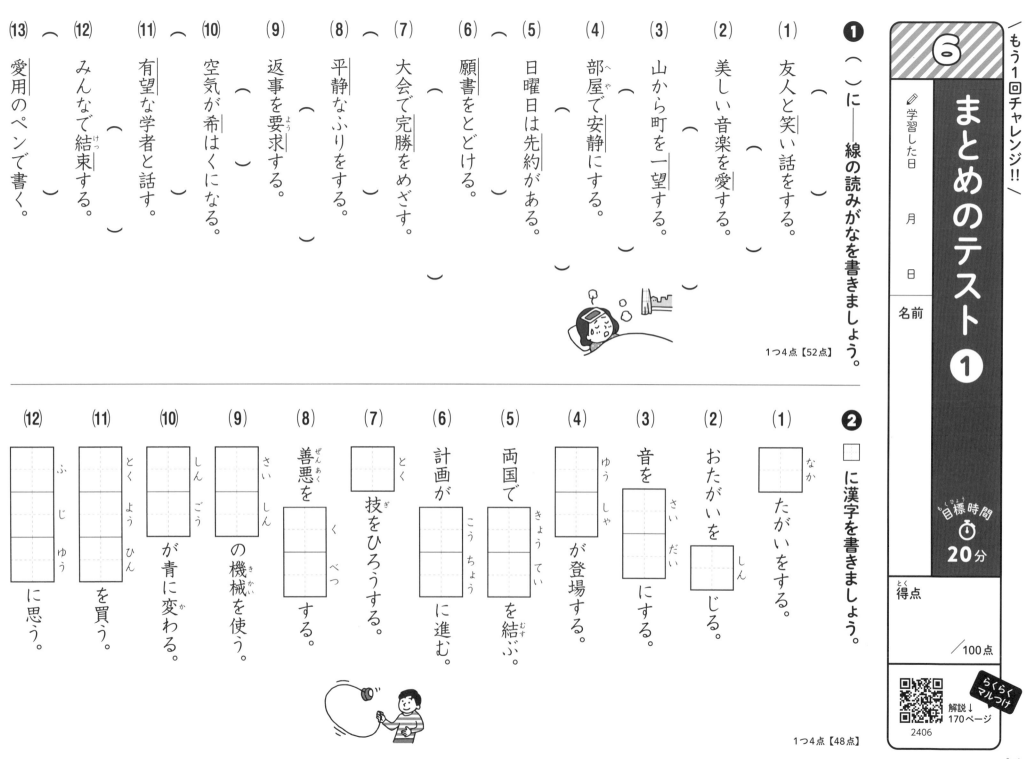

7 まとめのテスト ②

学習した日　　月　　日

名前

目標《もくひょう》時間　20分

得《とく》点　　／100点

解説↓170ページ

2407

らくらくマルつけ

1 （　）に――線の読みがなを書きましょう。

1つ4点【52点】

(1) 勇士《し》の行いに感動する。（　）（　）

(2) メールを送信する。（　）（　）

(3) 大好きな本を読む。（　）（　）

(4) 仲立ちをたのまれる。（　）（　）

(5) 不徳をはずかしく思う。（　）（　）

(6) 協同して取り組む。（　）（　）

(7) 学校の特色を考える。（　）（　）

(8) 世界最小の国を調べる。（　）（　）

(9) 別々に行動する。（　）（　）

(10) だれもが好意をもつ。（　）（　）

(11) ゆずり合いは美徳だ。（　）（　）

(12) 電話で通信する。（　）（　）

(13) 不用心で注意される。（　）（　）

2 □に漢字を書きましょう。

1つ4点【48点】

(1) 大声で助けを□《もと》める。

(2) おかしくて□《わら》い転げる。

(3) 友人にお□《ねが》いをする。

(4) 新しい家が□《かん》成《せい》する。

(5) 物体が□□《せいし》する。

(6) 分数を□□《やくぶん》する。

(7) 札《さっ》□《たば》を金庫にしまう。

(8) 平和を□□《ききゅう》する。

(9) □《かん》ぺきに仕上げる。

(10) □□《ぼうえん》鏡《きょう》で星を見る。

(11) □□□《あいどくしょ》をかす。

(12) □□□《せいぶつが》をかく。

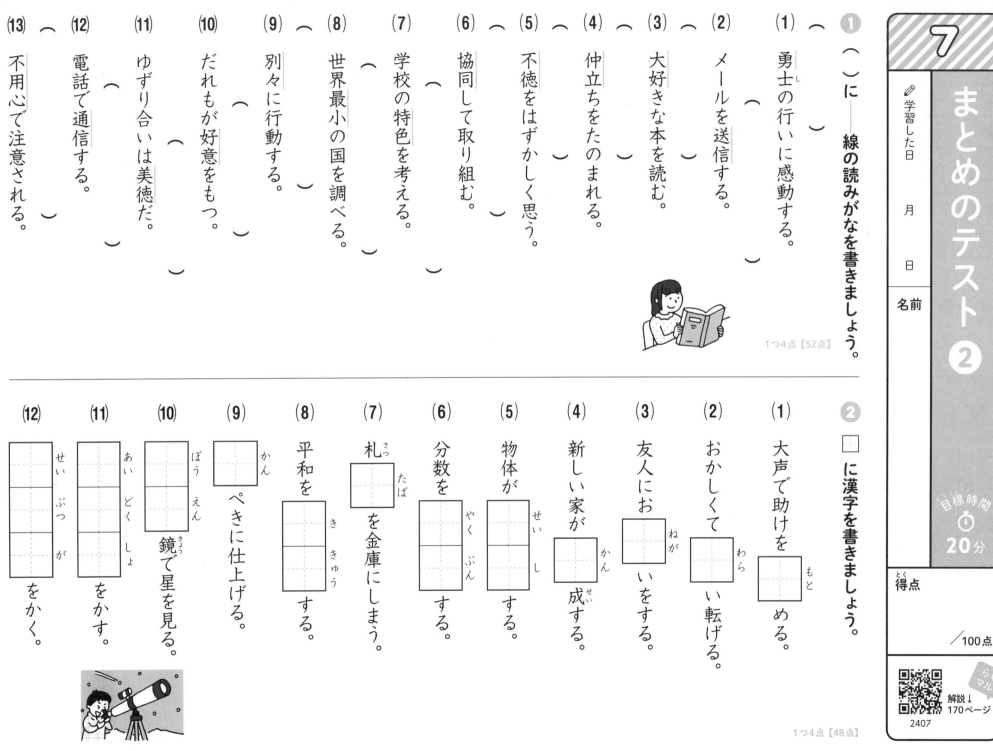

＼もう1回チャレンジ!!／

7 まとめのテスト②

学習した日　月　日

名前

目標《もくひょう》時間 20分

得《とく》点 ／100点

らくらくマルつけ

解説↓ 170ページ

2407

❶ （　）に――線の読みがなを書きましょう。

1つ4点【52点】

(1) 勇士《し》の行いに感動する。（　　）

(2) メールを送信する。（　　）

(3) 大好きな本を読む。（　　）

(4) 仲立ちをたのまれる。（　　）

(5) 不徳をはずかしく思う。（　　）

(6) 協同して取り組む。（　　）

(7) 学校の特色を考える。（　　）

(8) 世界最小の国を調べる。（　　）

(9) 別々に行動する。（　　）

(10) だれもが好意をもつ。（　　）

(11) ゆずり合いは美徳だ。（　　）

(12) 電話で通信する。（　　）

(13) 不用心で注意される。（　　）

❷ □に漢字を書きましょう。

1つ4点【48点】

(1) 大声で助けを□《もと》める。

(2) おかしくて□《わら》い転げる。

(3) 友人にお□《ねが》いをする。

(4) 新しい家が□《かん》成《せい》する。

(5) 物体が□□《せいし》する。

(6) 分数を□□《やくぶん》する。

(7) 札《さつ》□《たば》を金庫にしまう。

(8) 平和を□□《ききゅう》する。

(9) □《かん》ぺきに仕上げる。

(10) □□《ぼうえん》鏡《きょう》で星を見る。

(11) □□□《あいどくしょ》をかす。

(12) □□□《せいぶつが》をかく。

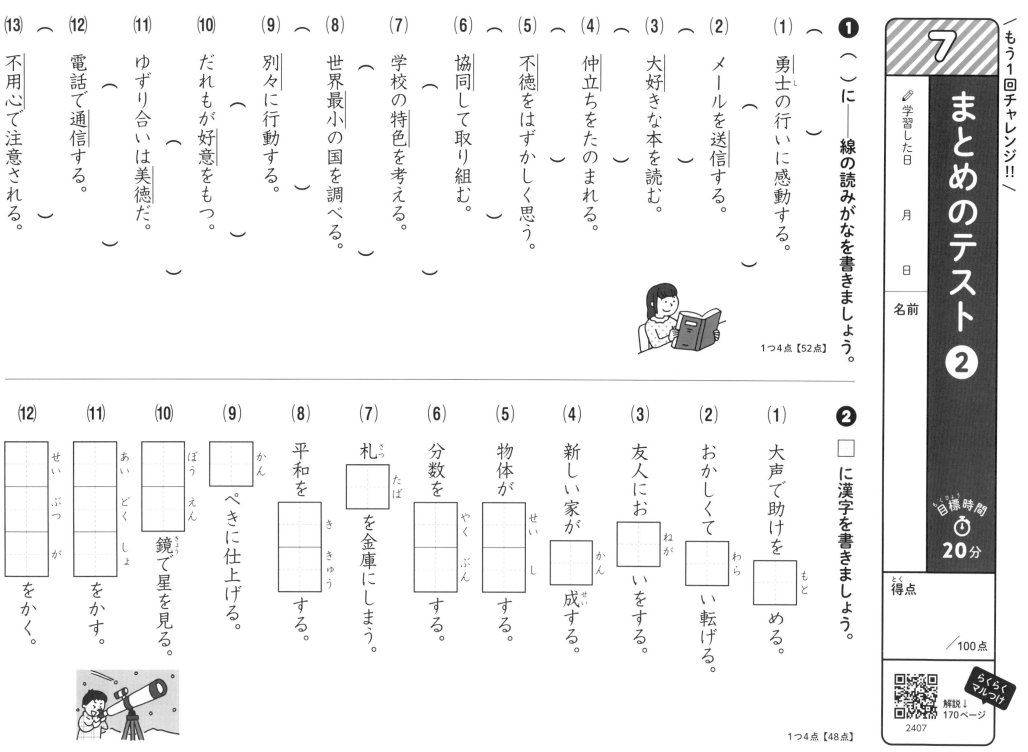

8

パズル・実せん①

学習した日　月　日

名前

目標《もくひょう》時間　20分

得点《とく》　／100点

解説↓171ページ
2408

らくらくマルつけ

1 矢印《やじるし》の向きに読むと熟語《じゅくご》になるように、次の□に入る漢字を書きましょう。　1つ9点【18点】

(1)
物 ↑
良《りょう》 ← □ ← 愛《あい》 →
↓ 調

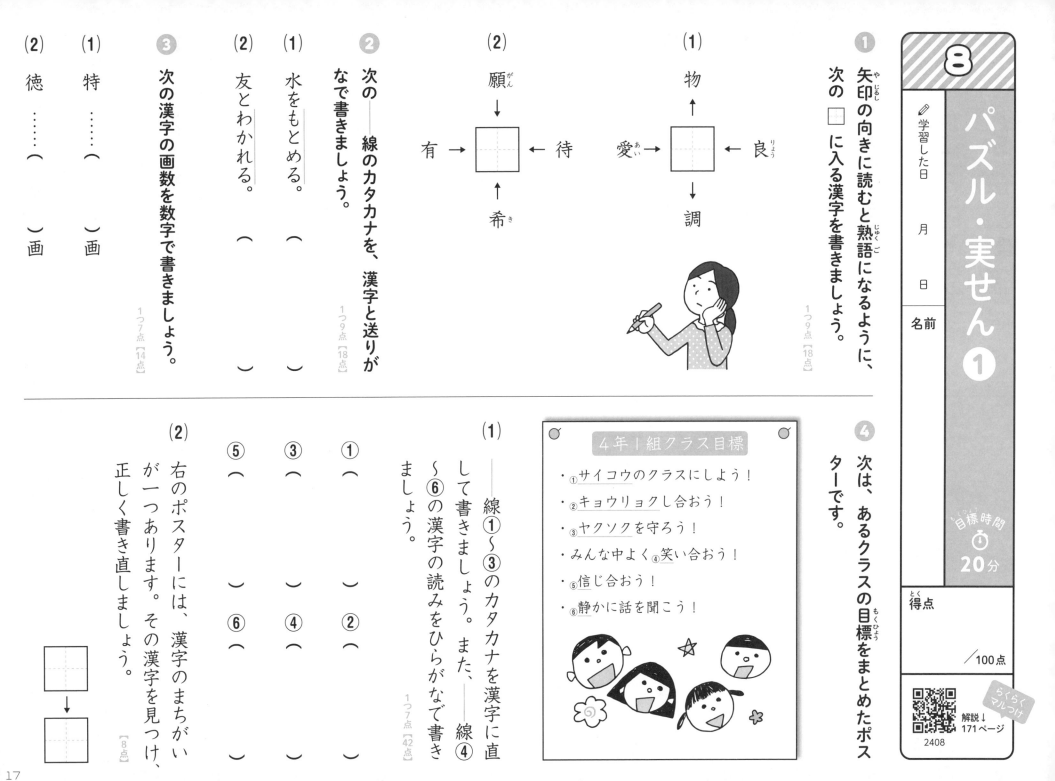

(2)
願《がん》 ↓
待 ← □ ← 有 →
↑ 希《き》

2 次の——線のカタカナを、漢字と送りがなで書きましょう。　1つ9点【18点】

(1) 水をもとめる。（　　　　）

(2) 友とわかれる。（　　　　）

3 次の漢字の画数を数字で書きましょう。　1つ7点【14点】

(1) 特……（　　）画

(2) 徳……（　　）画

4 次は、あるクラスの目標《もくひょう》をまとめたポスターです。

4年1組クラス目標

・①サイコウのクラスにしよう！
・②キョウリョクし合おう！
・③ヤクソクを守ろう！
・みんな中よく④笑い合おう！
・⑤信じ合おう！
・⑥静かに話を聞こう！

(1) ——線①～③のカタカナを漢字に直して書きましょう。また、——線④～⑥の漢字の読みをひらがなで書きましょう。　1つ7点【42点】

①（　　　）　②（　　　）

③（　　　）　④（　　　）

⑤（　　　）　⑥（　　　）

(2) 右のポスターには、漢字のまちがいが一つあります。その漢字を見つけ、正しく書き直しましょう。　【8点】

□ → □

8 パズル・実せん①

学習した日　月　日

名前

目標《もくひょう》時間 20分

得点《とく》　／100点

解説↓ 171ページ

2408

らくらくマルつけ

1 矢印《やじるし》の向きに読むと熟語《じゅくご》になるように、次の□に入る漢字を書きましょう。　1つ9点【18点】

(1) 物 ↑　良《りょう》 ←□　愛《あい》 →□　調 ↓

(2) 願《がん》 ↓□　待 ←□　有 →□　希《き》 ↑□

2 次の——線のカタカナを、漢字と送りがなで書きましょう。　1つ9点【18点】

(1) 水をもとめる。（　　）

(2) 友とわかれる。（　　）

3 次の漢字の画数を数字で書きましょう。　1つ7点【14点】

(1) 特……（　　）画

(2) 徳……（　　）画

4 次は、あるクラスの目標《もくひょう》をまとめたポスターです。

4年１組クラス目標

・①サイコウのクラスにしよう！
・②キョウリョクし合おう！
・③ヤクソクを守ろう！
・みんな中よく④笑い合おう！
・⑤信じ合おう！
・⑥静かに話を聞こう！

(1) ——線①～③のカタカナを漢字に直して書きましょう。また、——線④～⑥の漢字の読みをひらがなで書きましょう。　1つ7点【42点】

①（　　）　②（　　）

③（　　）　④（　　）

⑤（　　）　⑥（　　）

(2) 右のポスターには、漢字のまちがいが一つあります。その漢字を見つけ、正しく書き直しましょう。　【8点】

□ → □

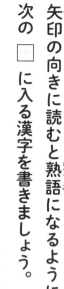

9 話し合いをしよう①

学習した日　月　日

名前

目標時間《もくひょうじかん》 20分

得点《とく》 ／100点

解説↓ 171ページ

らくらくマルつけ

2409

例（8画）

はねる

読み方　音 レイ　くん たとえる

使い方　例文《れいぶん》　例題《れいだい》　例外《れいがい》　例年《れいねん》　事例《じれい》　例《たと》えば

練習　例

積（16画）

とめる

読み方　音 セキ　くん つむ　つもる

使い方　面積《めんせき》　体積《たいせき》　積雪《せきせつ》　集積《しゅうせき》　山積《やまづ》み　心積《こころづ》もり

練習　積

極（12画）

ひとふでで書く

読み方　音 キョク　（ゴク）　くん （きわめる）　（きわまる）　（きわみ）

使い方　北極《ほっきょく》　南極《なんきょく》　究極《きゅうきょく》　積極的《せっきょくてき》　消極的《しょうきょくてき》　極上《ごくじょう》

練習　極

的（8画）

ななめにうつ

読み方　音 テキ　くん まと

使い方　目的《もくてき》　的中《てきちゅう》　的確《てきかく》　知的《ちてき》　具体的《ぐたいてき》　的外《まとはず》れ

練習　的

1 □に漢字を書きましょう。

(1) □《れい》をあげて説明《せつめい》する。

(2) □□□《せっきょくてき》に発言する。

(3) □《たと》えを交えて話す。

(4) 問題が□《つ》み上がる。

(5) □□《まとはず》れな意見を言う。

(6) □□《れいぶん》を読み上げる。

(7) □□《きゅうきょく》まで考える。

(8) □□《もくてき》を決めて行動する。

(9) □□《なんきょく》について知る。

(10) 図形の□□《めんせき》を求《もと》める。

1つ9点【90点】

スパイラルコーナー

□に漢字を書きましょう。

(1) □《ねが》いごとがかなう。

(2) □□《あいけん》と公園をかけ回る。

1つ5点【10点】

もう1回チャレンジ!!

9 話し合いをしよう①

学習した日　月　日

名前

目標時間《もくひょうじかん》 20分

得点《とく》　／100点

解説↓ 171ページ

2409

らくらくマルつけ

例（8画）

はねる

読み方　音 レイ　くん たとえる

練習

使い方：例文《れいぶん》　例年《れいねん》　例題《れいだい》　事例《じれい》　例外《れいがい》　例《たと》えば

積（16画）

とめる

読み方　音 セキ　くん つむ　つもる

練習

使い方：面積《めんせき》　集積《しゅうせき》　体積《たいせき》　山積《やまづ》み　積雪《せきせつ》　心積《こころづ》もり

極（12画）

ひとふでで書く

読み方　音 キョク　（ゴク）　くん （きわめる）（きわまる）（きわみ）

練習

使い方：北極《ほっきょく》　積極的《せっきょくてき》　南極《なんきょく》　消極的《しょうきょくてき》　究極《きゅうきょく》　極上《ごくじょう》

的（8画）

ななめにうつ

読み方　音 テキ　くん まと

練習

使い方：目的《もくてき》　知的《ちてき》　的中《てきちゅう》　具体的《ぐたいてき》　的確《てきかく》　的外《まとはず》れ

1 □に漢字を書きましょう。

1つ9点【90点】

(1) □《れい》をあげて説明《せつめい》する。

(2) □□《せっきょくてき》に発言する。

(3) □《たと》えを交えて話す。

(4) 問題が□《つ》み上がる。

(5) □□《まとはず》れな意見を言う。

(6) □□《れいぶん》を読み上げる。

(7) □□《きゅうきょく》まで考える。

(8) □□《もくてき》を決めて行動する。

(9) □□《なんきょく》について知る。

(10) 図形の□□《めんせき》を求《もと》める。

スパイラルコーナー

□に漢字を書きましょう。

1つ5点【10点】

(1) □《ねが》いごとがかなう。

(2) □□《あいけん》と公園をかけ回る。

10 話し合いをしよう②

学習した日　月　日

名前

目標時間《もくひょうじかん》 20分

得点《とくてん》　／100点

解説↓ 171ページ

2410

らくらくマルつけ

側（11画）

とめる

読み方
音 ソク
くん がわ

使い方
側面《そくめん》　側道《そくどう》　側近《そっきん》
内側《うちがわ》　両側《りょうがわ》　相手側《あいてがわ》

練習

共（6画）

上より長く

読み方
音 キョウ
くん とも

使い方
共通《きょうつう》　共同《きょうどう》　共有《きょうゆう》
共学《きょうがく》　公共《こうきょう》　共働《ともばたら》き

練習

案（10画）

まっすぐ立てる

読み方
音 アン

使い方
案内《あんない》　案外《あんがい》　名案《めいあん》
答案《とうあん》　図案《ずあん》　思案《しあん》

練習

省（9画）

はねる

読み方
音 セイ　ショウ
くん はぶく　（かえりみる）

使い方
反省《はんせい》　自省《じせい》　帰省《きせい》
省略《しょうりゃく》　省力《しょうりょく》　文科省《もんかしょう》

練習

---

1 □に漢字を書きましょう。

(1) 相手□《がわ》の話を聞く。

(2) □□《きょうつう》する意見が出る。

(3) □□《めいあん》を思いつく。

(4) むずかしい説明《せつめい》を□《はぶ》く。

(5) 意外な□□《そくめん》を知る。

(6) 仲間《なかま》と□《とも》に話し合う。

(7) 失礼《しつれい》な発言を□□《はんせい》する。

(8) 文章を□《しょう》略《りゃく》する。

(9) 調べたことを□□《きょうゆう》する。

(10) 学校の中を□□《あんない》する。

1つ9点【90点】

スパイラルコーナー

□に漢字を書きましょう。

(1) □《のぞ》みを小さな声で言う。

(2) 部屋《へや》で□《しず》かに待つ。

1つ5点【10点】

＼もう1回チャレンジ!!／

10 話し合いをしよう②

学習した日　月　日

名前

目標《もくひょう》時間 20分

得《と》点

／100点

解説↓ 171ページ

らくらくマルつけ

2410

側（11画）

とめる

読み方：音 ソク　くん がわ

使い方：側面《そくめん》　内側《うちがわ》　側道《そくどう》　両側《りょうがわ》　側近《そっきん》　相手側《あいてがわ》

練習

共（6画）

上より長く

読み方：音 キョウ　くん とも

使い方：共通《きょうつう》　共学《きょうがく》　共同《きょうどう》　公共《こうきょう》　共有《きょうゆう》　共働《ともばたら》き

練習

案（10画）

まっすぐ立てる

読み方：音 アン　くん —

使い方：案内《あんない》　答案《とうあん》　案外《あんがい》　図案《ずあん》　名案《めいあん》　思案《しあん》

練習

省（9画）

はねる

読み方：音 セイ ショウ　くん はぶく （かえりみる）

使い方：反省《はんせい》　省略《しょうりゃく》　自省《じせい》　省力《しょうりょく》　帰省《きせい》　文科省《もんかしょう》

練習

---

1 □に漢字を書きましょう。

1つ9点【90点】

(1) 相手□《がわ》の話を聞く。

(2) □□《きょうつう》する意見が出る。

(3) □□《めいあん》を思いつく。

(4) むずかしい説明《せつめい》を□《はぶ》く。

(5) 意外な□□《そくめん》を知る。

(6) 仲間《なかま》と□《とも》に話し合う。

(7) 失礼《しつれい》な発言を□□《はんせい》する。

(8) 文章を□《しょう》略《りゃく》する。

(9) 調べたことを□□《きょうゆう》する。

(10) 学校の中を□□《あんない》する。

スパイラルコーナー □に漢字を書きましょう。

1つ5点【10点】

(1) □《のぞ》みを小さな声で言う。

(2) 部屋《へや》で□《しず》かに待つ。

11 ちょうせんしてみよう①

学習した日　月　日

名前

目標時間《もくひょうじかん》 20分

得点《とくてん》　／100点

解説↓ 171ページ

2411

らくらくマルつけ

成

6画

ノ 厂 厅 成 成 成

上にはねる

読み方　音 セイ（ジョウ）　くん なる なす

使い方　成長《せいちょう》　成績《せいせき》　成立《せいりつ》　作成《さくせい》　成人式《せいじんしき》　成《な》り立《た》ち

練習　成

功

5画

一 丅 工 玎 功

つき出さない

読み方　音 コウ（ク）　くん ―

使い方　成功《せいこう》　功績《こうせき》　功名《こうみょう》　功労《こうろう》　年功《ねんこう》　戦功《せんこう》

練習　功

失

5画

ノ 𠂉 ⺧ 生 失

上につき出す

読み方　音 シツ　くん うしなう

使い方　失礼《しつれい》　失言《しつげん》　失点《しってん》　失業《しつぎょう》　消失《しょうしつ》　ふん失《しつ》

練習　失

敗

11画

丨 冂 冃 目 目 貝 貝 貝 敗 敗 敗

とめる

読み方　音 ハイ　くん やぶれる

使い方　失敗《しっぱい》　勝敗《しょうはい》　敗北《はいぼく》　敗戦《はいせん》　敗者《はいしゃ》　大敗《たいはい》

練習　敗

1　□に漢字を書きましょう。　1つ9点【90点】

(1) 人として□□《せいちょう》する。

(2) 計画が□□《しっぱい》する。

(3) 研究を□《な》しとげる。

(4) やる気を□《うしな》う。

(5) ライバルに□《やぶ》れる。

(6) ちょうせんに□□《せいこう》する。

(7) けんりを□□《しょうしつ》する。

(8) 試合《しあい》の□□《しょうはい》がつく。

(9) 長年の□《こう》績《せき》をたたえる。

(10) 社長にまで□《な》り上がる。

スパイラルコーナー　□に漢字を書きましょう。　1つ5点【10点】

(1) 問題の答えを□《もと》める。

(2) みんなで□《なか》良《よ》く話し合う。

もう1回チャレンジ!!

11 ちょうせんしてみよう①

学習した日　月　日

名前

目標《もくひょう》時間 20分

得《とく》点　／100点

解説↓ 171ページ

らくらくマルつけ

2411

成

6画

丿 厂 万 成 成 成

上にはねる

読み方
音 セイ (ジョウ)
くん なる なす

使い方
成長《せいちょう》　成績《せいせき》　成立《せいりつ》
作成《さくせい》　成人式《せいじんしき》　成《な》り立《た》ち

練習

功

5画

一 丅 エ 巧 功

つき出さない

読み方
音 コウ (ク)
くん ―

使い方
成功《せいこう》　功績《こうせき》　功名《こうみょう》
功労《こうろう》　年功《ねんこう》　戦功《せんこう》

練習

失

5画

ノ 𠂉 仁 失 失

上につき出す

読み方
音 シツ
くん うしなう

使い方
失礼《しつれい》　失言《しつげん》　失点《しってん》
失業《しつぎょう》　消失《しょうしつ》　ふん失《しつ》

練習

敗

11画

丨 冂 目 目 目 貝 貝 貝 則 敗 敗

とめる

読み方
音 ハイ
くん やぶれる

使い方
失敗《しっぱい》　勝敗《しょうはい》　敗北《はいぼく》
敗戦《はいせん》　敗者《はいしゃ》　大敗《たいはい》

練習

1 □に漢字を書きましょう。　1つ9点【90点】

(1) 人として□□《せいちょう》する。

(2) 計画が□□《しっぱい》する。

(3) 研究を□《な》しとげる。

(4) やる気を□《うしな》う。

(5) ライバルに□《やぶ》れる。

(6) ちょうせんに□□《せいこう》する。

(7) けんりを□□《しょうしつ》する。

(8) 試合《しあい》の□□《しょうはい》がつく。

(9) 長年の□《こう》績《せき》をたたえる。

(10) 社長にまで□《な》り上がる。

スパイラルコーナー

□に漢字を書きましょう。　1つ5点【10点】

(1) 問題の答えを□《もと》める。

(2) みんなで□《なか》良《よ》く話し合う。

12

ちょうせんしてみよう②

学習した日　月　日

名前

目標時間《もくひょうじかん》 20分

得点《とくてん》　／100点

解説↓ 172ページ

らくらくマルつけ

2412

初（7画）

わすれない　とめる

読み方：音 ショ　くん はじめ　はじめて　はつ　(うい)　(そめる)

使い方：最初《さいしょ》　初日《しょにち》　初回《しょかい》　初心《しょしん》　初雪《はつゆき》　初耳《はつみみ》　月初《つきはじ》め

練習

験（18画）

点の向きに注意

読み方：音 ケン　(ゲン)　くん

使い方：体験《たいけん》　経験《けいけん》　試験《しけん》　受験《じゅけん》　実験《じっけん》　験算《けんざん》

練習

労（7画）

はねる

読み方：音 ロウ　くん

使い方：苦労《くろう》　労力《ろうりょく》　労作《ろうさく》　徒労《とろう》　勤労《きんろう》　ひ労《ろう》

練習

令（5画）

ななめにうつ

読み方：音 レイ　くん

使い方：指令《しれい》　命令《めいれい》　号令《ごうれい》　伝令《でんれい》　法令《ほうれい》　令和《れいわ》

練習

1 □に漢字を書きましょう。

1つ9点【90点】

(1) □《はじ》めてのことをする。

(2) □□《たいけん》したことを話す。

(3) □□《くろう》してやりとげる。

(4) □□《しれい》にしたがう。

(5) □□《さいしょ》からやり直す。

(6) 何度も□□《じっけん》する。

(7) 成功《せいこう》した□《はじ》めの人になる。

(8) □□《ろうりょく》を使い果《は》たす。

(9) 大きな声で□□《めいれい》する。

(10) その話は□□《はつみみ》だ。

スパイラルコーナー　□に漢字を書きましょう。

1つ5点【10点】

(1) □□《おおわら》いしながら話す。

(2) 話の内容《ないよう》を要《よう》□《やく》する。

もう1回チャレンジ!!

12 ちょうせんしてみよう②

学習した日　月　日

名前

目標《もくひょう》時間　20分

得点《とくてん》　／100点

らくらくマルつけ

解説↓172ページ

2412

初（7画）

わすれない　とめる

読み方　音 ショ　くん はじ　はじめ　はじめて　はつ　(うい)　(そめる)

使い方　最初《さいしょ》　初日《しょにち》　初回《しょかい》　初心《しょしん》　初雪《はつゆき》　初耳《はつみみ》　月初《つきはじ》め

験（18画）

点の向きに注意

読み方　音 ケン　(ゲン)　くん

使い方　体験《たいけん》　経験《けいけん》　試験《しけん》　受験《じゅけん》　実験《じっけん》　験算《けんざん》

労（7画）

はねる

読み方　音 ロウ　くん

使い方　苦労《くろう》　労力《ろうりょく》　労作《ろうさく》　徒労《とろう》　勤労《きんろう》　ひ労《ろう》

令（5画）

ななめにうつ

読み方　音 レイ　くん

使い方　指令《しれい》　命令《めいれい》　号令《ごうれい》　伝令《でんれい》　法令《ほうれい》　令和《れいわ》

1 □に漢字を書きましょう。　1つ9点【90点】

(1) □《はじ》めてのことをする。

(2) □□《たいけん》したことを話す。

(3) □□《くろう》してやりとげる。

(4) □□《しれい》にしたがう。

(5) □□《さいしょ》からやり直す。

(6) 何度も□□《じっけん》する。

(7) 成功《せいこう》した□《はじ》めの人になる。

(8) □□《ろうりょく》を使い果《は》たす。

(9) 大きな声で□□《めいれい》する。

(10) その話は□□《はつみみ》だ。

スパイラルコーナー　□に漢字を書きましょう。　1つ5点【10点】

(1) □□《おおわら》いしながら話す。

(2) 話の内容《ないよう》を要《よう》□《やく》する。

13 わたしたちのゆめ

学習した日　月　日

名前

目標時間《もくひょうじかん》 20分

得点《とくてん》　／100点

らくらくマルつけ　解説↓172ページ　2413

飛（9画）

点の向きに注意

読み方　音　ヒ　くん　とぶ　とばす

使い方　飛行《ひこう》　飛散《ひさん》　飛行機《ひこうき》　飛来《ひらい》　飛《と》び火《ひ》　飛《と》び回《まわ》る

必（5画）

はねる

読み方　音　ヒツ　くん　かならず

使い方　必勝《ひっしょう》　必死《ひっし》　必見《ひっけん》　必然《ひつぜん》　必修《ひっしゅう》　必読《ひつどく》

要（9画）

長く

読み方　音　ヨウ　くん　かなめ　（いる）

使い方　必要《ひつよう》　重要《じゅうよう》　不要《ふよう》　要点《ようてん》　要約《ようやく》　要注意《ようちゅうい》

努（7画）

つき出す

読み方　音　ド　くん　つとめる

使い方　努力《どりょく》　努力家《どりょくか》　努《つと》める

1 □に漢字を書きましょう。　1つ9点【90点】

(1) □□《ひこう》機《き》に乗りたい。

(2) □□《ひつよう》なものを用意する。

(3) ゆめのために□□《どりょく》する。

(4) 世界を□《と》び回る。

(5) □《かなら》ず成功《せいこう》してみせる。

(6) チームの□《かなめ》となる。

(7) 日々練習に□《つと》める。

(8) □□《ひっし》になって取り組む。

(9) □□《じゅうよう》な役目を引きつぐ。

(10) 空に風船を□《と》ばす。

スパイラルコーナー

□に漢字を書きましょう。　1つ5点【10点】

(1) 場所を□□《とくてい》する。

(2) 千メートルを□□《かんそう》する。

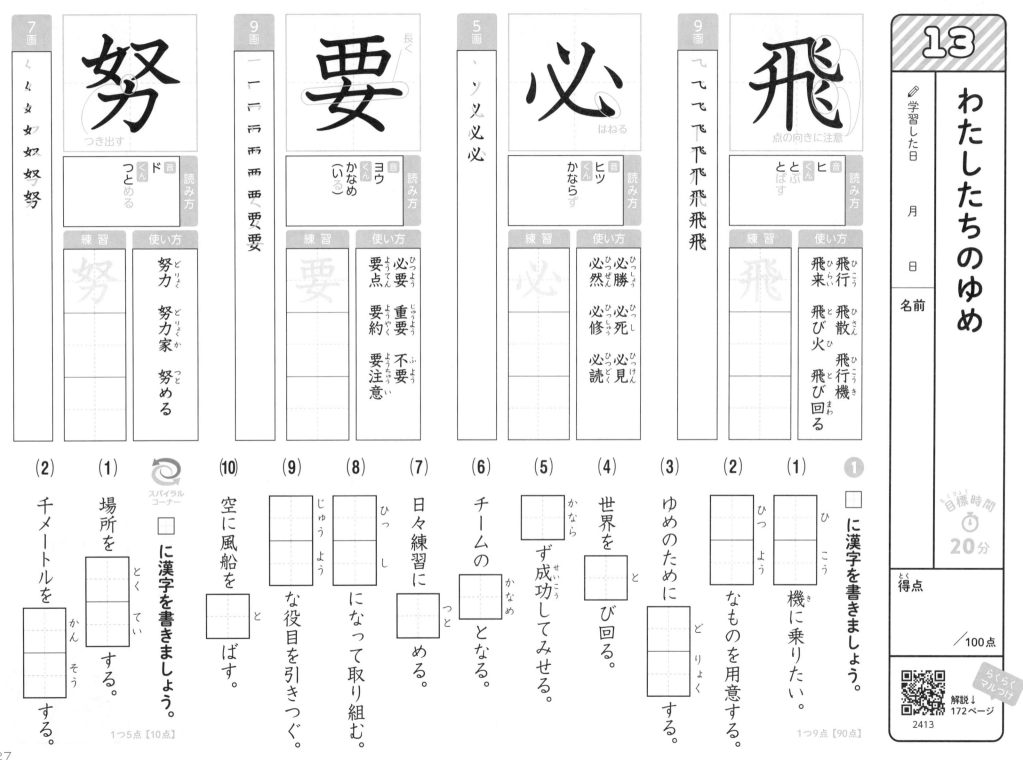

＼もう1回チャレンジ!!／

13 わたしたちのゆめ

学習した日　月　日

名前

目標時間《もくひょうじかん》 20分

得点《とくてん》　／100点

らくらくマルつけ

解説↓ 172ページ

2413

飛

9画

⺄ ⺄ ⺄ 㔾 飞 飛 飛 飛 飛

点の向きに注意

読み方：音 ヒ　くん とぶ　とばす

使い方：飛行《ひこう》　飛散《ひさん》　飛行機《ひこうき》　飛来《ひらい》　飛《と》び火《ひ》　飛《と》び回《まわ》る

練習：飛

必

5画

丶 ソ 义 必 必

はねる

読み方：音 ヒツ　くん かならず

使い方：必勝《ひっしょう》　必死《ひっし》　必見《ひっけん》　必然《ひつぜん》　必修《ひっしゅう》　必読《ひつどく》

練習：必

要

9画

一 ｢ 𠫓 襾 覀 覀 要 要 要

長く

読み方：音 ヨウ　くん かなめ　（いる）

使い方：必要《ひつよう》　重要《じゅうよう》　不要《ふよう》　要点《ようてん》　要約《ようやく》　要注意《ようちゅうい》

練習：要

努

7画

く 女 女 如 奴 努 努

つき出す

読み方：音 ド　くん つとめる

使い方：努力《どりょく》　努力家《どりょくか》　努《つと》める

練習：努

---

1 □に漢字を書きましょう。

1つ9点【90点】

(1) □□《ひこう》機《き》に乗りたい。

(2) □□《ひつよう》なものを用意する。

(3) ゆめのために□□《どりょく》する。

(4) 世界を□《と》び回る。

(5) □《かなら》ず成功《せいこう》してみせる。

(6) チームの□《かなめ》となる。

(7) 日々練習に□《つと》める。

(8) □□《ひっし》になって取り組む。

(9) □□《じゅうよう》な役目を引きつぐ。

(10) 空に風船を□《と》ばす。

スパイラルコーナー □に漢字を書きましょう。

1つ5点【10点】

(1) 場所を□□《とくてい》する。

(2) 千メートルを□□《かんそう》する。

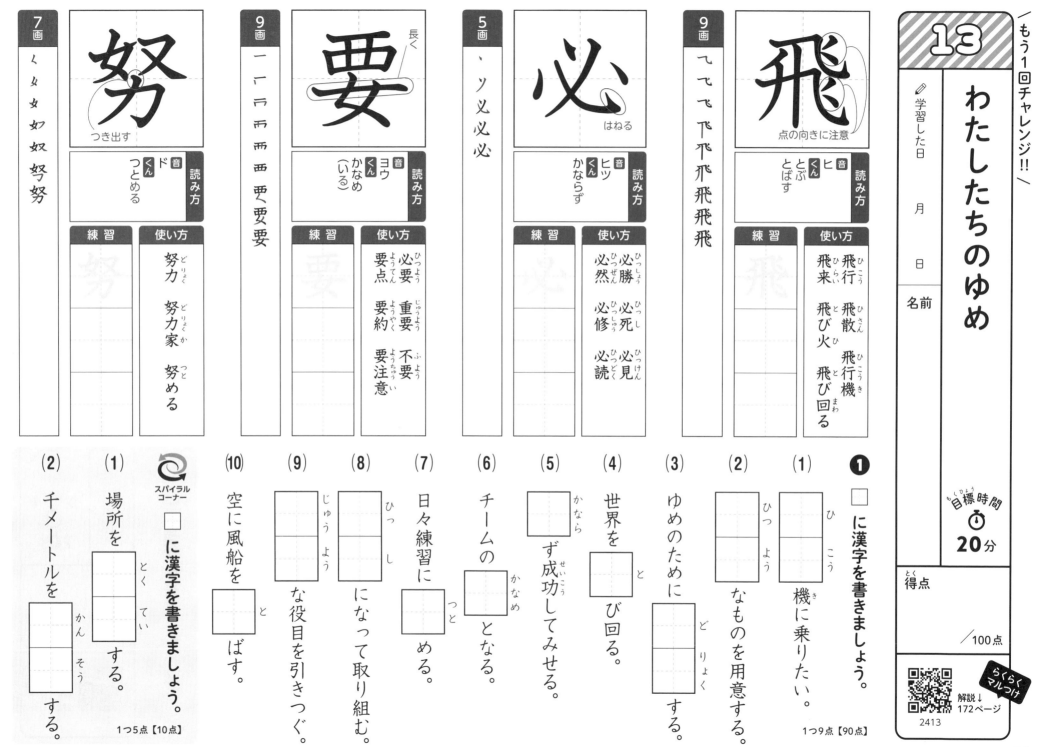

14 まとめのテスト③

学習した日　月　日

名前

目標《もくひょう》時間 20分

得《とく》点　／100点

解説↓ 172ページ
2414

らくらくマルつけ

1 （　）に――線の読みがなを書きましょう。

1つ4点【52点】

(1) 早起きに努める。（　　）
(2) 漢字の成り立ちを知る。（　　）
(3) 両親は共働《ばたら》きである。（　　）
(4) 問題が山積みである。（　　）
(5) 必読の本を借《か》りる。（　　）
(6) 戦《たたか》いで功名をえる。（　　）
(7) 不要なものをすてる。（　　）
(8) 令和時代が始まった。（　　）
(9) 線の内側を歩く。（　　）
(10) 白鳥が池に飛来する。（　　）
(11) 必見の映《えい》画《が》を見る。（　　）
(12) 共同で事業を行う。（　　）
(13) 球の体積を求《もと》める。（　　）

2 □に漢字を書きましょう。

1つ4点【48点】

(1) □□《しつれい》な発言をする。
(2) ひ□《ろう》がたまる。
(3) □□《れいがい》なく行われる。
(4) 決勝で□□《はいぼく》する。
(5) 冬休みに□□《きせい》する。
(6) □□《じゅけん》の勉強をする。
(7) □□《とうあん》を紙に書きこむ。
(8) □□《しょかい》の時間におくれる。
(9) □□《れいだい》の解説《かいせつ》を読む。
(10) 試合《しあい》で□□《たいはい》する。
(11) □□《ほっきょく》の氷がとける。
(12) □□□《ぐたいてき》に話す。

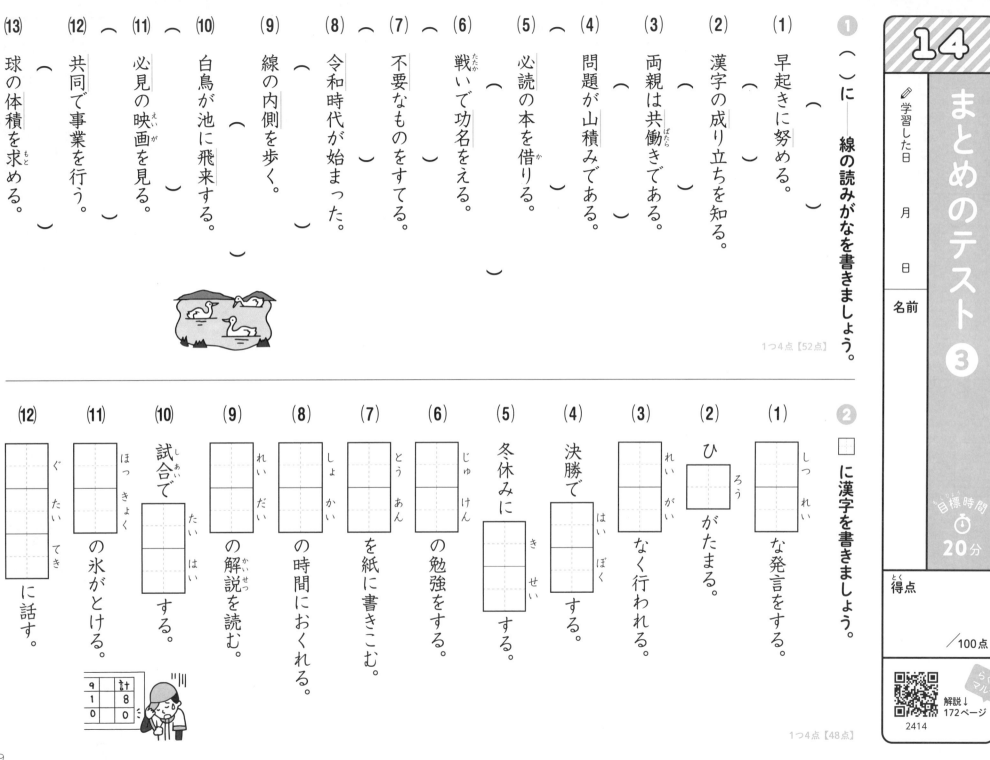

もう1回チャレンジ!!

14 まとめのテスト 3

学習した日　　月　　日

名前

目標《もくひょう》時間 20分

得点《とく》　　／100点

らくらくマルつけ　解説↓ 172ページ　2414

1 （　）に――線の読みがなを書きましょう。

1つ4点【52点】

(1) 早起きに努める。（　　）

(2) 漢字の成り立ちを知る。（　　）

(3) 両親は共働《ばたら》きである。（　　）

(4) 問題が山積みである。（　　）

(5) 必読の本を借《か》りる。（　　）

(6) 戦《たたか》いで功名をえる。（　　）

(7) 不要なものをすてる。（　　）

(8) 令和時代が始まった。（　　）

(9) 線の内側を歩く。（　　）

(10) 白鳥が池に飛来する。（　　）

(11) 必見の映画《えいが》を見る。（　　）

(12) 共同で事業を行う。（　　）

(13) 球の体積を求《もと》める。（　　）

2 □に漢字を書きましょう。

1つ4点【48点】

(1) □□《しつれい》な発言をする。

(2) ひ□《ろう》がたまる。

(3) □□《れいがい》なく行われる。

(4) 決勝で□□《はいぼく》する。

(5) 冬休みに□□《きせい》する。

(6) □□《じゅけん》の勉強をする。

(7) □□《とうあん》を紙に書きこむ。

(8) □□《しょかい》の時間におくれる。

(9) □□《れいだい》の解説《かいせつ》を読む。

(10) 試合《しあい》で□□《たいはい》する。

(11) □□《ほっきょく》の氷がとける。

(12) □□□《ぐたいてき》に話す。

15

まとめのテスト④

目標《もくひょう》時間 20分

学習した日　月　日

名前

得点《とく》　／100点

解説↓ 172ページ

らくらくマルつけ

2415

1 （　）に――線の読みがなを書きましょう。

1つ4点【52点】

(1) 例えばの話をする。（　）

(2) 町に初雪がふる。（　）

(3) 失業した場合を考える。（　）

(4) 知的な会話をする。（　）

(5) 敗者をはげます。（　）

(6) 手間を省力する。（　）

(7) 徒《と》労に終わる。（　）

(8) 入学試《し》験を受ける。（　）

(9) 最終回《さいしゅうかい》で失点する。（　）

(10) 図案を考える。（　）

(11) 大会初日をむかえる。（　）

(12) 予想が的中する。（　）

(13) 文部科学省の人と話す。（　）

2 □に漢字を書きましょう。

1つ4点【48点】

(1) □《と》び火するのをふせぐ。

(2) 伝《でん》□《れい》を送る。

(3) 話し合いが□□《せいりつ》する。

(4) □□《ひっしょう》をちかう。

(5) 男女□□《きょうがく》となる。

(6) 話の□□《ようてん》をまとめる。

(7) □□《ねんこう》によって決める。

(8) □□《りょうがわ》から人が来る。

(9) 一メートル□□《せきせつ》する。

(10) □□《どりょく》をおしまない。

(11) □□□《せいじんしき》を行う。

(12) けがには□□□《ようちゅうい》だ。

＼もう1回チャレンジ!!／

15 まとめのテスト④

学習した日　　月　　日

名前

目標時間《もくひょうじかん》 20分

得点《とくてん》　　／100点

らくらくマルつけ　解説↓172ページ　2415

❶ （　）に――線の読みがなを書きましょう。　1つ4点【52点】

(1) 例えばの話をする。（　）

(2) 町に初雪がふる。（　）

(3) 失業した場合を考える。（　）

(4) 知的な会話をする。（　）

(5) 敗者をはげます。（　）

(6) 手間を省力する。（　）

(7) 徒《と》労に終わる。（　）

(8) 入学試《し》験を受ける。（　）

(9) 最終回《さいしゅうかい》で失点する。（　）

(10) 図案を考える。（　）

(11) 大会初日をむかえる。（　）

(12) 予想が的中する。（　）

(13) 文部科学省の人と話す。（　）

❷ □に漢字を書きましょう。　1つ4点【48点】

(1) □《と》び火するのをふせぐ。

(2) 伝《でん》□《れい》を送る。

(3) 話し合いが□□《せいりつ》する。

(4) □□《ひっしょう》をちかう。

(5) 男女□□《きょうがく》となる。

(6) 話の□□《ようてん》をまとめる。

(7) □□《ねんこう》によって決める。

(8) □□《りょうがわ》から人が来る。

(9) 一メートル□□《せきせつ》する。

(10) □□《どりょく》をおしまない。

(11) □□□《せいじんしき》を行う。

(12) けがには□□□《ようちゅうい》だ。

16 パズル・実せん②

学習した日　月　日

名前

目標《もくひょう》時間 20分

得点《とく》　／100点

解説↓ 173ページ

らくらくマルつけ

2416

1 矢印《やじるし》の向きに読むと熟語《じゅくご》になるように、次の□に入る漢字を書きましょう。 1つ8点【16点】

(1)

内 ↑　名 ←　思 →　外 ↓

(2)

命 ↓　号 ←　法《ほう》 →　指 ↑

2 次の(1)・(2)が反対の意味の言葉の組み合わせになるように、漢字を書きましょう。 1つ7点【28点】

(1) せっきょく ↔ しょうきょく

(2) せいこう ↔ しっぱい

3 次のうち、――線の読み方がほかとちがうものを選《えら》び、記号を書きましょう。 【6点】

ア 内側　イ 側面

ウ 両側　エ 右側

（　　）

4 次は、ある児童《じどう》が書いた作文です。

わたしのゆめ

川田 あみ

わたしのゆめは、宇宙《うちゅう》①ヒコウ士《し》になることです。日本人で初《はじ》めて宇宙に行った人の話を聞いた②タイケンをきっかけに、なりたいと思うようになりました。そのためには、たくさん③ドリョクする④必要があります。⑤例えば、学力だけではなく、体力をつけなければなりません。

宇宙ヒコウ士になるのは、むずかしいことだとは思います。⑥苦労することがあっても、がんばっていきたいと思います。

(1) ――線①～③のカタカナを漢字に直して書きましょう。また、――線④～⑥の漢字の読みをひらがなで書きましょう。 1つ7点【42点】

①（　　）　②（　　）

③（　　）　④（　　）

⑤（　　）　⑥（　　）

(2) ――線「初」の漢字の画数を数字で書きましょう。 【8点】

（　　）画

16 パズル・実せん②

学習した日　月　日

名前

目標《もくひょう》時間 20分

得点《とく》

／100点

らくらくマルつけ
解説↓173ページ
2416

❶ 矢印《やじるし》の向きに読むと熟語《じゅくご》になるように、次の□に入る漢字を書きましょう。 1つ8点【16点】

(1)
内
↑
名 → □ ← 思（名→□、思→□）
↓
外

(2)
命
↓
法《ほう》 → □ ← 号
↑
指

❷ 次の(1)・(2)が反対の意味の言葉の組み合わせになるように、漢字を書きましょう。 1つ7点【28点】

(1) せっきょく ↔ しょうきょく

(2) せいこう ↔ しっぱい

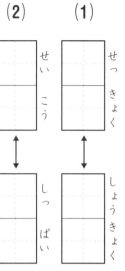

❸ 次のうち、——線の読み方がほかとちがうものを選《えら》び、記号を書きましょう。【6点】

ア 内側　イ 側面　ウ 両側　エ 右側

（　　）

❹ 次は、ある児童《じどう》が書いた作文です。

わたしのゆめ　　川田 あみ

わたしのゆめは、宇宙《うちゅう》①ヒコウ士《し》になることです。日本人で初《はじ》めて宇宙に行った人の話を聞いた②タイケンをきっかけに、なりたいと思うようになりました。そのためには、たくさん③ドリョクする④必要があります。⑤例えば、学力だけではなく、体力をつけなければなりません。

宇宙ヒコウ士になるのは、むずかしいことだとは思います。⑥苦労することがあっても、がんばっていきたいと思います。

(1) ——線①～③のカタカナを漢字に直して書きましょう。また、——線④～⑥の漢字の読みをひらがなで書きましょう。 1つ7点【42点】

①（　　）　②（　　）

③（　　）　④（　　）

⑤（　　）　⑥（　　）

(2) ═線「初」の漢字の画数を数字で書きましょう。【8点】

（　　）画

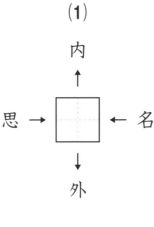

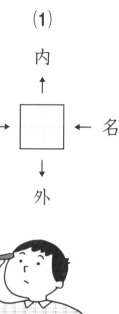

17 算数の時間①

学習した日　月　日

名前

目標時間《もくひょうじかん》 20分

得点《とく》　／100点

解説↓173ページ

らくらくマルつけ

2417

以

5画

丨 ㇾ ㇾ丶 以 以

とめる

読み方　音 イ　くん

練習　以

使い方
以下《いか》 以上《いじょう》 以前《いぜん》
以後《いご》 以内《いない》 以外《いがい》

未

5画

一 二 キ 未 未

下より短く

読み方　音 ミ　くん

練習　未

使い方
未知《みち》 未来《みらい》 未定《みてい》
未明《みめい》 未公開《みこうかい》 未発表《みはっぴょう》

満

12画

丶 丷 氵 氵一 氵十 氵廿 氵廾 氵芇 満 満 満 満

はねる

読み方　音 マン　くん みちる　みたす

練習　満

使い方
未満《みまん》 満月《まんげつ》 満足《まんぞく》
満員《まんいん》 満開《まんかい》 満《み》ちしお

径

8画

ノ ク 彳 彳フ 彳ス 径 径 径

くっつけない

読み方　音 ケイ　くん

練習　径

使い方
直径《ちょっけい》 半径《はんけい》 口径《こうけい》
外径《がいけい》 内径《ないけい》

❶ □に漢字を書きましょう。

(1) 百□《いじょう》の大きな数。
(2) 千□《みまん》の数を足す。
(3) 円の□《はんけい》を求《もと》める。
(4) 条件《じょうけん》を□《み》たす。
(5) 球の□《ちょっけい》を計算する。
(6) 三十分□《いない》に答える。
(7) □《みち》のことを調べる。
(8) □《いぜん》のことをふり返る。
(9) □《みらい》のことを想像《そうぞう》する。
(10) □《まんぞく》する結果《けっか》が出る。

1つ9点【90点】

スパイラルコーナー

□に漢字を書きましょう。

(1) □《しょうきょくてき》な発言。
(2) たくさんの経験《けいけん》を□《つ》む。

1つ5点【10点】

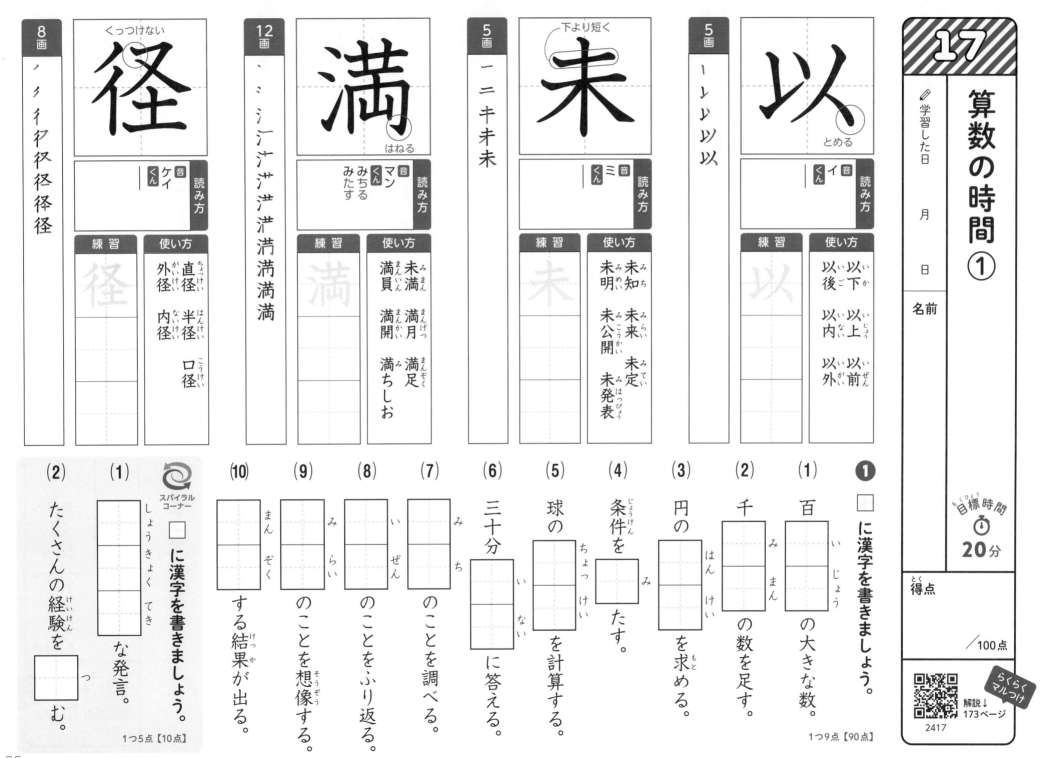

もう1回チャレンジ!!

17 算数の時間①

学習した日　月　日

名前

目標《もくひょう》時間 20分

得点《とく》

/100点

らくらくマルつけ

解説↓ 173ページ

2417

以（5画）

とめる

読み方　音 イ　くん

使い方：以下《いか》　以上《いじょう》　以前《いぜん》　以後《いご》　以内《いない》　以外《いがい》

未（5画）

下より短く

一 二 キ 未 未

読み方　音 ミ　くん

使い方：未知《みち》　未来《みらい》　未定《みてい》　未明《みめい》　未公開《みこうかい》　未発表《みはっぴょう》

満（12画）

はねる

読み方　音 マン　くん みちる　みたす

使い方：未満《みまん》　満月《まんげつ》　満足《まんぞく》　満員《まんいん》　満開《まんかい》　満ちしお

径（8画）

くっつけない

読み方　音 ケイ　くん

使い方：直径《ちょっけい》　半径《はんけい》　口径《こうけい》　外径《がいけい》　内径《ないけい》

練習

1 □に漢字を書きましょう。

1つ9点【90点】

(1) 百□□《いじょう》の大きな数。

(2) 千□□《みまん》の数を足す。

(3) 円の□□《はんけい》を求《もと》める。

(4) 条件《じょうけん》を□《み》たす。

(5) 球の□□《ちょっけい》を計算する。

(6) 三十分□□《いない》に答える。

(7) □□《みち》のことを調べる。

(8) □□《いぜん》のことをふり返る。

(9) □□《みらい》のことを想像《そうぞう》する。

(10) □□《まんぞく》する結果《けっか》が出る。

スパイラルコーナー　□に漢字を書きましょう。

1つ5点【10点】

(1) □□□《しょうきょくてき》な発言。

(2) たくさんの経験《けいけん》を□《つ》む。

18 算数の時間②

学習した日　月　日

名前

目標《もくひょう》時間 20分

得《とく》点　／100点

解説↓173ページ

らくらくマルつけ

2418

兆

6画

点のうちかたに注意

読み方
音 チョウ
くん （きざす）（きざし）

使い方
一兆《いっちょう》　億兆《おくちょう》　前兆《ぜんちょう》
予兆《よちょう》　兆候《ちょうこう》　吉兆《きっちょう》

練習

億

15画

立てる

読み方
音 オク
くん ―

使い方
一億《いちおく》　千億《せんおく》　きょ億《おく》
億《おっ》くう　億万長者《おくまんちょうじゃ》

練習

単

9画

点の向きに注意

読み方
音 タン
くん ―

使い方
単語《たんご》　単独《たんどく》　簡単《かんたん》
単調《たんちょう》　単車《たんしゃ》　単行本《たんこうぼん》

練習

位

7画

上より長く

読み方
音 イ
くん くらい

使い方
単位《たんい》　首位《しゅい》　上位《じょうい》
地位《ちい》　王位《おうい》　百の位《くらい》

練習

1 □に漢字を書きましょう。

(1) 一□《ちょう》を一万でわる。

(2) 十□《おく》のゼロの数を数える。

(3) 長さの□□《たんい》を調べる。

(4) 百の□《くらい》を切り上げる。

(5) 簡《かん》□《たん》な算数の問題をとく。

(6) □□《じょうい》の成績《せいせき》をめざす。

(7) □□《たんご》をたくさん覚《おぼ》える。

(8) 試験《しけん》で□□《しゅい》をとる。

(9) あらしの□□《ぜんちょう》を感じる。

(10) □□《おくまん》長者になる。

1つ9点【90点】

スパイラルコーナー

□に漢字を書きましょう。

(1) 道の向こう□《がわ》にわたる。

(2) □□《あんがい》うまくいった。

1つ5点【10点】

もう1回チャレンジ!!

18 算数の時間②

学習した日　月　日

名前

目標時間《もくひょうじかん》 20分

得点《とくてん》　／100点

解説↓ 173ページ

らくらくマルつけ

2418

兆

6画

点のうちかたに注意

読み方　音 チョウ　くん (きざす) (きざし)

使い方：一兆《いっちょう》　億兆《おくちょう》　前兆《ぜんちょう》　予兆《よちょう》　兆候《ちょうこう》　吉兆《きっちょう》

筆順：丿 丬 丬 北 兆 兆

練習：兆

億

15画

立てる

読み方　音 オク　くん ―

使い方：一億《いちおく》　千億《せんおく》　きょ億《おく》　億《おっ》くう　億万長者《おくまんちょうじゃ》

筆順：ノ 亻 亻 亻 亻 亻 仺 倍 倍 倍 倍 億 億 億 億

練習：億

単

9画

点の向きに注意

読み方　音 タン　くん ―

使い方：単語《たんご》　単独《たんどく》　簡単《かんたん》　単調《たんちょう》　単車《たんしゃ》　単行本《たんこうぼん》

筆順：丶 丷 丷 兴 兴 当 当 単 単

練習：単

位

7画

上より長く

読み方　音 イ　くん くらい

使い方：単位《たんい》　首位《しゅい》　上位《じょうい》　地位《ちい》　王位《おうい》　百《ひゃく》の位《くらい》

筆順：ノ 亻 亻 仁 什 位 位

練習：位

---

1 □に漢字を書きましょう。　1つ9点【90点】

(1) 一□《ちょう》を一万でわる。

(2) 十□《おく》のゼロの数を数える。

(3) 長さの□《たんい》を調べる。

(4) 百の□《くらい》を切り上げる。

(5) 簡《かん》□《たん》な算数の問題をとく。

(6) □《じょうい》の成績《せいせき》をめざす。

(7) □《たんご》をたくさん覚《おぼ》える。

(8) 試験《しけん》で□《しゅい》をとる。

(9) あらしの□《ぜんちょう》を感じる。

(10) □《おくまん》長者になる。

スパイラルコーナー　□に漢字を書きましょう。　1つ5点【10点】

(1) 道の向こう□《がわ》にわたる。

(2) □《あんがい》うまくいった。

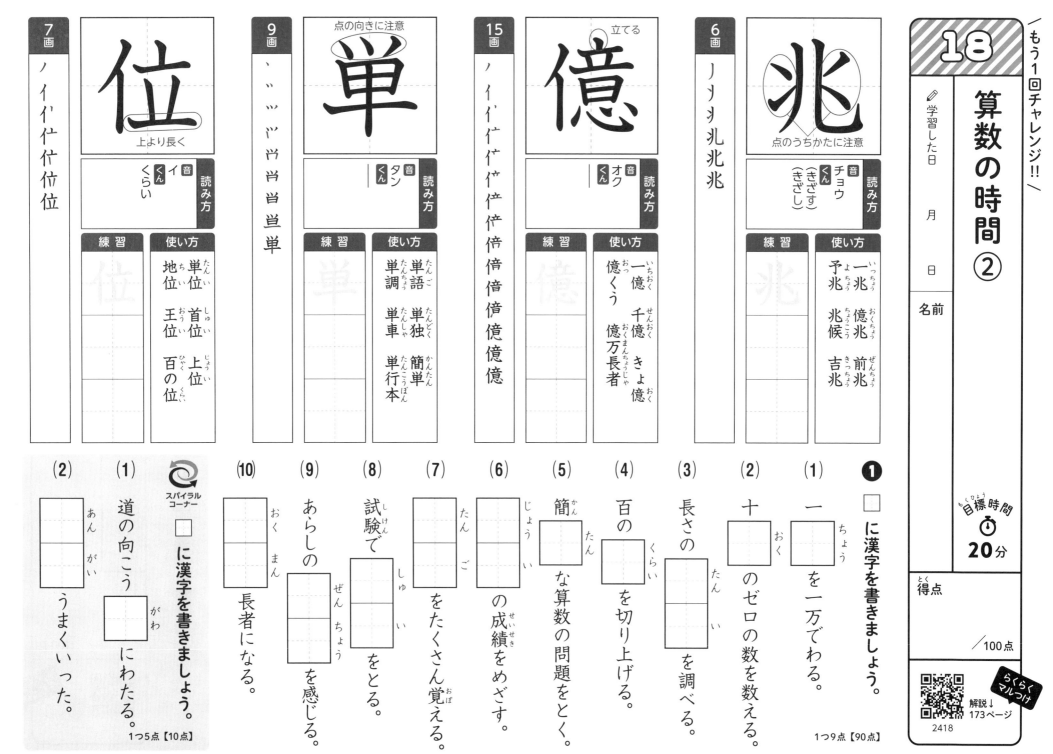

19

児《じ》童《どう》会《かい》の仲《なか》間《ま》

学習した日　月　日

名前

目標《もくひょう》時間　20分

得《とく》点　／100点

らくらくマルつけ

解説↓173ページ

2419

児

7画

児

上につけない

読み方　音 ジ（ニ）　くん —

使い方：児童《じどう》　園児《えんじ》　育児《いくじ》　幼児《ようじ》　乳児《にゅうじ》　小児科《しょうにか》

練習：児

司

5画

司

はねる

読み方　音 シ　くん —

使い方：司会《しかい》　司令《しれい》　上司《じょうし》　司書《ししょ》　行司《ぎょうじ》　宮司《ぐうじ》

練習：司

副

11画

副

はねる

読み方　音 フク　くん —

使い方：副題《ふくだい》　副賞《ふくしょう》　副食《ふくしょく》　副業《ふくぎょう》　副議長《ふくぎちょう》　副作用《ふくさよう》

練習：副

連

10画

連

ひとふでで書く

読み方　音 レン　くん つらなる　つらねる　つれる

使い方：連休《れんきゅう》　連日《れんじつ》　関連《かんれん》　国連《こくれん》　連《れん》らく　連《つ》れ立《だ》つ

練習：連

1 □に漢字を書きましょう。

(1) □□□《じどうかい》の活動。

(2) 話し合いの□□《しかい》をする。

(3) □《ふく》委員長が発言する。

(4) みんなに□《れん》らくする。

(5) □□《えんじ》に学校を案内《あんない》する。

(6) 友人を□《つ》れて外に出る。

(7) □□《ししょ》の人にたずねる。

(8) 本の□□《ふくだい》を書き写す。

(9) □□《れんきゅう》に調べ物をする。

(10) まどから□《つら》なる山を見る。

1つ9点【90点】

スパイラルコーナー

□に漢字を書きましょう。

(1) 案内状《あんないじょう》を□□《さくせい》する。

(2) □□《しつげん》に注意する。

1つ5点【10点】

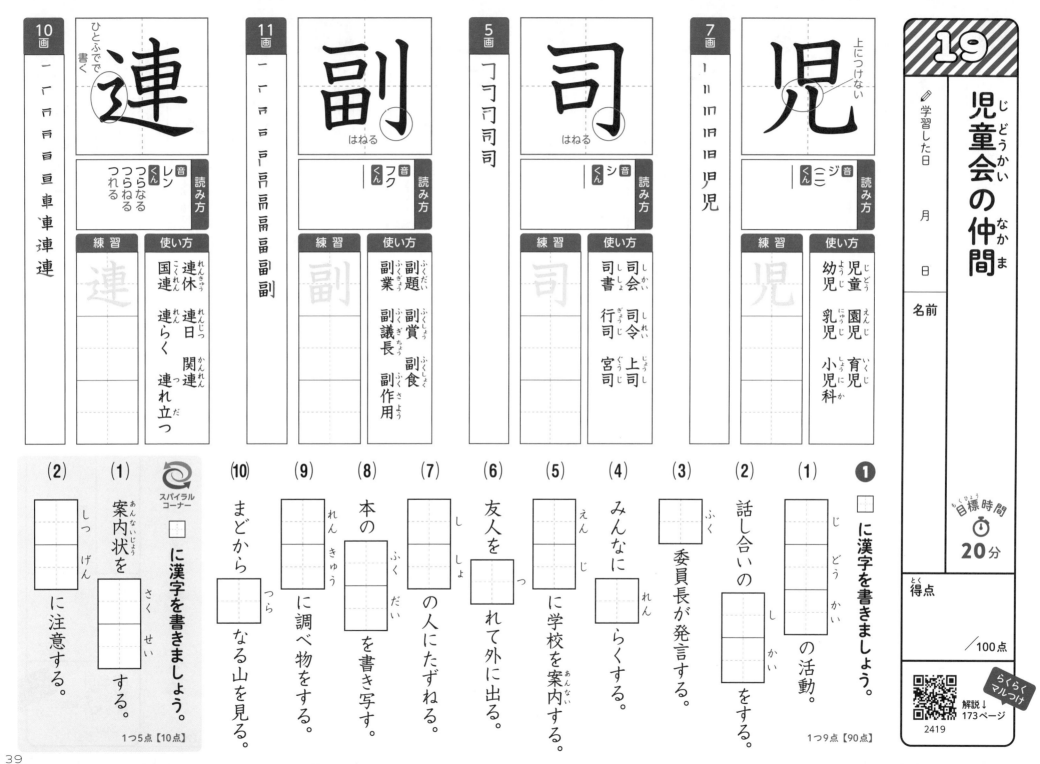

もう1回チャレンジ!!

19 児《じ》童《どう》会《かい》の仲間《なかま》

学習した日　月　日

名前

目標時間《もくひょうじかん》 20分

得点《とく》　/100点

解説↓ 173ページ

2419

らくらくマルつけ

児　7画

上につけない

読み方　音 ジ（ニ）　くん ―

使い方：児童《じどう》　園児《えんじ》　育児《いくじ》　幼児《ようじ》　乳児《にゅうじ》　小児科《しょうにか》

練習

司　5画

はねる

読み方　音 シ　くん ―

使い方：司会《しかい》　司令《しれい》　上司《じょうし》　司書《ししょ》　行司《ぎょうじ》　宮司《ぐうじ》

練習

副　11画

はねる

読み方　音 フク　くん ―

使い方：副題《ふくだい》　副賞《ふくしょう》　副食《ふくしょく》　副業《ふくぎょう》　副議長《ふくぎちょう》　副作用《ふくさよう》

練習

連　10画

ひとふでで書く

読み方　音 レン　くん つらなる　つらねる　つれる

使い方：連休《れんきゅう》　連日《れんじつ》　関連《かんれん》　国連《こくれん》　連《れん》らく　連《つ》れ立《だ》つ

練習

---

1 □に漢字を書きましょう。　1つ9点【90点】

(1) □□□□《じどうかい》の活動。

(2) 話し合いの□□《しかい》をする。

(3) □《ふく》委員長が発言する。

(4) みんなに□《れん》らくする。

(5) □□《えんじ》に学校を案内《あんない》する。

(6) 友人を□《つ》れて外に出る。

(7) □□《ししょ》の人にたずねる。

(8) 本の□□《ふくだい》を書き写す。

(9) □□《れんきゅう》に調べ物をする。

(10) まどから□《つら》なる山を見る。

スパイラルコーナー

□に漢字を書きましょう。　1つ5点【10点】

(1) 案内状《あんないじょう》を□□《さくせい》する。

(2) □□《しつげん》に注意する。

20 今日《きょう》は参観《さんかん》日《び》

学習した日　月　日

名前

目標《もくひょう》時間 20分

得点《とく》　／100点

らくらくマルつけ　解説↓174ページ

2420

参

8画

筆順：𠂉 厶 厶 厽 ⺈ 矣 叅 参

左下にはらう

読み方：音 サン　くん まいる

使い方：参考《さんこう》　参上《さんじょう》　参戦《さんせん》　参列《さんれつ》　持参《じさん》　降参《こうさん》

練習：参

観

18画

筆順：ノ ⺈ ⺊ 午 ⺧ 乍 …… 観

上にはねる

読み方：音 カン　くん

使い方：参観《さんかん》　観光《かんこう》　観察《かんさつ》　主観《しゅかん》　外観《がいかん》　観点《かんてん》

練習：観

欠

4画

筆順：ノ ⺈ ケ 欠

はらう

読み方：音 ケツ　くん かける　かく

使い方：出欠《しゅっけつ》　欠点《けってん》　欠航《けっこう》　欠員《けついん》　欠落《けつらく》　満《み》ち欠《か》け

練習：欠

席

10画

筆順：丶 亠 广 广 庐 庐 庐 庐 席 席

つき出す

読み方：音 セキ　くん

使い方：席順《せきじゅん》　座席《ざせき》　欠席《けっせき》　空席《くうせき》　着席《ちゃくせき》　運転席《うんてんせき》

練習：席

1 □に漢字を書きましょう。

1つ9点【90点】

(1) 今日《きょう》は□《さんかんび》だ。

(2) かぜで□《けっせき》する。

(3) 全員が□《ちゃくせき》する。

(4) 先生が□《しゅっけつ》をとる。

(5) 辞書《じしょ》を□《じさん》する。

(6) 町の□《かんこう》名所をさがす。

(7) 本を□《さんこう》にする。

(8) 一日も□《か》かさず練習する。

(9) おはか□《まい》りに行く。

(10) 決め手に□《か》ける。

スパイラルコーナー □に漢字を書きましょう。

1つ5点【10点】

(1) 計算機《けいさんき》を□《はじ》めて使う。

(2) □《ごうれい》の合図で集まる。

もう1回チャレンジ!!

20 今日《きょう》は参観日《さんかんび》

学習した日　月　日

名前

目標《もくひょう》時間　20分

得《とく》点　／100点

解説↓174ページ

2420

らくらくマルつけ

参

8画

厶 厶 厽 亝 矣 矣 参 参

左下にはらう

読み方
音　サン
くん　まいる

使い方
参考《さんこう》　参上《さんじょう》　参戦《さんせん》
参列《さんれつ》　持参《じさん》　降参《こうさん》

練習

観

18画

ノ ㇒ 䒑 午 午 隹 ... 観

上にはねる

読み方
音　カン
くん

使い方
参観《さんかん》　観光《かんこう》　観察《かんさつ》
主観《しゅかん》　外観《がいかん》　観点《かんてん》

練習

欠

4画

ノ ク ケ 欠

はらう

読み方
音　ケツ
くん　かける　かく

使い方
出欠《しゅっけつ》　欠点《けってん》　欠航《けっこう》
欠員《けついん》　欠落《けつらく》　満《み》ち欠《か》け

練習

席

10画

丶 亠 广 户 户 庐 庐 庐 庴 席

つき出す

読み方
音　セキ
くん

使い方
席順《せきじゅん》　座席《ざせき》　欠席《けっせき》
空席《くうせき》　着席《ちゃくせき》　運転席《うんてんせき》

練習

❶ □に漢字を書きましょう。　1つ9点【90点】

(1) 今日《きょう》は［さんかんび］だ。
(2) かぜで［けっせき］する。
(3) 全員が［ちゃくせき］する。
(4) 先生が［しゅっけつ］をとる。
(5) 辞書《じしょ》を［じさん］する。
(6) 町の［かんこう］名所をさがす。
(7) 本を［さんこう］にする。
(8) 一日も［か］かさず練習する。
(9) おはか［まい］りに行く。
(10) 決め手に［か］ける。

スパイラルコーナー　□に漢字を書きましょう。　1つ5点【10点】

(1) 計算機《けいさんき》を［はじ］めて使う。
(2) ［ごうれい］の合図で集まる。

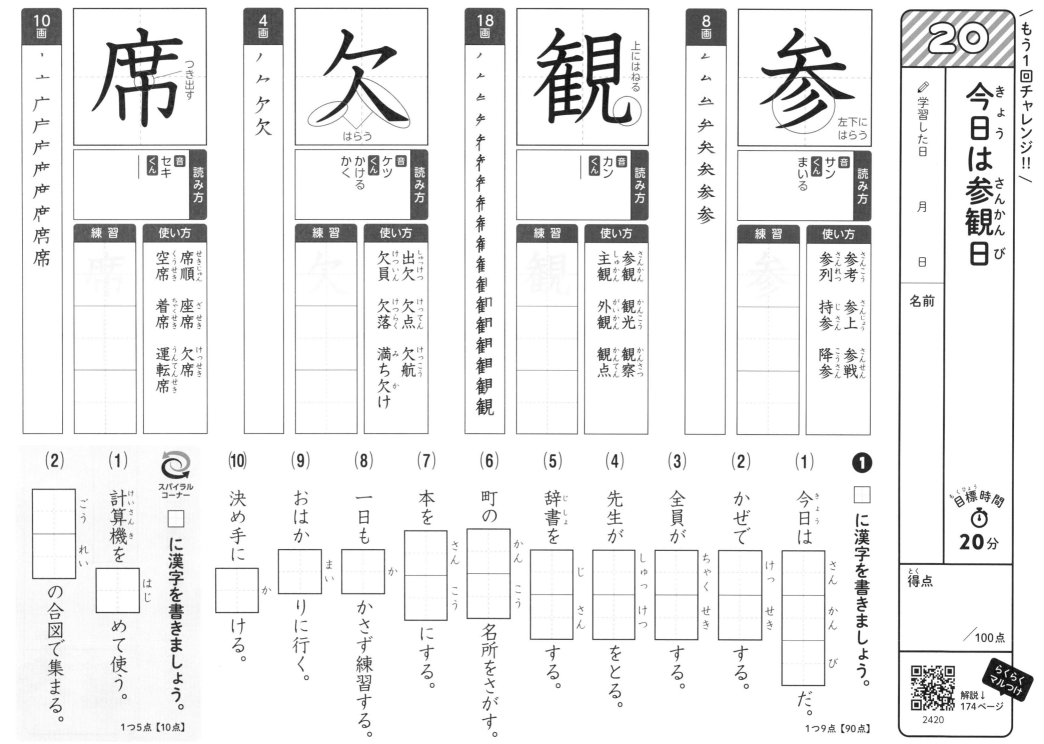

21 卒業式《そつぎょうしき》の練習

学習した日　月　日

名前

目標時間《もくひょうじかん》 20分

得点《とく》 ／100点

解説↓ 174ページ

2421

らくらくマルつけ

卒 8画

つき出す

読み方　音 ソツ　くん —

使い方：卒業《そつぎょう》　新卒《しんそつ》　卒園《そつえん》　高卒《こうそつ》　大卒《だいそつ》　卒論《そつろん》

練習 卒

唱 11画

上の「日」より大きく

読み方　音 ショウ　くん となえる

使い方：合唱《がっしょう》　歌唱《かしょう》　暗唱《あんしょう》　提唱《ていしょう》　復唱《ふくしょう》

練習 唱

課 15画

とめる

読み方　音 カ　くん —

使い方：課題《かだい》　日課《にっか》　課長《かちょう》　放課後《ほうかご》　課外活動《かがいかつどう》

練習 課

低 7画

はねる

読み方　音 テイ　くん ひくい　ひくめる　ひくまる

使い方：低音《ていおん》　高低《こうてい》　低下《ていか》　低額《ていがく》　低級《ていきゅう》　低学年《ていがくねん》

練習 低

---

❶ □に漢字を書きましょう。

(1) □□□《そつぎょうしき》の練習。

(2) □□《がっしょう》する歌を決める。

(3) □□□《ほうかご》に集まる。

(4) □□□《ていがくねん》に向けて話す。

(5) □□□《かだいきょく》を歌う。

(6) 妹が春に□□《そつえん》する。

(7) 会場の気温が□《ひく》くなる。

(8) 詩を□□《あんしょう》する。

(9) 声を□《ひく》めて話す。

(10) 反対意見を□《とな》える。

1つ9点【90点】

スパイラルコーナー

□に漢字を書きましょう。

(1) 兄は□□□《どりょくか》だ。

(2) □《かなら》ず見直しをする。

1つ5点【10点】

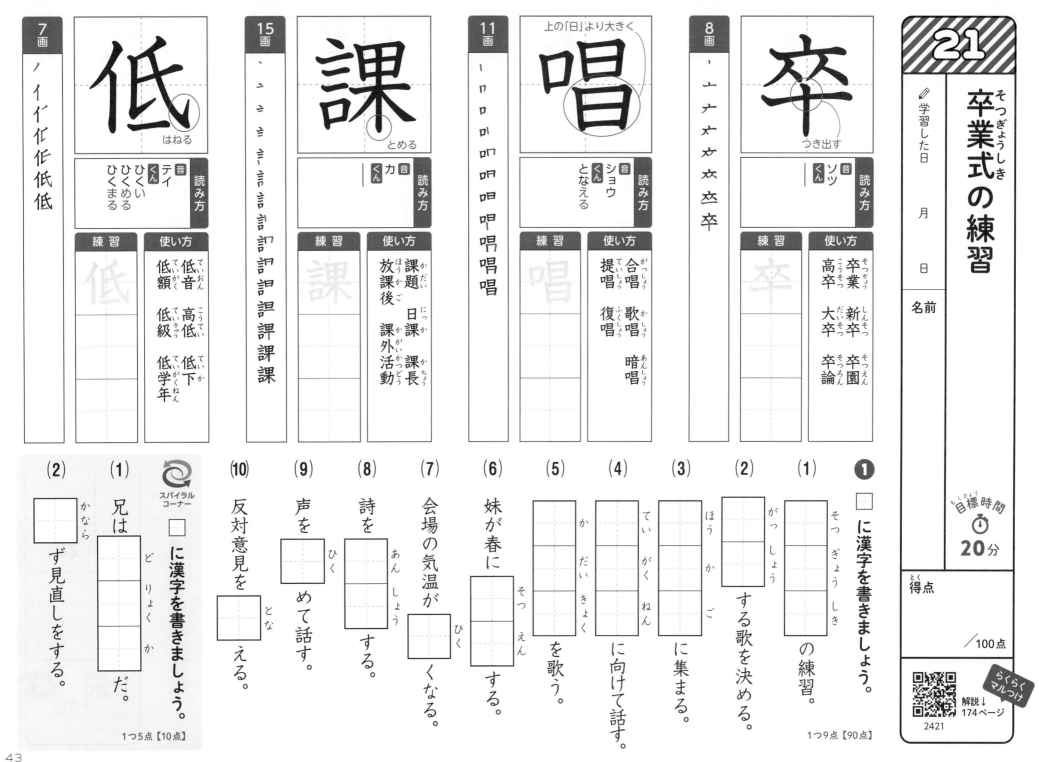

21 卒業式の練習

そつぎょうしき

学習した日　月　日　名前

目標時間 ⏱ 20分

得点 ／100点

らくらくマルつけ
解説↓174ページ
2421

7画 低

はねる

読み方
音 テイ
くん ひくい
ひくめる
ひくまる

練習 低

使い方
低音（ていおん）
低額（ていがく）
高低（こうてい）
低級（ていきゅう）
低下（ていか）
低学年（ていがくねん）

15画 課

とめる

読み方
音 カ
くん |

`、 ニ ミ ま 言 言 言 記 記 課 課 課`

練習 課

使い方
課題（かだい）
放課後（ほうかご）
日課（にっか）
課長（かちょう）
課外活動（かがいかつどう）

11画 唱

上の「日」より大きく

読み方
音 ショウ
くん となえる

`丨 冂 口 叩 们 吧 叩 唱 唱 唱`

練習 唱

使い方
合唱（がっしょう）
提唱（ていしょう）
歌唱（かしょう）
復唱（ふくしょう）
暗唱（あんしょう）

8画 卒

つき出す

読み方
音 ソツ
くん |

`、 亠 亣 亣 广 卒 卒`

練習 卒

使い方
卒業（そつぎょう）
高卒（こうそつ）
新卒（しんそつ）
大卒（だいそつ）
卒園（そつえん）
卒論（そつろん）

---

❶ □に漢字を書きましょう。　1つ9点【90点】

(1) そつぎょうしき □ の練習。

(2) がっしょう □ する歌を決める。

(3) ほうかご □ に集まる。

(4) ていがくねん □ に向けて話す。

(5) かだいきょく □ を歌う。

(6) 妹が春に そつえん □ する。

(7) 会場の気温が ひく □ くなる。

(8) 詩を あんしょう □ する。

(9) 声を ひく □ めて話す。

(10) 反対意見を とな □ える。

🔄 スパイラルコーナー

□に漢字を書きましょう。　1つ5点【10点】

(1) 兄は どりょくか □ だ。

(2) かなら □ ず見直しをする。

22

まとめのテスト ⑤

学習した日　月　日

名前

目標時間《もくひょうじかん》 20分

得点《とく》　／100点

らくらくマルつけ

解説↓ 174ページ

2422

❶ （　）に——線の読みがなを書きましょう。

1つ4点【52点】

(1) 連れ立って出かける。（　）

(2) 平和を提《てい》唱する。（　）

(3) 席順《じゅん》をくじで決める。（　）

(4) 国連の会議《かいぎ》に出る。（　）

(5) 王位を取りもどす。（　）

(6) 単調な話し方をする。（　）

(7) 九時以後に外出する。（　）

(8) 司令官《かん》の話を聞く。（　）

(9) 副業を始める。（　）

(10) 会場で空席をさがす。（　）

(11) 授賞《じゅしょう》式に参列する。（　）

(12) 単行本を書店で買う。（　）

(13) 題名は未公開である。（　）

❷ □に漢字を書きましょう。

1つ4点【48点】

(1) 幼《よう》□《じ》が公園で遊ぶ。

(2) □《み》ちしおになる。

(3) 一□□《せんおく》円の予算がある。

(4) 早起きを□□《にっか》にする。

(5) 会場に□□《かんきゃく》が集まる。

(6) □□《ていおん》で歌を歌う。

(7) □□《こうそつ》で働《はたら》き始める。

(8) 係に□□《けついん》が出る。

(9) □□《かだい》に取り組む。

(10) □□《おくちょう》の星がかがやく。

(11) 円の□□《がいけい》を計算する。

(12) 土地に□□《こうてい》がある。

もう1回チャレンジ!!

22 まとめのテスト⑤

学習した日　　月　　日

名前

目標《もくひょう》時間 20分

得《とく》点　　／100点

解説↓ 174ページ

2422

らくらくマルつけ

❶ （　）に――線の読みがなを書きましょう。

1つ4点【52点】

(1) 連れ立って出かける。（　）
(2) 平和を提《てい》唱する。（　）
(3) 席順《じゅん》をくじで決める。（　）
(4) 国連の会議《かいぎ》に出る。（　）
(5) 王位を取りもどす。（　）
(6) 単調な話し方をする。（　）
(7) 九時以後に外出する。（　）
(8) 司令官《かん》の話を聞く。（　）
(9) 副業を始める。（　）
(10) 会場で空席をさがす。（　）
(11) 授賞《じゅしょう》式に参列する。（　）
(12) 単行本を書店で買う。（　）
(13) 題名は未公開である。（　）

❷ □に漢字を書きましょう。

1つ4点【48点】

(1) 幼《よう》□《じ》が公園で遊ぶ。
(2) □《み》ちしおになる。
(3) 一□□《せんおく》円の予算がある。
(4) 早起きを□□《にっか》にする。
(5) 会場に□□《かんきゃく》が集まる。
(6) □□《ていおん》で歌を歌う。
(7) □□《こうそつ》で働《はたら》き始める。
(8) 係に□□《けついん》が出る。
(9) □□《かだい》に取り組む。
(10) □□《おくちょう》の星がかがやく。
(11) 円の□□《がいけい》を計算する。
(12) 土地に□□《こうてい》がある。

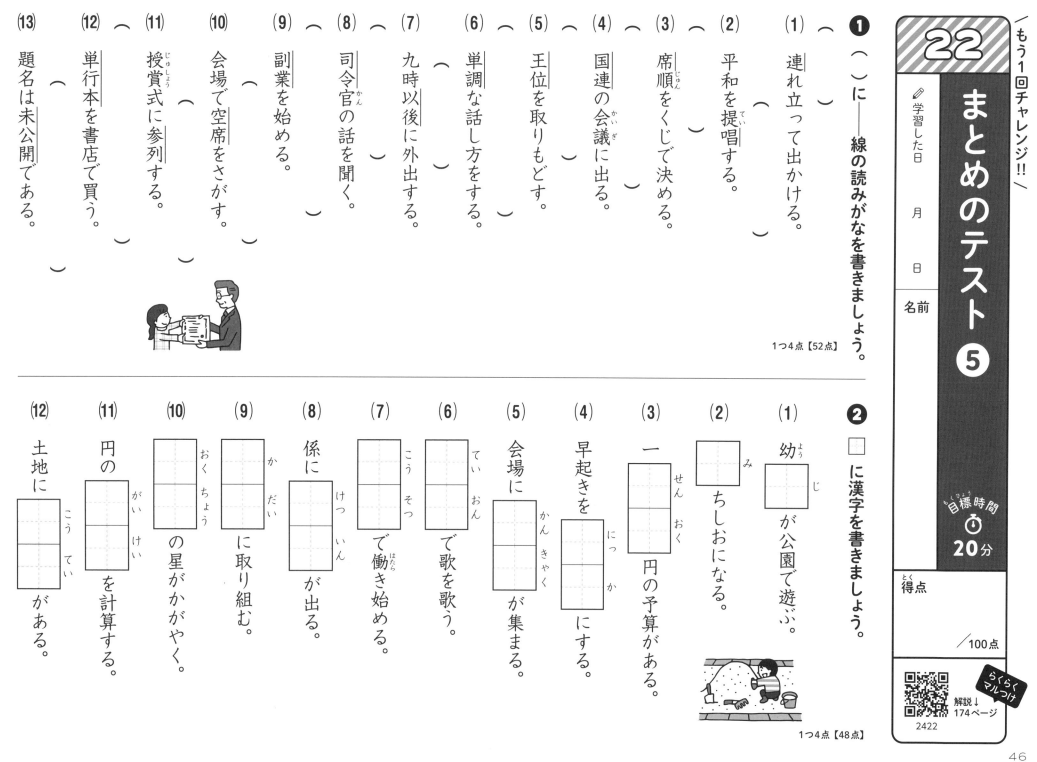

23

まとめのテスト ⑥

学習した日　月　日

名前

目標時間《もくひょうじかん》 20分

得点《とく》　／100点

解説↓ 174ページ

らくらくマルつけ

2423

❶ （　）に――線の読みがなを書きましょう。

1つ4点【52点】

(1) 月の満《み》ち欠け（　　）を知る。

(2) かぜの兆候《こう》（　　）が見える。

(3) 課長（　　）と仕事をする。

(4) 外観（　　）の写真をとる。

(5) 一億（　　）年の時間が流れる。

(6) 満月（　　）を見上げる。

(7) レンズの口径（　　）を調べる。

(8) 新卒（　　）の学生と話す。

(9) 部品が欠落（　　）する。

(10) さくらが満開（　　）になる。

(11) 家事と育児（　　）をする。

(12) 低級（　　）な商品もある。

(13) 大雨の予兆（　　）がある。

❷ □に漢字を書きましょう。

1つ4点【48点】

(1) 電車の座《ざ》□《せき》にすわる。

(2) 大会に□《さん》戦《せん》する。

(3) 集合場所は□□《みてい》だ。

(4) おかずを□□《ふくしょく》と言う。

(5) □□《じょうし》にほめられる。

(6) 黒□□《いがい》の色を選《えら》ぶ。

(7) □□《ちい》が上がる。

(8) 英《えい》□□《たんご》を学習する。

(9) □□《れんじつ》の雨になる。

(10) すもうの□□《ぎょうじ》が話す。

(11) □□□《かしょうりょく》がある。

(12) 作品は□□□《みはっぴょう》だ。

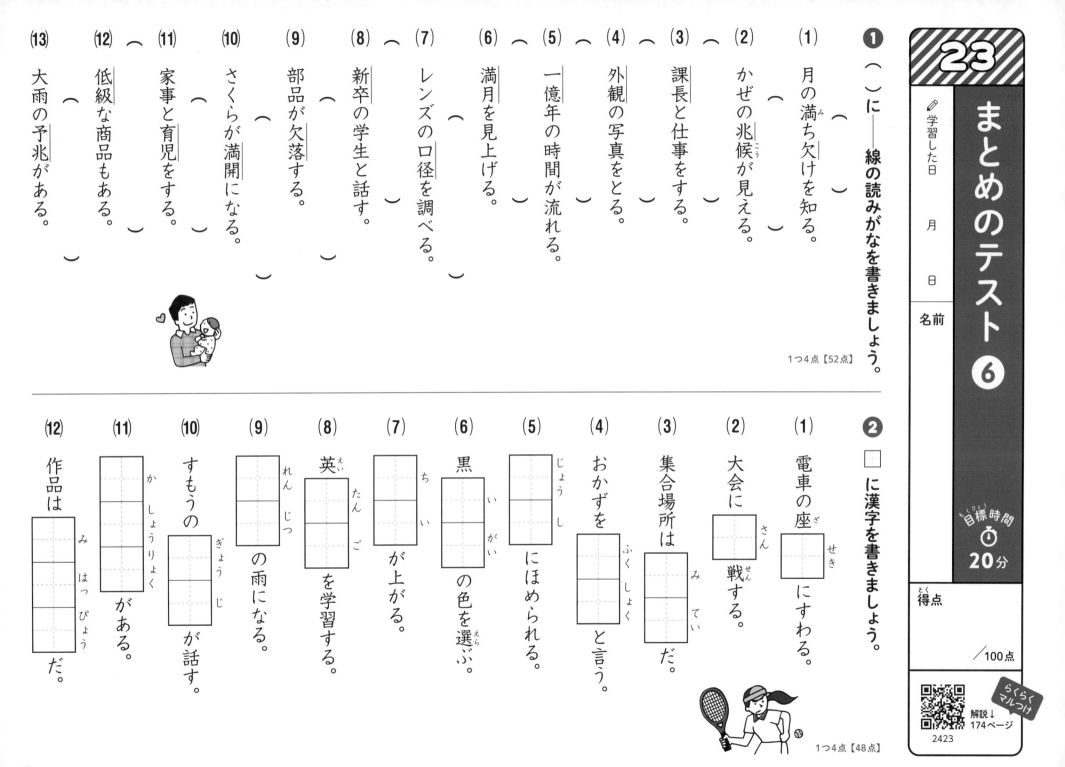

もう1回チャレンジ!!

23 まとめのテスト 6

学習した日　月　日

名前

目標《もくひょう》時間 20分

得《とく》点　／100点

らくらくマルつけ

解説↓174ページ

2423

❶ （　）に――線の読みがなを書きましょう。

1つ4点【52点】

(1) 月の満《み》ち欠けを知る。（　）

(2) かぜの兆候《こう》が見える。（　）

(3) 課長と仕事をする。（　）

(4) 外観の写真をとる。（　）

(5) 一億年の時間が流れる。（　）

(6) 満月を見上げる。（　）

(7) レンズの口径を調べる。（　）

(8) 新卒の学生と話す。（　）

(9) 部品が欠落する。（　）

(10) さくらが満開になる。（　）

(11) 家事と育児をする。（　）

(12) 低級な商品もある。（　）

(13) 大雨の予兆がある。（　）

❷ □に漢字を書きましょう。

1つ4点【48点】

(1) 電車の座《ざ》□□《せき》にすわる。

(2) 大会に□《さん》戦《せん》する。

(3) 集合場所は□□《みてい》だ。

(4) おかずを□□《ふくしょく》と言う。

(5) □□《じょうし》にほめられる。

(6) 黒□□《いがい》の色を選《えら》ぶ。

(7) □□《ちい》が上がる。

(8) 英《えい》□□《たんご》を学習する。

(9) □□《れんじつ》の雨になる。

(10) すもうの□□《ぎょうじ》が話す。

(11) □□□《かしょうりょく》がある。

(12) 作品は□□□《みはっぴょう》だ。

24 パズル・実せん③

学習した日　月　日

名前

目標《もくひょう》時間　20分

得《とく》点　／100点

解説↓175ページ

2424

らくらくマルつけ

❶ 矢印《やじるし》の向きに読むと熟語《じゅくご》になるように、次の□に入る漢字を書きましょう。　1つ7点【14点】

(1) 単《たん》　首　地 → □

(2) □ → 来　定　明

❷ 次の——線の漢字の読み方を（　）にひらがなで書きましょう。　1つ6点【36点】

(1)
① 満月を見る。（　　　）
② 水が満ちる。（　　　）

(2)
① 連日の雨。（　　　）
② 山が連なる。（　　　）

(3)
① 欠点がある。（　　　）
② 月が欠ける。（　　　）

❸ 次は、ある合唱コンクールのお知らせのポスターです。

①合唱コンクールの
お知らせ

● 日時：10月10日
● 場所：市民《しみん》ホール
※ ②客席は1500席③以下のため、④カンキャクが多い場合は入場できないこともあります。

◎ ⑤カダイ曲：「大空へ」
◎ ⑥イチイの組には、福賞《しょう》として図書カードがおくられます。

(1) ——線①〜③の漢字の読みをひらがなで書きましょう。また、——線④〜⑥のカタカナを漢字に直して書きましょう。　1つ7点【42点】

①（　　　）　②（　　　）
③（　　　）　④（　　　）
⑤（　　　）　⑥（　　　）

(2) 右のポスターには、漢字のまちがいが一つあります。その漢字を見つけ、正しく書き直しましょう。【8点】

□ → □

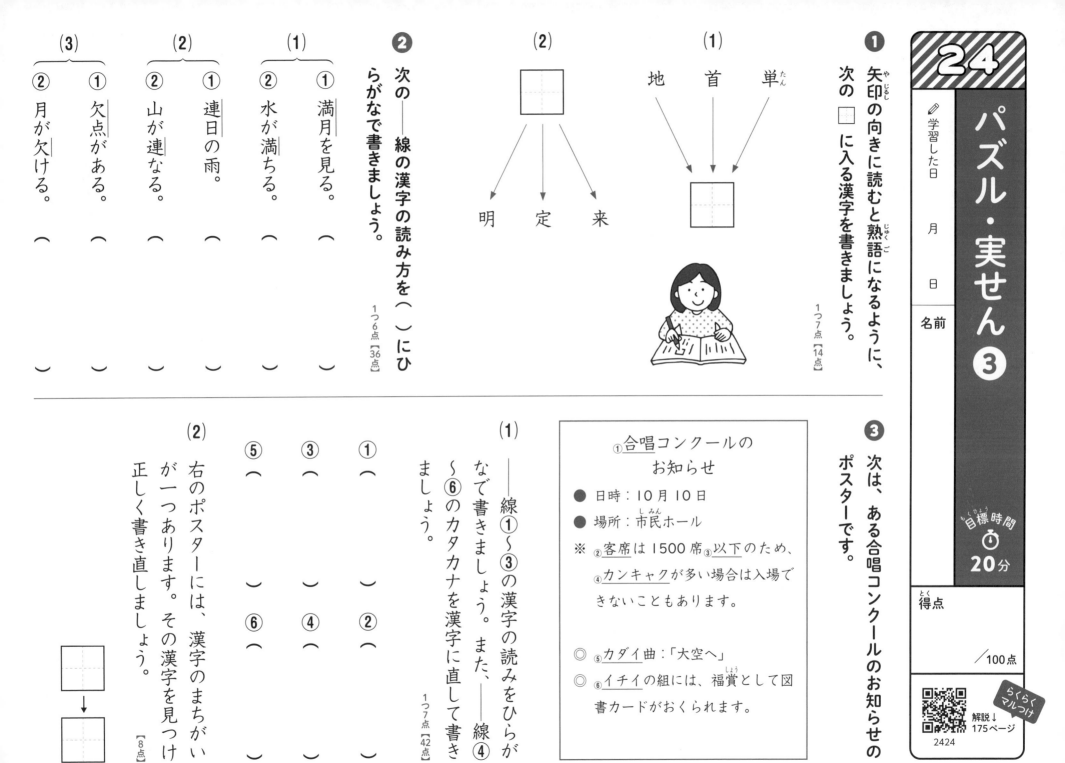

／もう1回チャレンジ!!／

24 パズル・実せん③

学習した日　月　日

名前

目標《もくひょう》時間 20分

得《とく》点　／100点

らくらくマルつけ

解説↓175ページ

2424

❶ 矢印《やじるし》の向きに読むと熟語《じゅくご》になるように、次の□に入る漢字を書きましょう。　1つ7点【14点】

(1) 単《たん》　首　地　→　□

(2) □　→　来　定　明

❷ 次の――線の漢字の読み方を（　）にひらがなで書きましょう。　1つ6点【36点】

(1)
① 満月を見る。（　　）
② 水が満ちる。（　　）

(2)
① 連日の雨。（　　）
② 山が連なる。（　　）

(3)
① 欠点がある。（　　）
② 月が欠ける。（　　）

❸ 次は、ある合唱コンクールのお知らせのポスターです。

①合唱コンクールのお知らせ
● 日時：10月10日
● 場所：市民《しみん》ホール
※ ②客席は1500席③以下のため、④カンキャクが多い場合は入場できないこともあります。
◎ ⑤カダイ曲：「大空へ」
◎ ⑥イチイの組には、福賞《しょう》として図書カードがおくられます。

(1) ――線①〜③の漢字の読みをひらがなで書きましょう。また、――線④〜⑥のカタカナを漢字に直して書きましょう。　1つ7点【42点】

①（　　）　②（　　）
③（　　）　④（　　）
⑤（　　）　⑥（　　）

(2) 右のポスターには、漢字のまちがいが一つあります。その漢字を見つけ、正しく書き直しましょう。　【8点】

□ → □

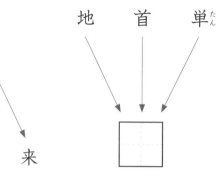

25 給食室《きゅうしょくしつ》での調理

学習した日　月　日

名前

目標《もくひょう》時間 20分

得点《とく》　／100点

らくらくマルつけ

解説↓ 175ページ

2425

給

12画

とめる

読み方　音 キュウ　くん

練習

使い方：給食《きゅうしょく》　給料《きゅうりょう》　給油《きゅうゆ》　配給《はいきゅう》　支給《しきゅう》　自給自足《じきゅうじそく》

材

7画

一 十 オ 木 木 村 材

少し出す

読み方　音 ザイ　くん

練習

使い方：教材《きょうざい》　題材《だいざい》　取材《しゅざい》　食材《しょくざい》　材木《ざいもく》　人材《じんざい》

料

10画

点の向きに注意

読み方　音 リョウ　くん

練習

使い方：材料《ざいりょう》　料理《りょうり》　料金《りょうきん》　食料《しょくりょう》　原料《げんりょう》　入場料《にゅうじょうりょう》

量

12画

長く

読み方　音 リョウ　くん はかる

練習

使い方：大量《たいりょう》　分量《ぶんりょう》　数量《すうりょう》　量産《りょうさん》　すい量《りょう》　量《はか》り売《う》り

---

1 □に漢字を書きましょう。

(1) □《きゅうしょく》の用意をする。

(2) □《ざいりょう》をそろえる。

(3) □《たいりょう》の食事を作る。

(4) □《しょくざい》を等分する。

(5) リンゴの重さを□《はか》る。

(6) □《りょうり》を食べる。

(7) 水の□《ぶんりょう》をたしかめる。

(8) 配達《はいたつ》の車に□《きゅうゆ》する。

(9) 有名店の□《しゅざい》をする。

(10) □《じきゅうじそく》の生活。

1つ9点【90点】

スパイラルコーナー　□に漢字を書きましょう。

(1) 十オ□《いか》は無料《むりょう》だ。

(2) よろこびに□《み》ちる。

1つ5点【10点】

もう1回チャレンジ!!

25 給食室《きゅうしょくしつ》での調理

学習した日　月　日

名前

目標時間《もくひょうじかん》 20分

得点《とく》

／100点

らくらくマルつけ

解説↓ 175ページ

2425

給　12画

とめる

読み方　音 キュウ　くん

使い方：給食《きゅうしょく》　配給《はいきゅう》　給料《きゅうりょう》　支給《しきゅう》　給油《きゅうゆ》　自給自足《じきゅうじそく》

練習

材　7画

少し出す

読み方　音 ザイ　くん

使い方：教材《きょうざい》　食材《しょくざい》　題材《だいざい》　材木《ざいもく》　取材《しゅざい》　人材《じんざい》

練習

料　10画

点の向きに注意

読み方　音 リョウ　くん

使い方：材料《ざいりょう》　食料《しょくりょう》　料理《りょうり》　原料《げんりょう》　料金《りょうきん》　入場料《にゅうじょうりょう》

練習

量　12画

長く

読み方　音 リョウ　くん はかる

使い方：大量《たいりょう》　量産《りょうさん》　分量《ぶんりょう》　すい量《りょう》　数量《すうりょう》　量《はか》り売《う》り

練習

---

1 □に漢字を書きましょう。　1つ9点【90点】

(1) □□《きゅうしょく》の用意をする。

(2) □□《ざいりょう》をそろえる。

(3) □□《たいりょう》の食事を作る。

(4) □□《しょくざい》を等分する。

(5) リンゴの重さを□《はか》る。

(6) □□《りょうり》を食べる。

(7) 水の□□《ぶんりょう》をたしかめる。

(8) 配達《はいたつ》の車に□□《きゅうゆ》する。

(9) 有名店の□□《しゅざい》をする。

(10) □□□□《じきゅうじそく》の生活。

スパイラルコーナー □に漢字を書きましょう。　1つ5点【10点】

(1) 十才□□《いか》は無料《むりょう》だ。

(2) よろこびに□《み》ちる。

26 れきしを学ぶ

学習した日　月　日

名前

目標《もくひょう》時間 20分

得点《とく》　／100点

らくらくマルつけ
解説↓ 175ページ
2426

戦（13画）

わすれずに書く

読み方
音 セン
くん たたかう （いくさ）

使い方
作戦《さくせん》　対戦《たいせん》　決戦《けっせん》
熱戦《ねっせん》　戦力《せんりょく》　戦場《せんじょう》

練習

争（6画）

はねる

読み方
音 ソウ
くん あらそう

使い方
戦争《せんそう》　争点《そうてん》　ふん争《そう》
争《そう》だつ　言《い》い争《あらそ》う

練習

軍（9画）

長く

読み方
音 グン
くん ―

使い方
軍人《ぐんじん》　軍手《ぐんて》　軍服《ぐんぷく》
海軍《かいぐん》　陸軍《りくぐん》　軍配《ぐんばい》

練習

隊（12画）

分けて書く

読み方
音 タイ
くん ―

使い方
軍隊《ぐんたい》　隊長《たいちょう》　隊員《たいいん》
部隊《ぶたい》　楽隊《がくたい》　登山隊《とざんたい》

練習

1 □に漢字を書きましょう。

(1) ここは□《せんじょう》だった。
(2) □《ぐんたい》が行進する。
(3) □《せんそう》に反対する。
(4) □《たいちょう》の命令《めいれい》にしたがう。
(5) せいいっぱい□《たたか》う。
(6) 先を□《あらそ》うように進む。
(7) □《さくせん》を立てる。
(8) □《そうてん》をしぼる。
(9) □《ぐんて》をはめる。
(10) □《とざんたい》を結成《けっせい》する。

1つ9点【90点】

スパイラルコーナー

□に漢字を書きましょう。

(1) □《なんおくえん》もの予算。
(2) □《くらい》の高い人と会う。

1つ5点【10点】

／もう1回チャレンジ!!／

26 れきしを学ぶ

学習した日　月　日

名前

目標時間《もくひょうじかん》 20分

得点《とくてん》 ／100点

解説↓ 175ページ

2426

らくらくマルつけ

戦（13画）

わすれずに書く

読み方　音 セン　くん たたかう （いくさ）

使い方：作戦《さくせん》　熱戦《ねっせん》　対戦《たいせん》　戦力《せんりょく》　決戦《けっせん》　戦場《せんじょう》

練習

争（6画）

はねる

読み方　音 ソウ　くん あらそう

使い方：戦争《せんそう》　争《そう》だつ　争点《そうてん》　言《い》い争《あらそ》う　ふん争《そう》

練習

軍（9画）

長く

読み方　音 グン　くん ー

使い方：軍人《ぐんじん》　海軍《かいぐん》　軍手《ぐんて》　陸軍《りくぐん》　軍服《ぐんぷく》　軍配《ぐんばい》

練習

隊（12画）

分けて書く

読み方　音 タイ　くん ー

使い方：軍隊《ぐんたい》　部隊《ぶたい》　隊長《たいちょう》　楽隊《がくたい》　隊員《たいいん》　登山隊《とざんたい》

練習

1 □に漢字を書きましょう。

(1) ここは□□《せんじょう》だった。

(2) □□《ぐんたい》が行進する。

(3) □□《せんそう》に反対する。

(4) □□《たいちょう》の命令《めいれい》にしたがう。

(5) せいいっぱい□《たたか》う。

(6) 先を□《あらそ》うように進む。

(7) □□《さくせん》を立てる。

(8) □□《そうてん》をしぼる。

(9) □□《ぐんて》をはめる。

(10) □□□《とざんたい》を結成《けっせい》する。

1つ9点【90点】

スパイラルコーナー

□に漢字を書きましょう。

(1) □□□《なんおくえん》もの予算。

(2) □《くらい》の高い人と会う。

1つ5点【10点】

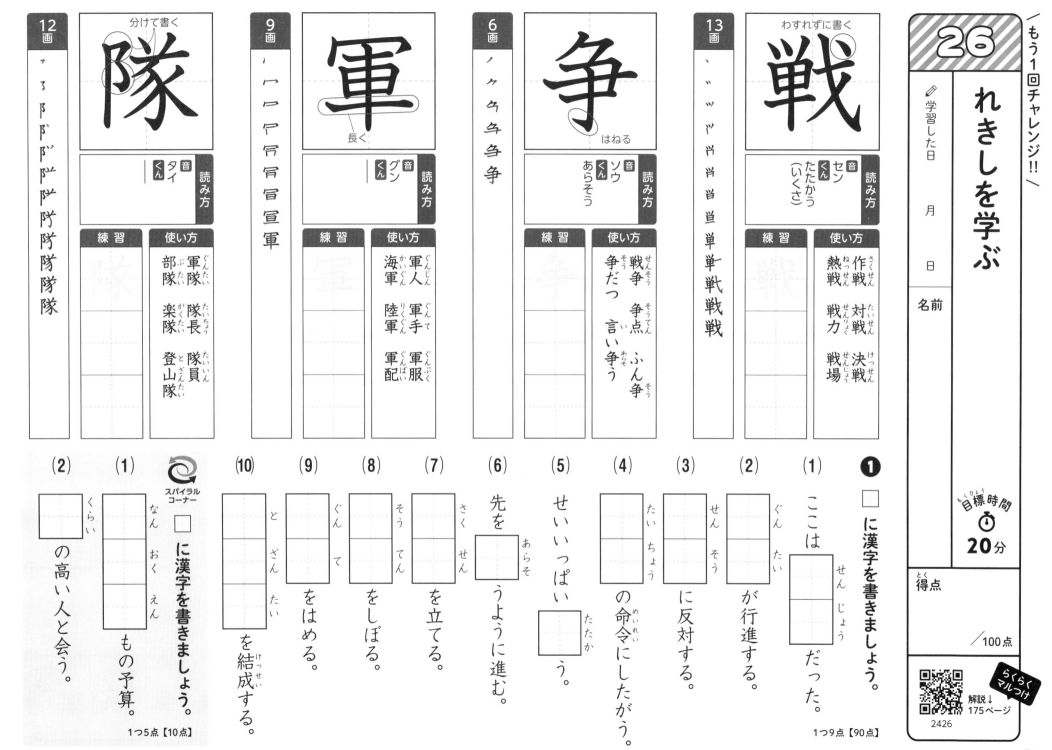

27 図書室で本を読もう

学習した日　月　日

名前

目標《もくひょう》時間 20分

得《と》点　／100点

解説↓ 176ページ　らくらくマルつけ

2427

英

8画

一 十 廾 廾 艹 苎 英 英

つき出す

読み方
音 エイ
くん ―

使い方
英語《えいご》　英文《えいぶん》　英国《えいこく》
英才《えいさい》　英会話《えいかいわ》　英《えい》ゆう

練習

辞

13画

ノ 二 千 千 舌 舌 舌 舌 辞 辞 辞 辞 辞

左下にはらう

読み方
音 ジ
くん （やめる）

使い方
辞書《じしょ》　辞退《じたい》　辞意《じい》
辞表《じひょう》　式辞《しきじ》　お世辞《せじ》

練習

典

8画

丨 冂 巾 曲 曲 曲 典 典

とめる

読み方
音 テン
くん ―

使い方
辞典《じてん》　事典《じてん》　古典《こてん》
典型《てんけい》　祝典《しゅくてん》　典型的《てんけいてき》

練習

借

10画

ノ イ 亻 亻 亻 亻 借 借 借 借

つき出す

読み方
音 シャク
くん かりる

使い方
借金《しゃっきん》　借家《しゃくや》　借用《しゃくよう》
借《か》り手《て》　間《ま》借《が》り　貸《か》し借《か》り

練習

---

1 □に漢字を書きましょう。　1つ9点【90点】

(1) □□《えいご》の本を読む。

(2) □□《じてん》で意味を調べる。

(3) たくさんの本を□《か》りる。

(4) □□《えいぶん》を日本語にやくす。

(5) グラフを□□《しゃくよう》する。

(6) 百科□□《じてん》をならべる。

(7) 本の貸《か》し□《か》りをする。

(8) □□□《えいかいわ》教室に通う。

(9) □□《こてん》文学を学ぶ。

(10) 古い□□《じしょ》を引く。

スパイラルコーナー

□に漢字を書きましょう。　1つ5点【10点】

(1) □□□《ふくさよう》に注意する。

(2) 乳《にゅう》□《じ》向けに食事を作る。

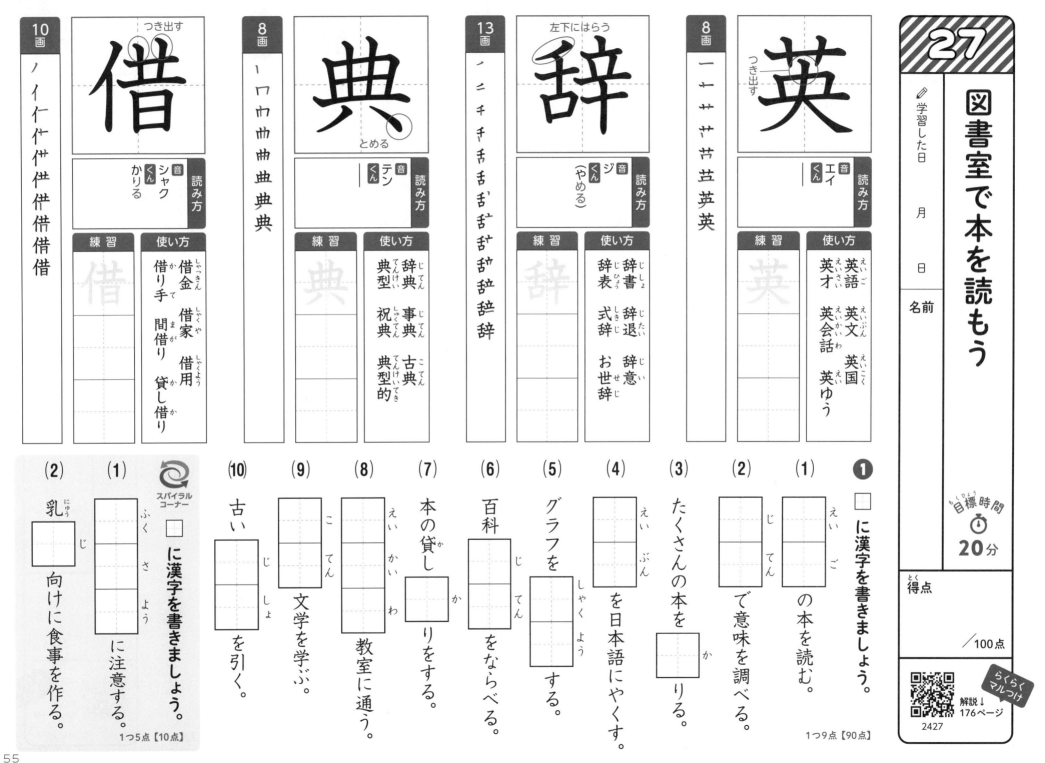

27 図書室で本を読もう

学習した日　月　日　名前

目標時間 ⏱ **20分**

得点 ／100点

解説↓176ページ
2427

借 10画（つき出す）

ノ イ イ′ 什 件 件 借 借 借

読み方
音 シャク
くん かりる

練習 借

使い方
借金（しゃっきん）　借家（しゃくや）　借用（しゃくよう）
借り手（かりて）　間借り（まがり）　貸し借り（かしかり）

典 8画（とめる）

一 口 巾 曲 曲 典 典

読み方
音 テン
くん ｜

練習 典

使い方
辞典（じてん）　事典（じてん）
典型（てんけい）　祝典（しゅくてん）　古典（こてん）
典型的（てんけいてき）

辞 13画（左下にはらう）

ノ ニ チ 千 舌 舌 舌 舌 舌 舌 舌 辞 辞

読み方
音 ジ
くん （やめる）

練習 辞

使い方
辞書（じしょ）　辞退（じたい）
辞表（じひょう）　辞意（じい）
式辞（しきじ）　辞令（じれい）
お世辞（おせじ）

英 8画（つき出す）

一 十 艹 艹 芁 苎 英 英

読み方
音 エイ
くん ｜

練習 英

使い方
英語（えいご）　英文（えいぶん）
英才（えいさい）　英国（えいこく）
英会話（えいかいわ）　英ゆう

---

❶ □ に漢字を書きましょう。

1つ9点【90点】

(1) ｜えいご｜ の本を読む。

(2) ｜じてん｜ で意味を調べる。

(3) たくさんの本を ｜か｜ りる。

(4) ｜えいぶん｜ を日本語にやくす。

(5) グラフを ｜しゃくよう｜ する。

(6) 百科 ｜じてん｜ をならべる。

(7) 本の貸し ｜か｜ りをする。

(8) ｜えいかいわ｜ 教室に通う。

(9) ｜こてん｜ 文学を学ぶ。

(10) 古い ｜じしょ｜ を引く。

スパイラルコーナー

□ に漢字を書きましょう。

1つ5点【10点】

(1) ｜ふくさよう｜ に注意する。

(2) 乳（にゅう）｜じ｜ 向けに食事を作る。

28 クラブ活動に参加（さんか）する

学習した日　月　日　名前

目標時間 ⏱ 20分

得点 ／100点

解説↓176ページ
2428

らくらくマルつけ

縄 15画　〈 纟 纟 糸 糸 糸 紗 紉 絽 絽 絹 絹 絹 絹 縄（はねる）

読み方　音（ジョウ）　訓 なわ

練習　縄

使い方
大縄（おおなわ）　沖縄（おきなわ）　縄とび（なわ）
しめ縄（なわ）　縄（なわ）ばしご

訓 10画　丶 丶 言 言 言 言 訓 訓（はらう）

読み方　音 クン　訓

練習　訓

使い方
訓練（くんれん）　教訓（きょうくん）
訓読（くんどく）　家訓（かくん）
音訓（おんくん）　訓読（くんよ）み

達 12画　一 十 士 士 幸 幸 幸 幸 達 達 達（長めに）

読み方　音 タツ　訓

練習　達

使い方
発達（はったつ）　上達（じょうたつ）
配達（はいたつ）　達成（たっせい）
速達（そくたつ）
★友達（ともだち）

標 15画　一 十 オ 木 杧 杧 桿 桿 栖 栖 標 標 標 標（はねる）

読み方　音 ヒョウ　訓

練習　標

使い方
目標（もくひょう）　標語（ひょうご）
標的（ひょうてき）　標本（ひょうほん）
標識（ひょうしき）　標高（ひょうこう）

---

❶ □に漢字を書きましょう。

1つ9点【90点】

(1) もくひょう を決め活動する。

(2) ともだち とクラブに入る。

(3) 楽しく くんれん する。

(4) 毎日 なわ とびをする。

(5) 英会話（えいかいわ）が じょうたつ する。

(6) こん虫の ひょうほん を作る。

(7) なわ ばしごをのぼる。

(8) 本を はいたつ してもらう。

(9) 交通 ひょうご を考える。

(10) 漢字の くん 読みを調べる。

🔄 スパイラルコーナー

□に漢字を書きましょう。

1つ5点【10点】

(1) けってん が見つかる。

(2) うんてんせき にすわる。

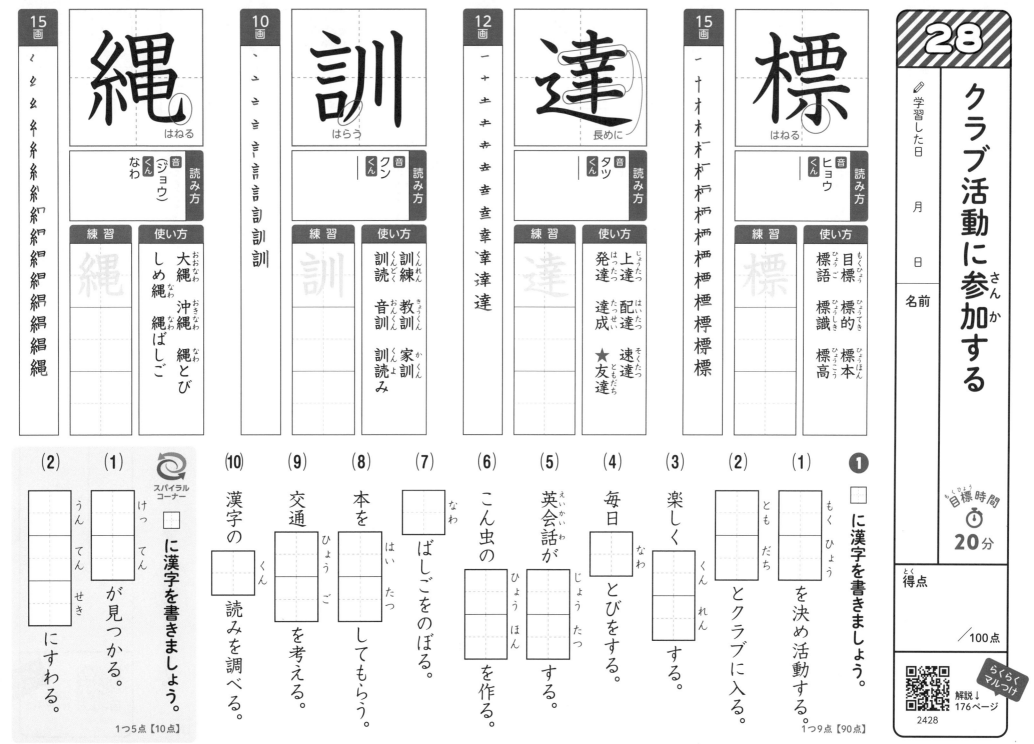

もう1回チャレンジ!!

28 クラブ活動に参加《さんか》する

学習した日　月　日

名前

目標《もくひょう》時間 20分

得点《とく》 ／100点

らくらくマルつけ

解説↓ 176ページ

2428

標

15画

一 十 才 木 木 杧 杧 柵 栖 栖 標 標 標 標 標

はねる

読み方　音 ヒョウ　くん ―

使い方　目標《もくひょう》　標的《ひょうてき》　標本《ひょうほん》　標語《ひょうご》　標識《ひょうしき》　標高《ひょうこう》

練習

達

12画

一 十 土 圡 圥 坴 坴 幸 幸 逹 逹 達

長めに

読み方　音 タツ　くん ―

使い方　上達《じょうたつ》　配達《はいたつ》　速達《そくたつ》　発達《はったつ》　達成《たっせい》　★友達《ともだち》

練習

訓

10画

丶 亠 亠 亖 言 言 言 訁 訓 訓

はらう

読み方　音 クン　くん ―

使い方　訓練《くんれん》　教訓《きょうくん》　家訓《かくん》　訓読《くんどく》　音訓《おんくん》　訓読《くんよ》み

練習

縄

15画

く 幺 幺 糸 糸 糸 紀 紀 紀 紀 紀 絹 絹 縄 縄

はねる

読み方　音 (ジョウ)　くん なわ

使い方　大縄《おおなわ》　沖縄《おきなわ》　縄《なわ》とび　しめ縄《なわ》　縄《なわ》ばしご

練習

---

1 □に漢字を書きましょう。

1つ9点【90点】

(1) □□《もくひょう》を決め活動する。

(2) □□《ともだち》とクラブに入る。

(3) 楽しく□□《くんれん》する。

(4) 毎日□《なわ》とびをする。

(5) 英会話《えいかいわ》が□□《じょうたつ》する。

(6) こん虫の□□《ひょうほん》を作る。

(7) □《なわ》ばしごをのぼる。

(8) 本を□□《はいたつ》してもらう。

(9) 交通□□《ひょうご》を考える。

(10) 漢字の□《くん》読みを調べる。

スパイラルコーナー

□に漢字を書きましょう。

1つ5点【10点】

(1) □□《けってん》が見つかる。

(2) □□□《うんてんせき》にすわる。

29 運動会の練習

学習した日　月　日

名前

目標《もくひょう》時間 20分

得《とく》点

／100点

らくらくマルつけ

解説↓ 176ページ

2429

陸

11画

まげてとめる

読み方
- 音 リク
- くん —

使い方
陸上《りくじょう》　陸地《りくち》　大陸《たいりく》
上陸《じょうりく》　着陸《ちゃくりく》　陸海空《りくかいくう》

練習

試

13画

上にはねる

読み方
- 音 シ
- くん こころみる　（ためす）

使い方
試合《しあい》　試食《ししょく》　試着《しちゃく》
入試《にゅうし》　試作品《しさくひん》　試運転《しうんてん》

練習

競

20画

右上にはねる

読み方
- 音 キョウ　ケイ
- くん （きそう）　（せる）

使い方
競争《きょうそう》　競走《きょうそう》　競泳《きょうえい》
競歩《きょうほ》　徒競走《ときょうそう》　競馬《けいば》

練習

旗

14画

立てる

読み方
- 音 キ
- くん はた

使い方
国旗《こっき》　校旗《こうき》　旗手《きしゅ》
白旗《しろはた》　手旗《てばた》　旗《はた》上《あ》げ

練習

---

1 □に漢字を書きましょう。　1つ9点【90点】

(1) □□《りくじょう》のスポーツ。

(2) □□《しあい》の日が近づく。

(3) 百メートル□□《きょうそう》に出る。

(4) □《はた》をふっておうえんする。

(5) 新しいことを□《こころ》みる。

(6) □□《しろはた》をあげる。

(7) 運動着を□□《しちゃく》する。

(8) □□《こうき》を高くあげる。

(9) 飛行機《ひこうき》が□□《ちゃくりく》する。

(10) □□《けいば》を楽しむ。

スパイラルコーナー

□に漢字を書きましょう。　1つ5点【10点】

(1) □□《かがい》活動に参加《さんか》する。

(2) 本のねだんが□□《ていか》する。

＼もう1回チャレンジ!!／

29

運動会の練習

学習した日　月　日

名前

目標時間《もくひょうじかん》 20分

得点《とくてん》　／100点

解説↓176ページ

2429

らくらくマルつけ

陸　11画

まげてとめる

読み方　音 リク　くん ―

使い方　陸上《りくじょう》　上陸《じょうりく》　陸地《りくち》　着陸《ちゃくりく》　大陸《たいりく》　陸海空《りくかいくう》

練習

試　13画

上にはねる

読み方　音 シ　くん こころみる　(ためす)

使い方　試合《しあい》　入試《にゅうし》　試食《ししょく》　試作品《しさくひん》　試着《しちゃく》　試運転《しうんてん》

練習

競　20画

右上にはねる

読み方　音 キョウ　ケイ　くん (きそう)　(せる)

使い方　競争《きょうそう》　競歩《きょうほ》　競走《きょうそう》　徒競走《ときょうそう》　競泳《きょうえい》　競馬《けいば》

練習

旗　14画

立てる

読み方　音 キ　くん はた

使い方　国旗《こっき》　白旗《しろはた》　校旗《こうき》　手旗《てばた》　旗手《きしゅ》　旗上《はたあ》げ

練習

1 □に漢字を書きましょう。　1つ9点【90点】

(1) □《りくじょう》のスポーツ。

(2) □《しあい》の日が近づく。

(3) 百メートル□《きょうそう》に出る。

(4) □《はた》をふっておうえんする。

(5) 新しいことを□《こころ》みる。

(6) □《しろはた》をあげる。

(7) 運動着を□《しちゃく》する。

(8) □《こうき》を高くあげる。

(9) 飛行機《ひこうき》が□《ちゃくりく》する。

(10) □《けいば》を楽しむ。

スパイラルコーナー

□に漢字を書きましょう。　1つ5点【10点】

(1) □《かがい》活動に参加《さんか》する。

(2) 本のねだんが□《ていか》する。

30

まとめのテスト 7

学習した日　月　日

名前

目標《もくひょう》時間 20分

得《とく》点　／100点

解説↓176ページ
らくらくマルつけ
2430

1 （　）に――線の読みがなを書きましょう。　1つ4点【52点】

(1) 量り売りをする。（　）

(2) しめ縄をかざる。（　）

(3) お世辞を言われる。（　）

(4) 紙の原料を調べる。（　）

(5) 新たな実験《じっけん》を試みる。（　）（　）

(6) 漢字の音訓を調べる。（　）

(7) 軍人が行進する。（　）

(8) 手旗を大きくふる。（　）

(9) 入試の日が近づく。（　）

(10) 祝《しゅく》典が行われる。（　）

(11) 大縄とびをする。（　）

(12) 家訓を教えてもらう。（　）

(13) 旗手が先頭に立つ。（　）

2 □に漢字を書きましょう。　1つ4点【48点】

(1) 島に□□《じょうりく》する。

(2) 目的《もくてき》を□□《たっせい》する。

(3) □□《きょうそう》がはげしい。

(4) ライバルと□□《たいせん》する。

(5) □□《しゃっきん》をすぐに返す。

(6) 山の□□《ひょうこう》を調べる。

(7) 救急《きゅうきゅう》□□《たいいん》が着く。

(8) □□《きょうえい》の大会に出る。

(9) □□《たいりく》を発見する。

(10) □□《ざいもく》を船で運ぶ。

(11) □□《きゅうりょう》をしはらう。

(12) □□□《えいかいわ》を習う。

もう1回チャレンジ!!

30

まとめのテスト ⑦

学習した日　　月　　日

名前

目標《もくひょう》時間　20分

得《とく》点　　／100点

らくらくマルつけ

解説↓176ページ

2430

❶ （　）に――線の読みがなを書きましょう。

1つ4点【52点】

(1) 量り売りをする。（　）
(2) しめ縄をかざる。（　）
(3) お世辞を言われる。（　）
(4) 紙の原料を調べる。（　）
(5) 新たな実験《じっけん》を試みる。（　）（　）
(6) 漢字の音訓を調べる。（　）
(7) 軍人が行進する。（　）
(8) 手旗を大きくふる。（　）
(9) 入試の日が近づく。（　）
(10) 祝《しゅく》典が行われる。（　）
(11) 大縄とびをする。（　）
(12) 家訓を教えてもらう。（　）
(13) 旗手が先頭に立つ。（　）

❷ □に漢字を書きましょう。

1つ4点【48点】

(1) 島に□□（じょうりく）する。
(2) 目的《もくてき》を□□（たっせい）する。
(3) □□（きょうそう）がはげしい。
(4) ライバルと□□（たいせん）する。
(5) □□（しゃっきん）をすぐに返す。
(6) 山の□□（ひょうこう）を調べる。
(7) 救急《きゅうきゅう》□□（たいいん）が着く。
(8) □□（きょうえい）の大会に出る。
(9) □□（たいりく）を発見する。
(10) □□（ざいもく）を船で運ぶ。
(11) □□（きゅうりょう）をしはらう。
(12) □□□（えいかいわ）を習う。

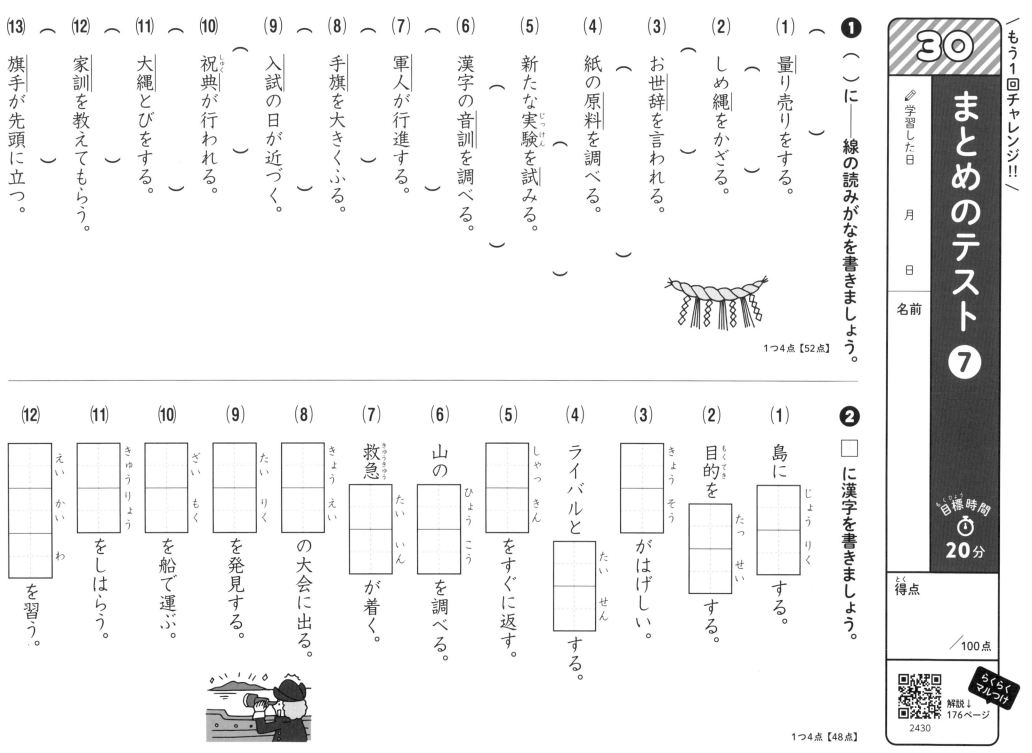

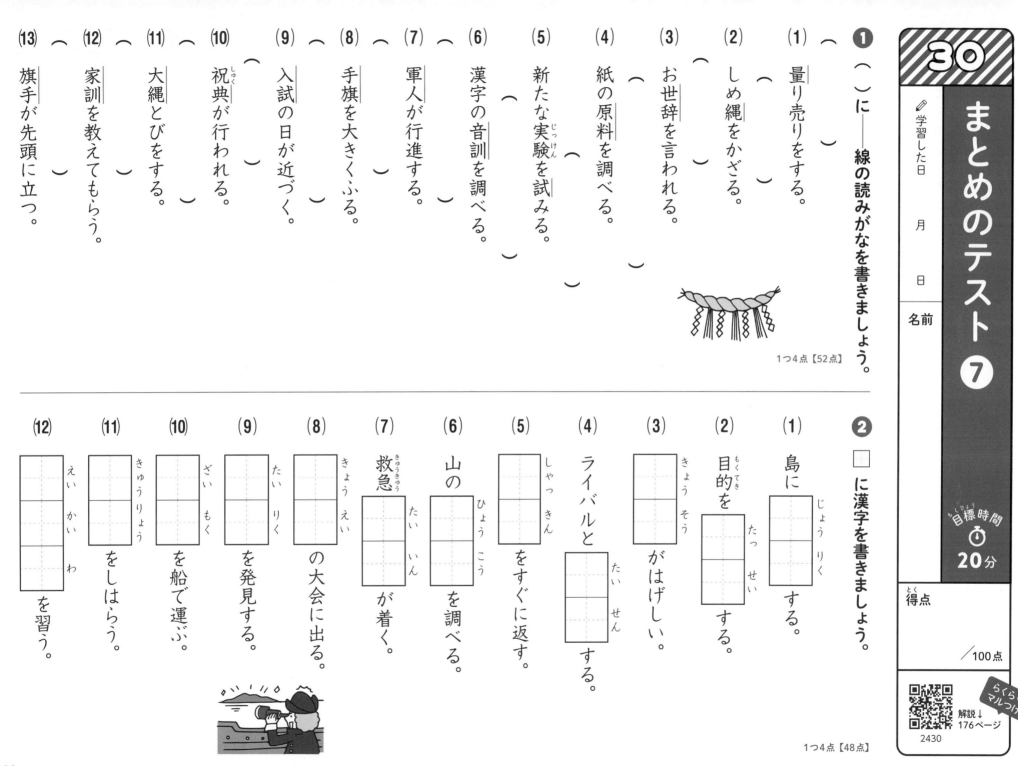

31

まとめのテスト 8

学習した日　　月　　日

名前

目標時間《もくひょうじかん》 20分

得点《とく》

／100点

らくらくマルつけ

解説↓ 177ページ

2431

1 （　）に——線の読みがなを書きましょう。

1つ4点【52点】

(1) 英ゆうが登場する。（　）

(2) 家の借り手をさがす。（　）

(3) 道路標識《しき》をよく見る。（　）

(4) チームの戦力となる。（　）

(5) 新しい教材を配る。（　）

(6) いくつかの部隊がある。（　）

(7) 水が配給される。（　）

(8) 科学が発達する。（　）

(9) 陸地の面積《めんせき》を調べる。（　）

(10) 楽隊の演奏《えんそう》を聞く。（　）

(11) 決戦が行われる。（　）

(12) 競歩大会に参加《さんか》する。（　）

(13) 友達と広場で遊ぶ。（　）

2 □に漢字を書きましょう。

1つ4点【48点】

(1) 外国でふん□《そう》が起こる。

(2) □《てん》型《けい》的《てき》な例《れい》といえる。

(3) 投げ□《なわ》でつかまえる。

(4) 夕飯《ゆうはん》の□□《ししょく》をする。

(5) □□《すうりょう》をたしかめる。

(6) 昔話から□□《きょうくん》を得《え》る。

(7) □□《しょくりょう》を保存《ほぞん》する。

(8) □□《こっき》を高くあげる。

(9) □□《じしょ》で意味を調べる。

(10) □□《かいぐん》の船が着く。

(11) □□□《しさくひん》を発表する。

(12) □□□《にゅうじょうりょう》をはらう。

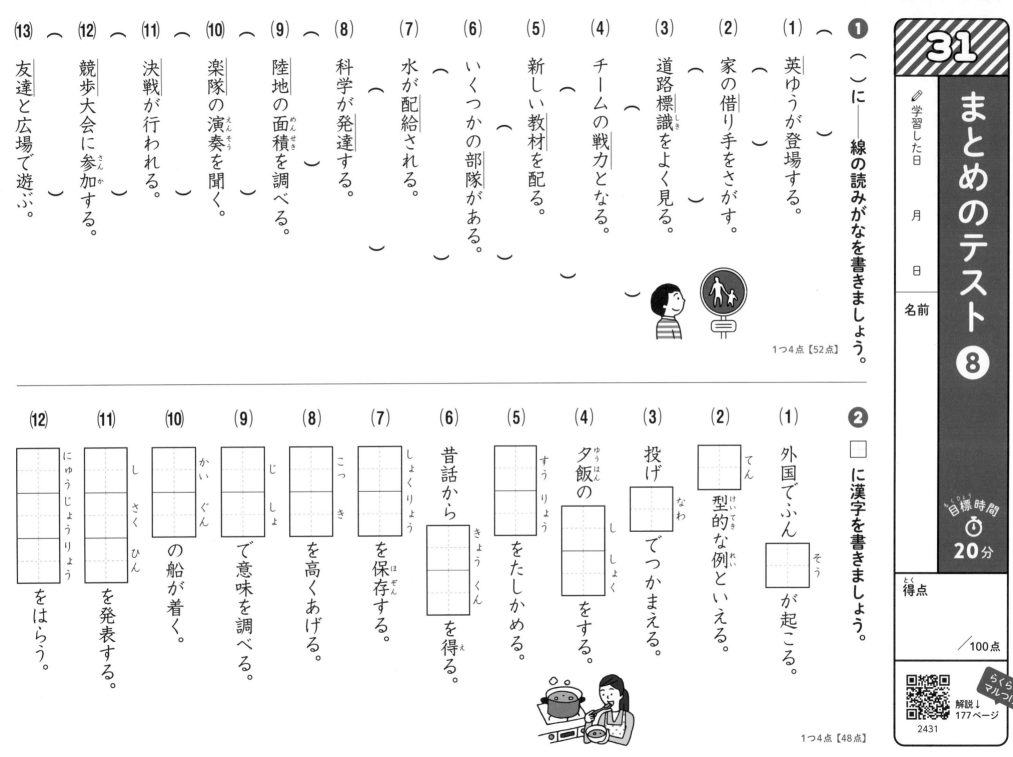

＼もう1回チャレンジ!!／

31 まとめのテスト ８

学習した日　月　日

名前

目標《もくひょう》時間 20分

得点《とく》　／100点

らくらくマルつけ

解説↓ 177ページ

2431

❶ （　）に――線の読みがなを書きましょう。

1つ4点【52点】

(1) 英ゆうが登場する。（　　）

(2) 家の借り手をさがす。（　　）

(3) 道路標識《しき》をよく見る。（　　）

(4) チームの戦力となる。（　　）

(5) 新しい教材を配る。（　　）

(6) いくつかの部隊がある。（　　）

(7) 水が配給される。（　　）

(8) 科学が発達する。（　　）

(9) 陸地の面積《めんせき》を調べる。（　　）

(10) 楽隊の演奏《えんそう》を聞く。（　　）

(11) 決戦が行われる。（　　）

(12) 競歩大会に参加《さんか》する。（　　）

(13) 友達と広場で遊ぶ。（　　）

❷ □に漢字を書きましょう。

1つ4点【48点】

(1) 外国でふん□《そう》が起こる。

(2) □《てん》型的《けいてき》な例《れい》といえる。

(3) 投げ□《なわ》でつかまえる。

(4) 夕飯《ゆうはん》の□□《ししょく》をする。

(5) □□《すうりょう》をたしかめる。

(6) 昔話から□□《きょうくん》を得《え》る。

(7) □□《しょくりょう》を保存《ほぞん》する。

(8) □□《こっき》を高くあげる。

(9) □□《じしょ》で意味を調べる。

(10) □□《かいぐん》の船が着く。

(11) □□□《しさくひん》を発表する。

(12) □□□《にゅうじょうりょう》をはらう。

32 パズル・実せん④

目標《もくひょう》時間 20分

学習した日　月　日

名前

得点《とく》　／100点

解説↓177ページ

らくらくマルつけ

2432

① 矢印《やじるし》の向きに読むと熟語《じゅくご》になるように、次の□に入る漢字を書きましょう。 1つ7点【14点】

(1) 取　教　題　→　□

(2) □　→　食　油　料《りょう》

② 次の――線のカタカナを漢字で書き分けましょう。 1つ8点【16点】

(1) 水の重さをハカる。（　　）

(2) 歩く時間をハカる。（　　）

③ 次の(1)・(2)が反対の意味の言葉の組み合わせになるように、□に漢字を書きましょう。 1つ5点【20点】

(1) りくじょう □□ ↔ かいじょう □□

(2) せんそう □□ ↔ へいわ □□

④ 次は、ある小学校の運動会のプログラムです。

第三小学校運動会プログラム

◎ 午前の部

1　大玉転がし

2　100メートル①競走

3　②借り物競走

◎ 昼食

◎ 午後の部

4　③旗あげゲーム

5　大縄とび

(1) ――線①～③の漢字の読みをひらがなで書きましょう。また、――線④～⑥のカタカナを漢字に直して書きましょう。 1つ7点【42点】

①（　　）　②（　　）

③（　　）　④（　　）

⑤（　　）　⑥（　　）

(2) ═線「縄」の筆順《ひつじゅん》が正しいほうを選《えら》び、記号を書きましょう。【8点】

ア　幺　糸　⿰糸尸　⿰糸𠃊　縄

イ　幺　糸　⿰糸尸　⿰糸日　縄

（　　）

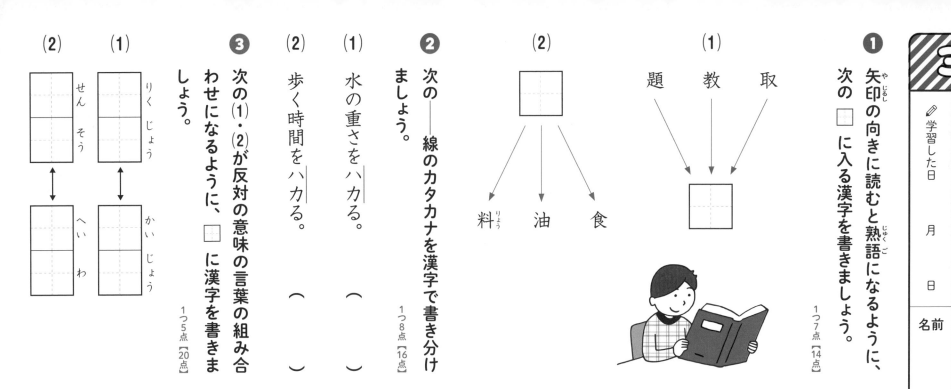

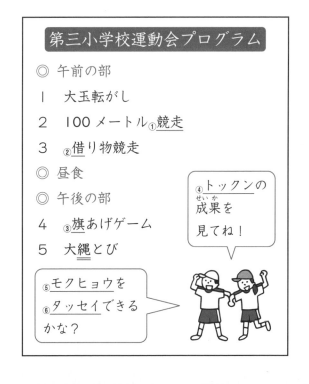

もう1回チャレンジ!!

32 パズル・実せん④

学習した日　月　日

名前

目標《もくひょう》時間 20分

得点《とく》　／100点

解説↓177ページ

2432

らくらくマルつけ

① 矢印《やじるし》の向きに読むと熟語《じゅくご》になるように、次の□に入る漢字を書きましょう。　1つ7点【14点】

(1) 題　教　取 → □

(2) □ → 料《りょう》　油　食

② 次の——線のカタカナを漢字で書き分けましょう。　1つ8点【16点】

(1) 水の重さをハカる。（　　）

(2) 歩く時間をハカる。（　　）

③ 次の(1)・(2)が反対の意味の言葉の組み合わせになるように、□に漢字を書きましょう。　1つ5点【20点】

(1) りくじょう ↔ かいじょう

(2) せんそう ↔ へいわ

④ 次は、ある小学校の運動会のプログラムです。

第三小学校運動会プログラム

◎ 午前の部

1　大玉転がし

2　100メートル①競走

3　②借り物競走

◎ 昼食

◎ 午後の部

4　③旗あげゲーム

5　大縄とび

④トックンの成果《せいか》を見てね！

⑤モクヒョウを⑥タッセイできるかな？

(1) ——線①～③の漢字の読みをひらがなで書きましょう。また、——線④～⑥のカタカナを漢字に直して書きましょう。　1つ7点【42点】

①（　　）　②（　　）

③（　　）　④（　　）

⑤（　　）　⑥（　　）

(2) ═線「縄」の筆順《ひつじゅん》が正しいほうを選《えら》び、記号を書きましょう。【8点】

（　　）

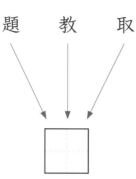

33 健康《けんこう》にすごす

学習した日　月　日

名前

目標時間《もくひょうじかん》 20分

得点《とく》

／100点

らくらくマルつけ

解説↓ 177ページ

2433

健（11画）

右下にはらう

読み方　音 ケン　くん (すこやか)

使い方：保健《ほけん》　健全《けんぜん》　健在《けんざい》　健勝《けんしょう》　勇健《ゆうけん》　おん健《けん》

練習

康（11画）

はらう　はねる

読み方　音 コウ　くん ―

使い方：健康《けんこう》　小康《しょうこう》

練習

管（14画）

立てる

読み方　音 カン　くん くだ

使い方：血管《けっかん》　鉄管《てっかん》　配管《はいかん》　管理《かんり》　水道管《すいどうかん》　管楽器《かんがっき》

練習

治（8画）

とめる

読み方　音 ジ　チ　くん おさめる　おさまる　なおる　なおす

使い方：政治《せいじ》　退治《たいじ》　治安《ちあん》　治水《ちすい》　自治会《じちかい》　治《ち》りょう

練習

---

1 □に漢字を書きましょう。

(1) □□《けんこう》に気をつける。

(2) うでの□□《けっかん》が太い。

(3) 病気がすっかり□《なお》る。

(4) 薬の□□《かんり》をする。

(5) けがの□《ち》りょうをする。

(6) □□《しょうこう》じょうたいになる。

(7) いたみが□《おさ》まる。

(8) 保《ほ》□□《けんしつ》で少し休む。

(9) 病気のもとを退《たい》□《じ》する。

(10) □《くだ》を使って水を通す。

1つ9点【90点】

スパイラルコーナー

□に漢字を書きましょう。

(1) 電話□□《りょうきん》をしはらう。

(2) 作文の□□《だいざい》を決める。

1つ5点【10点】

もう1回チャレンジ!!

33 健康《けんこう》にすごす

学習した日　月　日

名前

目標《もくひょう》時間 20分

得《とく》点　／100点

らくらくマルつけ

解説↓177ページ

2433

健　11画

右下にはらう

読み方　音 ケン　くん (すこやか)

使い方：保健《ほけん》　健全《けんぜん》　健在《けんざい》　健勝《けんしょう》　勇健《ゆうけん》　おん健《けん》

練習

康　11画

はらう　はねる

読み方　音 コウ　くん ―

使い方：健康《けんこう》　小康《しょうこう》

練習

管　14画

立てる

読み方　音 カン　くん くだ

使い方：血管《けっかん》　鉄管《てっかん》　配管《はいかん》　管理《かんり》　水道管《すいどうかん》　管楽器《かんがっき》

練習

治　8画

とめる

読み方　音 ジ　チ　くん おさめる　おさまる　なおる　なおす

使い方：政治《せいじ》　退治《たいじ》　治安《ちあん》　治水《ちすい》　自治会《じちかい》　治《ち》りょう

練習

❶ □に漢字を書きましょう。

1つ9点【90点】

(1) □□《けんこう》に気をつける。
(2) うでの□□《けっかん》が太い。
(3) 病気がすっかり□《なお》る。
(4) 薬の□□《かんり》をする。
(5) けがの□《ち》りょうをする。
(6) □□《しょうこう》じょうたいになる。
(7) いたみが□《おさ》まる。
(8) 保《ほ》□□《けんしつ》で少し休む。
(9) 病気のもとを退《たい》□《じ》する。
(10) □《くだ》を使って水を通す。

スパイラルコーナー

□に漢字を書きましょう。

1つ5点【10点】

(1) 電話□□《りょうきん》をしはらう。
(2) 作文の□□《だいざい》を決める。

34 けがに注意する

学習した日　月　日

名前

目標《もくひょう》時間 20分

得《とく》点　／100点

らくらくマルつけ　解説↓177ページ

2434

包

5画

ノ 勹 勹 匀 包

はねる

読み方　音 ホウ　くん つつむ

使い方：包丁《ほうちょう》　包囲《ほうい》　包装《ほうそう》　包容《ほうよう》　包《つつ》み紙《がみ》　小包《こづつ》み

練習

帯

10画

一 十 卄 卅 卌 卌 带 帯 帯 帯

はねる

読み方　音 タイ　くん おびる　おび

使い方：包帯《ほうたい》　一帯《いったい》　熱帯《ねったい》　時間帯《じかんたい》　けい帯《たい》　帯《おび》ひも

練習

泣

8画

丶 冫 氵 氵 汁 汁 泣 泣

立てる

読み方　音 (キュウ)　くん なく

使い方：泣《な》き声《ごえ》　泣《な》き顔《がお》　泣《な》き虫《むし》　うれし泣《な》き　号泣《ごうきゅう》

練習

折

7画

一 十 扌 扌 扩 扩 折

とめる

読み方　音 セツ　くん おる　おり　おれる

使い方：右折《うせつ》　骨折《こっせつ》　曲折《きょくせつ》　折半《せっぱん》　折紙《おりがみ》　四季《しき》折々《おりおり》

練習

1 □に漢字を書きましょう。

(1) うでに□□《ほうたい》をまく。

(2) 大声をあげて□《な》く。

(3) 足のほねを□《お》る。

(4) お見まいの品を紙で□《つつ》む。

(5) 体が熱《ねつ》を□《お》びる。

(6) 骨《こっ》□《せつ》して入院する。

(7) こしで□《おび》をしめる。

(8) □《おり》を見てお礼を言う。

(9) りんごを□□《ほうちょう》で切る。

(10) うれし□《な》きをする。

1つ9点【90点】

スパイラルコーナー　□に漢字を書きましょう。

(1) たんけん□《たい》に入る。

(2) 言い□《あらそ》う声が聞こえる。

1つ5点【10点】

＼もう1回チャレンジ!!／

34

けがに注意する

学習した日　月　日

名前

目標《もくひょう》時間　20分

得点《とく》　／100点

解説↓ 177ページ

2434

らくらくマルつけ

包（5画）

ノ　勹　匀　匀　包

はねる

読み方
音　ホウ
くん　つつむ

使い方
包丁《ほうちょう》　包囲《ほうい》　包装《ほうそう》
包容《ほうよう》　包《つつ》み紙《がみ》　小包《こづつ》み

練習

帯（10画）

一　十　卅　卌　卌　卌　丗　丗　帯　帯

はねる

読み方
音　タイ
くん　おびる　おび

使い方
包帯《ほうたい》　一帯《いったい》　熱帯《ねったい》
時間帯《じかんたい》　けい帯《たい》　帯《おび》ひも

練習

泣（8画）

丶　氵　氵　氵　汁　汁　泣　泣

立てる

読み方
音　（キュウ）
くん　なく

使い方
泣《な》き声《ごえ》　泣《な》き顔《がお》　泣《な》き虫《むし》
うれし泣《な》き　号泣《ごうきゅう》

練習

折（7画）

一　十　扌　扌　扩　折　折

とめる

読み方
音　セツ
くん　おる　おり　おれる

使い方
右折《うせつ》　骨折《こっせつ》　曲折《きょくせつ》
折半《せっぱん》　折紙《おりがみ》　四季《しき》折々《おりおり》

練習

❶ □に漢字を書きましょう。

(1) うでに□《ほう》□《たい》をまく。

(2) 大声をあげて□《な》く。

(3) 足のほねを□《お》る。

(4) お見まいの品を紙で□《つつ》む。

(5) 体が熱《ねつ》を□《お》びる。

(6) 骨《こっ》□《せつ》して入院する。

(7) こしで□《おび》をしめる。

(8) □《おり》を見てお礼を言う。

(9) りんごを□《ほう》□《ちょう》で切る。

(10) うれし□《な》きをする。

1つ9点【90点】

スパイラルコーナー

□に漢字を書きましょう。

(1) たんけん□《たい》に入る。

(2) 言い□《あらそ》う声が聞こえる。

1つ5点【10点】

栄養（えいよう）をとる

学習した日　月　日

名前

目標時間 20分

得点 ／100点

解説↓178ページ

らくらくマルつけ
2435

無 12画

ノ ← 長く

読み方
音 ブム
くん ない

練習　使い方
無理（むり）
無事（ぶじ）
無礼（ぶれい）
無名（むめい）
無数（むすう）
心無い（こころない）

改 7画

つ コ コ 改 改 改

← はらう
← とめる

読み方
音 カイ
くん あらためる　あらたまる

練習　使い方
改札（かいさつ）
改正（かいせい）
改行（かいぎょう）
改造（かいぞう）
改革（かいかく）
改選（かいせん）

養 15画

、ソ ソ 一 一 一 美 美 美 美 美 養 養 養

← 長く

読み方
音 ヨウ
くん やしなう

練習　使い方
栄養（えいよう）
養分（ようぶん）
養育（よういく）
休養（きゅうよう）
教養（きょうよう）
養しょく（ようしょく）

栄 9画

、 ソ ツ ツ 学 学 栄

← とめる

読み方
音 エイ
くん さかえる　（はえ）　（はえる）

練習　使い方
光栄（こうえい）
栄転（えいてん）
栄光（えいこう）
栄位（えいい）
栄誉（えいよ）
はん栄（えい）

---

❶ □ に漢字を書きましょう。 1つ9点【90点】

(1) □ えいよう のある食べ物。

(2) 食生活を □ あらた める。

(3) □ むり をしない。

(4) 運動して体力を □ やしな う。

(5) 食べられるものが □ な い。

(6) しばらく □ きゅうよう する。

(7) □ ぶじ に体が回復する。

(8) きまりを □ かいせい する。

(9) ほめられて □ こうえい だ。

(10) 昔から農業が □ さか える。

スパイラルコーナー □ に漢字を書きましょう。 1つ5点【10点】

(1) □ えいこく の文化を知る。

(2) 電車代を □ か りる。

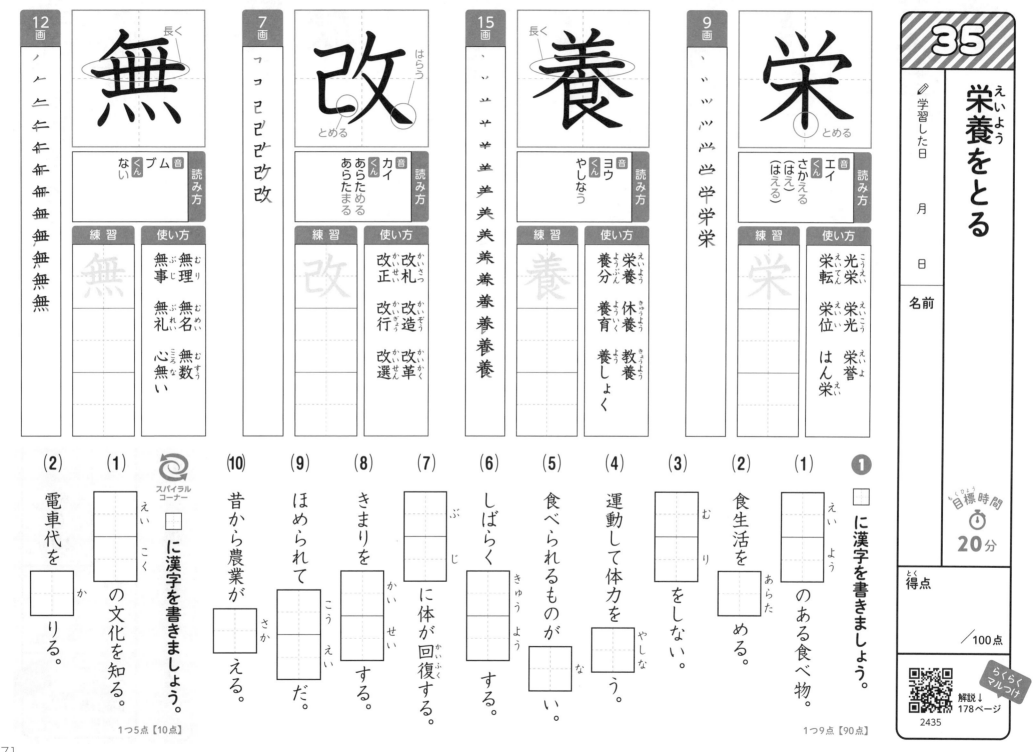

もう1回チャレンジ!!

35 栄養《えいよう》をとる

学習した日　月　日

名前

目標《もくひょう》時間 20分

得点《とく》

／100点

らくらくマルつけ

解説↓ 178ページ

2435

栄

9画

とめる

読み方
音 エイ
くん さかえる (はえ) (はえる)

使い方
光栄《こうえい》　栄光《えいこう》　栄誉《えいよ》
栄転《えいてん》　栄位《えいい》　はん栄《えい》

練習

養

15画

長く

読み方
音 ヨウ
くん やしなう

使い方
栄養《えいよう》　休養《きゅうよう》　教養《きょうよう》
養分《ようぶん》　養育《よういく》　養《よう》しょく

練習

改

7画

はらう

とめる

読み方
音 カイ
くん あらためる　あらたまる

使い方
改札《かいさつ》　改造《かいぞう》　改革《かいかく》
改正《かいせい》　改行《かいぎょう》　改選《かいせん》

練習

無

12画

長く

読み方
音 ブ ム
くん ない

使い方
無理《むり》　無名《むめい》　無数《むすう》
無事《ぶじ》　無礼《ぶれい》　心無《こころな》い

練習

---

1 □に漢字を書きましょう。

(1) □□《えいよう》のある食べ物。

(2) 食生活を□《あらた》める。

(3) □□《むり》をしない。

(4) 運動して体力を□《やしな》う。

(5) 食べられるものが□《な》い。

(6) しばらく□□《きゅうよう》する。

(7) □□《ぶじ》に体が回復《かいふく》する。

(8) きまりを□□《かいせい》する。

(9) ほめられて□□《こうえい》だ。

(10) 昔から農業が□《さか》える。

1つ9点【90点】

スパイラルコーナー

□に漢字を書きましょう。

(1) □□《えいこく》の文化を知る。

(2) 電車代を□《か》りる。

1つ5点【10点】

36 食事を作る

学習した日 月 日

名前

目標時間《もくひょうじかん》 20分

得点《とく》 ／100点

解説↓ 178ページ

らくらくマルつけ

2436

器

15画

つき出す

読み方 音 キ くん （うつわ）

使い方 食器《しょっき》 容器《ようき》 楽器《がっき》 器具《きぐ》 器用《きよう》 消火器《しょうかき》

練習 器

菜

11画

左下にはらう

読み方 音 サイ くん な

使い方 野菜《やさい》 山菜《さんさい》 菜園《さいえん》 総菜《そうざい》 青菜《あおな》 菜《な》の花《はな》

練習 菜

塩

13画

右上にはらう

読み方 音 エン くん しお

使い方 食塩《しょくえん》 岩塩《がんえん》 塩分《えんぶん》 塩素《えんそ》 塩水《しおみず》 塩気《しおけ》

練習 塩

飯

12画

「」としない

読み方 音 ハン くん めし

使い方 ご飯《はん》 夕飯《ゆうはん》 赤飯《せきはん》 残飯《ざんぱん》 昼飯《ひるめし》 にぎり飯《めし》

練習 飯

---

1 □に漢字を書きましょう。

(1) □□《しょっき》を用意する。

(2) □□《やさい》を細かく切る。

(3) □《しお》で味つけをする。

(4) ご□《はん》を茶わんにもる。

(5) □□《あおな》のおひたしを作る。

(6) □□《しょくえん》をふりかける。

(7) にぎり□《めし》を食べる。

(8) □□《きよう》に皿にもりつける。

(9) □□《さんさい》を料理《りょうり》する。

(10) □□《ゆうはん》のしたくをする。

1つ9点【90点】

スパイラルコーナー □に漢字を書きましょう。

(1) □□《そくたつ》で手紙を送る。

(2) □《なわ》で荷物をしばる。

1つ5点【10点】

36 食事を作る

学習した日 月 日

名前

目標時間《もくひょうじかん》 20分

得点《とく》 /100点

解説↓178ページ

2436

らくらくマルつけ

器 15画

つき出す

読み方：音 キ　くん (うつわ)

使い方：食器《しょっき》　容器《ようき》　楽器《がっき》　器具《きぐ》　器用《きよう》　消火器《しょうかき》

練習

菜 11画

左下にはらう

読み方：音 サイ　くん な

使い方：野菜《やさい》　山菜《さんさい》　菜園《さいえん》　総菜《そうざい》　青菜《あおな》　菜《な》の花《はな》

練習

塩 13画

右上にはらう

読み方：音 エン　くん しお

使い方：食塩《しょくえん》　岩塩《がんえん》　塩分《えんぶん》　塩素《えんそ》　塩水《しおみず》　塩気《しおけ》

練習

飯 12画

「[illegible]」としない

読み方：音 ハン　くん めし

使い方：ご飯《はん》　夕飯《ゆうはん》　赤飯《せきはん》　残飯《ざんぱん》　昼飯《ひるめし》　にぎり飯《めし》

練習

❶ □に漢字を書きましょう。

1つ9点【90点】

(1) □□《しょっき》を用意する。

(2) □□《やさい》を細かく切る。

(3) □《しお》で味つけをする。

(4) ご□《はん》を茶わんにもる。

(5) □□《あおな》のおひたしを作る。

(6) □□《しょくえん》をふりかける。

(7) にぎり□《めし》を食べる。

(8) □□《きよう》に皿にもりつける。

(9) □□《さんさい》を料理《りょうり》する。

(10) □□《ゆうはん》のしたくをする。

スパイラルコーナー　□に漢字を書きましょう。

1つ5点【10点】

(1) □□《そくたつ》で手紙を送る。

(2) □《なわ》で荷物をしばる。

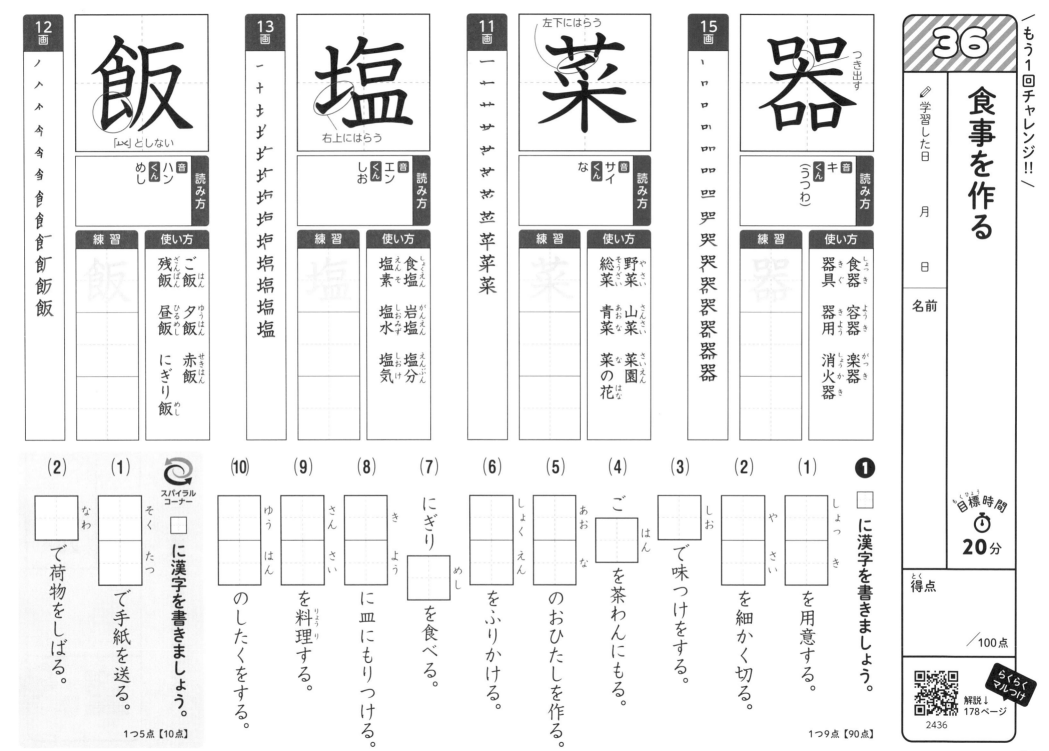

37 家事をする

学習した日　月　日

名前

目標《もくひょう》時間　20分

得点《とく》　／100点

らくらくマルつけ

解説↓178ページ

2437

衣　6画

立てる　はねる

読み方　音 イ　くん (ころも)

使い方　衣服《いふく》　衣料《いりょう》　衣装《いしょう》　白衣《はくい》　着衣《ちゃくい》　衣食住《いしょくじゅう》

練習

類　18画

とめる

読み方　音 ルイ　くん たぐい

使い方　衣類《いるい》　書類《しょるい》　親類《しんるい》　同類《どうるい》　分類《ぶんるい》　類《たぐ》いまれ

練習

鏡　19画

とめる

読み方　音 キョウ　くん かがみ

使い方　鏡台《きょうだい》　鏡面《きょうめん》　けんび鏡《きょう》　手鏡《てかがみ》　鏡《かがみ》もち　★眼鏡《めがね》

練習

置　13画

右におる

読み方　音 チ　くん おく

使い方　位置《いち》　配置《はいち》　放置《ほうち》　置《お》き物《もの》　置《お》き時計《どけい》

練習

1 □に漢字を書きましょう。

1つ9点【90点】

(1) □《いるい》をたたむ。

(2) □《かがみ》をきれいにふく。

(3) げん関《かん》に花びんを□《お》く。

(4) □《きょうだい》をはしに動かす。

(5) 家具の□《いち》を変《か》える。

(6) □《いしょくじゅう》を大切にする。

(7) □《しょるい》を整理する。

(8) □《お》き時計を移動《いどう》する。

(9) □《てかがみ》を持ち歩く。

(10) □《たぐ》いまれな才能《さいのう》がある。

スパイラルコーナー

□に漢字を書きましょう。

1つ5点【10点】

(1) ちがった方法《ほうほう》を□《こころ》みる。

(2) 徒《と》□《きょうそう》で一番になる。

37 家事をする

学習した日　月　日　名前

目標時間 ⏱ 20分

得点 ／100点

解説→178ページ

らくらくマルつけ

2437

置 13画

一　ㄇ　罒　罒　四　甲　甲　甲　罘　罘　罘　置　置

読み方
音 チ
くん おく（右におる）

練習 置

使い方
位置　配置　放置
置き物　置き時計

鏡 19画

ノ　ノ　人　ム　全　余　余　金　金′　金′　鈩　鈩　鈩　鈩　鏡　鏡　鏡　鏡　鏡

読み方
音 キョウ
くん かがみ

練習 鏡

使い方
鏡台　鏡面
手鏡　鏡もち
★眼鏡　けんび鏡

類 18画

、　ソ　ソ　丷　米　米　米　米′　粕　粕　類　類　類　類　類　類　類

読み方
音 ルイ
くん たぐい（とめる）

練習 類

使い方
衣類　書類　分類
同類　親類　類いまれ

衣 6画

、　ㄧ　ナ　ナ　衣　衣

読み方
音 イ
くん ころも（立てる）（はねる）

練習 衣

使い方
白衣　衣服　衣料
着衣　衣装　衣食住

❶ □に漢字を書きましょう。

1つ9点【90点】

(1) □（いるい）をたたむ。

(2) □（かがみ）をきれいにふく。

(3) げん関に花びんを□（お）く。

(4) □（きょうだい）をはしに動かす。

(5) 家具の□（いしょくじゅう）を変える。

(6) □（いしょくじゅう）を大切にする。

(7) □（しょるい）を整理する。

(8) □（お）き時計を移動する。

(9) □（てかがみ）を持ち歩く。

(10) □（たぐ）いまれな才能がある。

🔄 スパイラルコーナー

□に漢字を書きましょう。

1つ5点【10点】

(1) ちがった方法を□（こころ）みる。

(2) 徒□（きょうそう）で一番になる。

38

まとめのテスト 9

学習した日　　月　　日

名前

目標時間《もくひょう》
20分

得点《とく》
／100点

解説↓
178ページ
2438

らくらくマルつけ

1 （　）に――線の読みがなを書きましょう。

1つ4点【52点】

(1) 心無いことを言う。（　　）

(2) 置き物を動かす。（　　）

(3) 正午に昼飯を食べる。（　　）

(4) 健全に成長《せいちょう》する。（　　）

(5) 細かく分類する。（　　）

(6) 無名の手紙がとどく。（　　）

(7) 配管工事を行う。（　　）

(8) 鏡面をよくみがく。（　　）

(9) 岩塩を細かくくだく。（　　）

(10) 同類の動物をさがす。（　　）

(11) 病気が小康を得《え》る。（　　）

(12) 自転車を放置する。（　　）

(13) 無礼なことを言う。（　　）

2 □に漢字を書きましょう。

1つ4点【48点】

(1) □《よう》しょくの魚を買う。

(2) 商品を□《ほう》装《そう》する。

(3) 部屋《へや》を□《かい》造《ぞう》する。

(4) □《な》き顔を見せる。

(5) □□《さいえん》で大根を育てる。

(6) 曲がり角で□□《うせつ》する。

(7) □□《えいこう》にかがやく。

(8) 植物が□□《ようぶん》を得《え》る。

(9) 医者が□□《はくい》を着る。

(10) □□□《しょうかき》を使う。

(11) □□□《じかんたい》を調べる。

(12) □□□《じちかい》に入る。

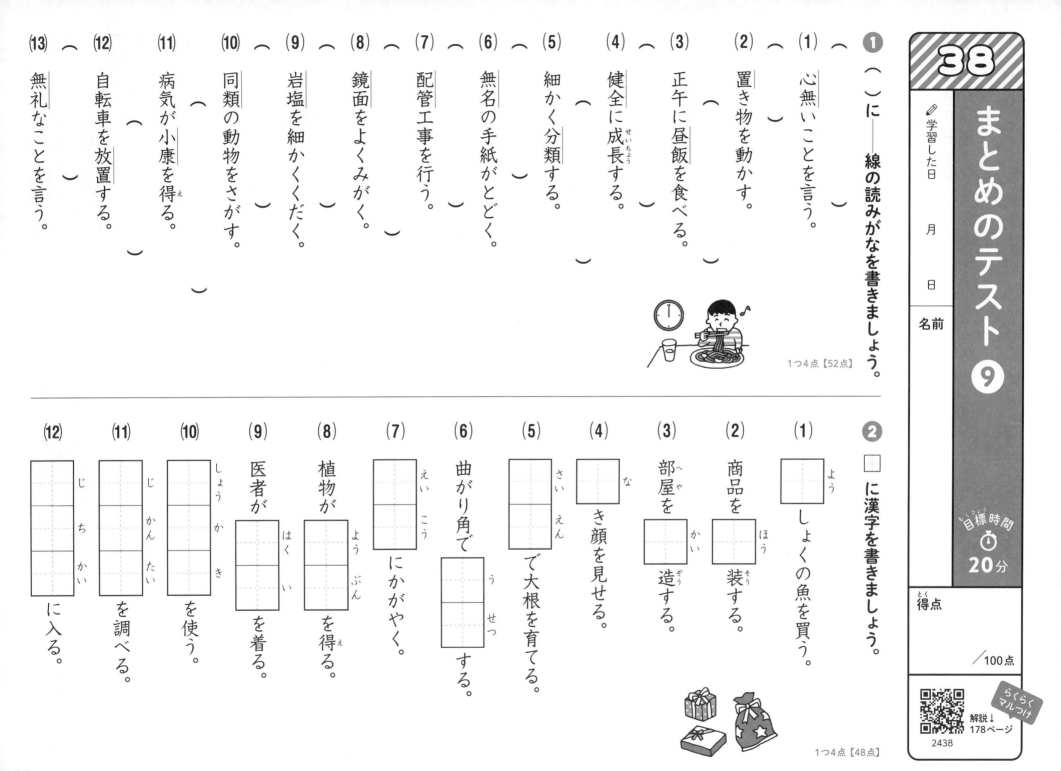

38 まとめのテスト 9

学習した日　月　日

名前

目標時間《もくひょう》 20分

得点《とく》　／100点

解説↓ 178ページ

2438

らくらくマルつけ

1 （　）に——線の読みがなを書きましょう。

1つ4点【52点】

(1) 心無いことを言う。（　）

(2) 置き物を動かす。（　）

(3) 正午に昼飯を食べる。（　）（　）

(4) 健全に成長《せいちょう》する。（　）（　）

(5) 細かく分類する。（　）

(6) 無名の手紙がとどく。（　）

(7) 配管工事を行う。（　）

(8) 鏡面をよくみがく。（　）

(9) 岩塩を細かくくだく。（　）

(10) 同類の動物をさがす。（　）

(11) 病気が小康を得《え》る。（　）

(12) 自転車を放置する。（　）

(13) 無礼なことを言う。（　）

2 □に漢字を書きましょう。

1つ4点【48点】

(1) □《よう》しょくの魚を買う。

(2) 商品を□《ほう》装《そう》する。

(3) 部屋《へや》を□《かい》造《ぞう》する。

(4) □《な》き顔を見せる。

(5) □□《さいえん》で大根を育てる。

(6) 曲がり角で□□《うせつ》する。

(7) □□《えいこう》にかがやく。

(8) 植物が□□《ようぶん》を得《え》る。

(9) 医者が□□《はくい》を着る。

(10) □□□《しょうかき》を使う。

(11) □□□《じかんたい》を調べる。

(12) □□□《じちかい》に入る。

39

まとめのテスト⑩

学習した日　月　日

名前

目標《もくひょう》時間 20分

得《とく》点　／100点

解説↓ 179ページ
2439
らくらくマルつけ

1 （　）に――線の読みがなを書きましょう。

1つ4点【52点】

(1) 楽器を打ち鳴らす。（　）

(2) 帯ひもがほどける。（　）

(3) 栄誉《よ》を手に入れる。（　）

(4) 泣き声が聞こえる。（　）

(5) 治水工事を行う。（　）

(6) 曲折した道を通る。（　）

(7) 高い教養がある。（　）

(8) てきに包囲《い》される。（　）

(9) 段落《だんらく》ごとに改行する。（　）

(10) 辺《あた》り一帯が暗くなる。（　）

(11) 包み紙がやぶれる。（　）

(12) 総《そう》菜を店で買う。（　）

(13) 四季《しき》折々の花がさく。（　）

2 □に漢字を書きましょう。

1つ4点【48点】

(1) けんび□《きょう》で観察《かんさつ》する。

(2) 両親は□《けん》在《ざい》である。

(3) 残《ざん》□《ぱん》の量《りょう》をへらす。

(4) □□《むすう》の人が集まる。

(5) □□《しおみず》をまぜる。

(6) □□《てっかん》がさびる。

(7) 家具を□□《はいち》する。

(8) □□《いふく》をせんたくする。

(9) □□《けんこう》な生活をする。

(10) □□《しんるい》の家に行く。

(11) □□《しょくえん》を水にとかす。

(12) □□□《かんがっき》の音を聞く。

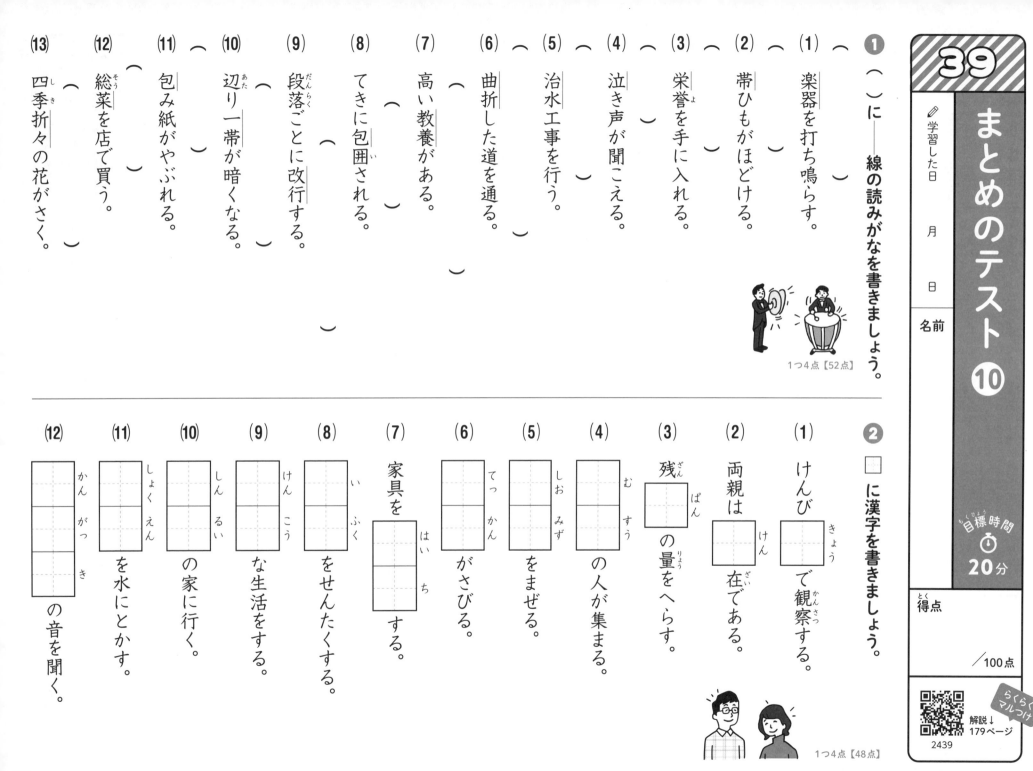

39 まとめのテスト⑩

✎学習した日　月　日

名前

目標《もくひょう》時間 20分

得《とく》点　／100点

解説↓179ページ
2439
らくらくマルつけ

1 （　）に――線の読みがなを書きましょう。

1つ4点【52点】

(1) 楽器を打ち鳴らす。（　）
(2) 帯ひもがほどける。（　）
(3) 栄誉《よ》を手に入れる。（　）
(4) 泣き声が聞こえる。（　）
(5) 治水工事を行う。（　）
(6) 曲折した道を通る。（　）
(7) 高い教養がある。（　）
(8) てきに包囲《い》される。（　）
(9) 段落《だんらく》ごとに改行する。（　）
(10) 辺《あた》り一帯が暗くなる。（　）
(11) 包み紙がやぶれる。（　）
(12) 総《そう》菜を店で買う。（　）
(13) 四《し》季《き》折々の花がさく。（　）

---

2 □に漢字を書きましょう。

1つ4点【48点】

(1) けんび□《きょう》で観《かん》察《さつ》する。
(2) 両親は□《けん》在《ざい》である。
(3) 残《ざん》□《ぱん》の量《りょう》をへらす。
(4) □□《むすう》の人が集まる。
(5) □□《しおみず》をまぜる。
(6) □□《てっかん》がさびる。
(7) 家具を□□《はいち》する。
(8) □□《いふく》をせんたくする。
(9) □□《けんこう》な生活をする。
(10) □□《しんるい》の家に行く。
(11) □□《しょくえん》を水にとかす。
(12) □□□《かんがっき》の音を聞く。

40 パズル・実せん ⑤

学習した日　月　日

名前

目標《もくひょう》時間 20分

得点《とく》
／100点

解説↓179ページ
2440
らくらくマルつけ

❶ 矢印《やじるし》の向きに読むと熟語《じゅくご》になるように、次の□に入る漢字を書きましょう。 1つ9点【18点】

(1) 分　衣《い》　親 → □

(2) 鉄　配　血 → □

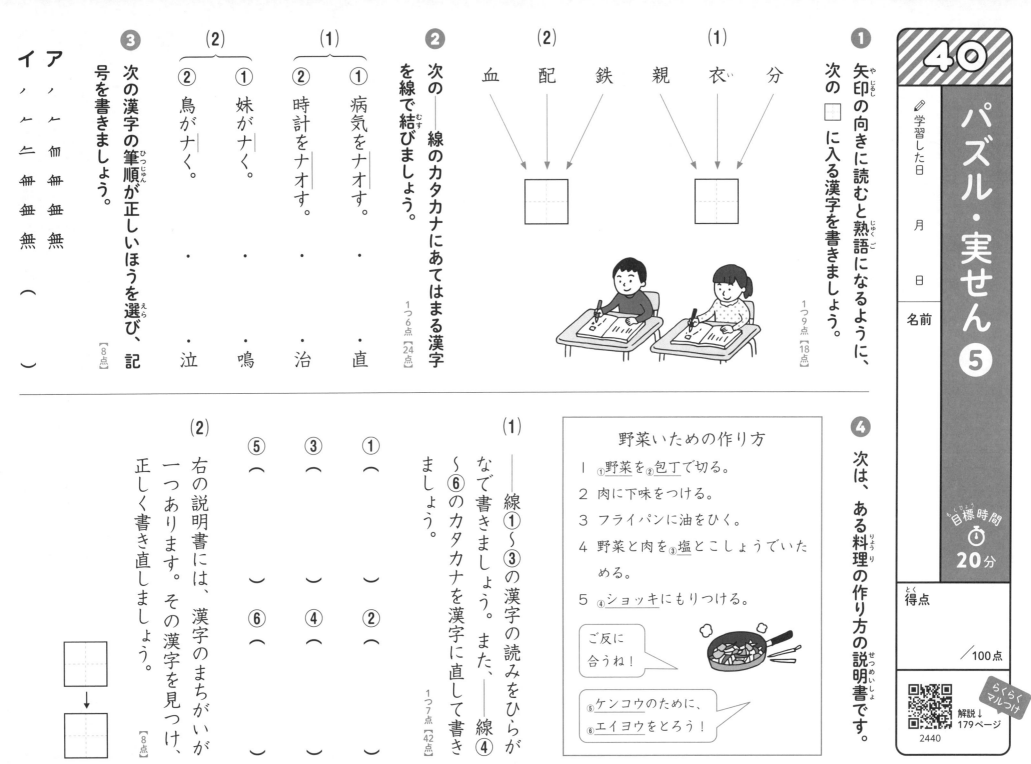

❷ 次の——線のカタカナにあてはまる漢字を線で結《むす》びましょう。 1つ6点【24点】

(1)
① 病気をナオす。 ・　　・直
② 時計をナオす。 ・　　・治

(2)
① 妹がナく。 ・　　・鳴
② 鳥がナく。 ・　　・泣

❸ 次の漢字の筆順《ひつじゅん》が正しいほうを選《えら》び、記号を書きましょう。 【8点】

ア　ノ　𠂉　𠂉　無　無　無
イ　ノ　𠂉　𠂉　無　無　無

（　　）

❹ 次は、ある料理《りょうり》の作り方の説明書《せつめいしょ》です。

野菜いための作り方

1 ①野菜を②包丁で切る。
2 肉に下味をつける。
3 フライパンに油をひく。
4 野菜と肉を③塩とこしょうでいためる。
5 ④ショッキにもりつける。

ご反に合うね！

⑤ケンコウのために、⑥エイヨウをとろう！

(1) ——線①〜③の漢字の読みをひらがなで書きましょう。また、——線④〜⑥のカタカナを漢字に直して書きましょう。 1つ7点【42点】

①（　　）　②（　　）
③（　　）　④（　　）
⑤（　　）　⑥（　　）

(2) 右の説明書には、漢字のまちがいが一つあります。その漢字を見つけ、正しく書き直しましょう。 【8点】

□ → □

もう1回チャレンジ!!

40 パズル・実せん ⑤

学習した日 月 日

名前

目標《もくひょう》時間 20分

得点《とく》 ／100点

解説↓ 179ページ

2440

らくらくマルつけ

❶ 矢印《やじるし》の向きに読むと熟語《じゅくご》になるように、次の□に入る漢字を書きましょう。 1つ9点【18点】

(1) 分　衣《い》　親 → □

(2) 鉄　配　血 → □

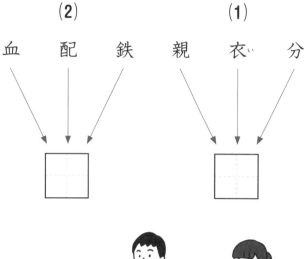

❷ 次の——線のカタカナにあてはまる漢字を線で結《むす》びましょう。 1つ6点【24点】

(1)
① 病気をナオす。　・　・直
② 時計をナオす。　・　・治

(2)
① 妹がナく。　・　・鳴
② 鳥がナく。　・　・泣

❸ 次の漢字の筆順《ひつじゅん》が正しいほうを選《えら》び、記号を書きましょう。 【8点】

ア ノ 𠂉 冊 無 無 無
イ ノ 𠂉 二 無 無 無

（　　　）

❹ 次は、ある料理《りょうり》の作り方の説明書《せつめいしょ》です。

野菜いための作り方

1 ①野菜を②包丁で切る。
2 肉に下味をつける。
3 フライパンに油をひく。
4 野菜と肉を③塩とこしょうでいためる。
5 ④ショッキにもりつける。

ご反に合うね！

⑤ケンコウのために、⑥エイヨウをとろう！

(1) ——線①～③の漢字の読みをひらがなで書きましょう。また、——線④～⑥のカタカナを漢字に直して書きましょう。 1つ7点【42点】

①（　　　）　②（　　　）
③（　　　）　④（　　　）
⑤（　　　）　⑥（　　　）

(2) 右の説明書には、漢字のまちがいが一つあります。その漢字を見つけ、正しく書き直しましょう。 【8点】

□ → □

41

家族とすごす

✎学習した日　月　日

名前

目標《もくひょう》時間 20分

得《と》点

／100点

らくらくマルつけ

解説↓ 179ページ

2441

祝 9画

ななめにうつ

読み方　音 シュク （シュウ）　くん いわう

使い方　祝日《しゅくじつ》　祝福《しゅくふく》　祝祭《しゅくさい》　祝電《しゅくでん》　祝勝会《しゅくしょうかい》　お祝《いわ》い

練習

孫 10画

左下にはらう　右上にはらう

読み方　音 ソン　くん まご

使い方　子孫《しそん》　孫《まご》の手《て》　初孫《はつまご》　ひ孫《まご》　孫弟子《まごでし》　孫《まご》むすめ

練習

夫 4画

上につき出す

読み方　音 フ （フウ）　くん おっと

使い方　夫人《ふじん》　夫妻《ふさい》　水夫《すいふ》　農夫《のうふ》　漁夫《ぎょふ》　工夫《くふう》

練習

老 6画

上にはねる

読み方　音 ロウ　くん おいる （ふける）

使い方　老人《ろうじん》　老化《ろうか》　老体《ろうたい》　長老《ちょうろう》　老木《ろうぼく》　年老《としお》いる

練習

1 □に漢字を書きましょう。

1つ9点【90点】

(1) 祖母《そぼ》のたん生日を□《いわ》う。

(2) □《まご》から手紙をもらう。

(3) 休日に□《おっと》と出かける。

(4) □□《しゅくじつ》に家族とすごす。

(5) 社長□《ふ》妻《さい》が出席《しゅっせき》する。

(6) お□《いわ》いに歌を歌う。

(7) □□《しそん》に財産《ざいさん》を残《のこ》す。

(8) □□《ろうじん》に道を案内《あんない》する。

(9) 社長□□《ふじん》と話をする。

(10) 年をとって体が□《お》いる。

スパイラルコーナー

□に漢字を書きましょう。

1つ5点【10点】

(1) □□□《すいどうかん》の修理《しゅうり》。

(2) この町は□□《ちあん》がよい。

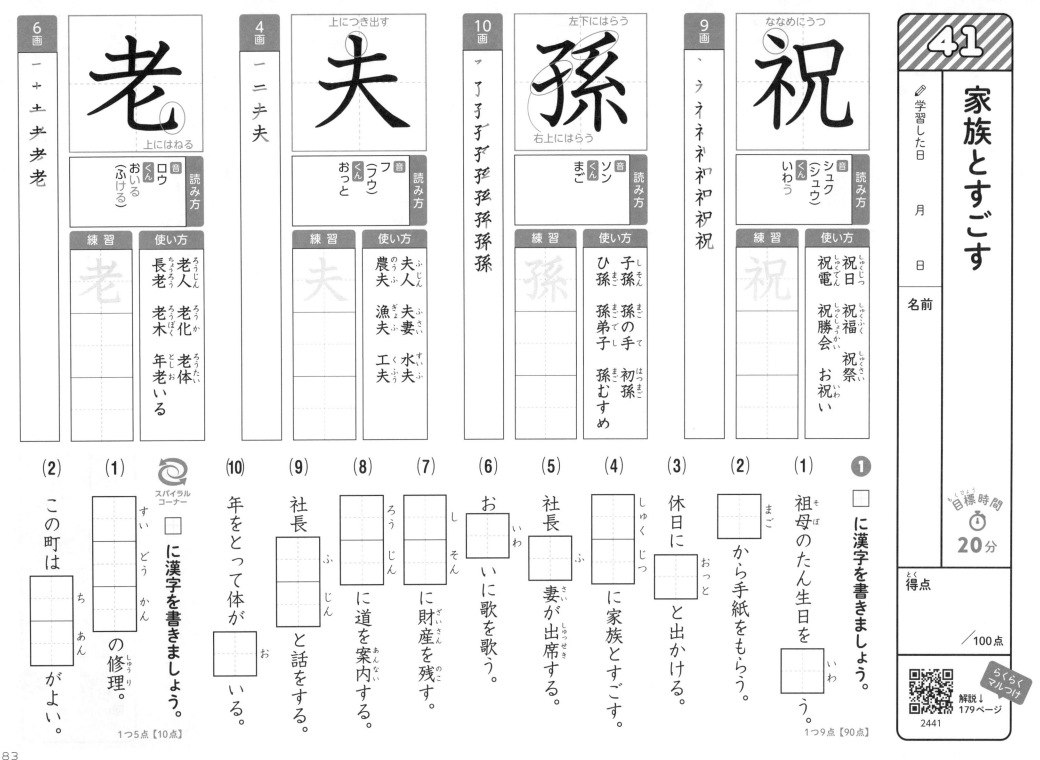

もう1回チャレンジ!!

41 家族とすごす

学習した日　月　日

名前

目標《もくひょう》時間 20分

得点《とく》　／100点

らくらくマルつけ

解説↓ 179ページ

2441

祝

9画

ななめにうつ

読み方

音 シュク（シュウ）

くん いわう

筆順：丶 ラ ネ ネ 礻 初 祀 祝 祝

練習

使い方

祝日《しゅくじつ》　祝電《しゅくでん》　祝福《しゅくふく》　祝勝会《しゅくしょうかい》　祝祭《しゅくさい》　お祝《いわ》い

孫

10画

左下にはらう　右上にはらう

読み方

音 ソン

くん まご

筆順：乛 了 子 孑 孑 孖 孫 孫 孫 孫

練習

使い方

子孫《しそん》　ひ孫《まご》　孫《まご》の手《て》　孫弟子《まごでし》　初孫《はつまご》　孫《まご》むすめ

夫

4画

上につき出す

読み方

音 フ（フウ）

くん おっと

筆順：一 二 チ 夫

練習

使い方

夫人《ふじん》　農夫《のうふ》　夫妻《ふさい》　漁夫《ぎょふ》　水夫《すいふ》　工夫《くふう》

老

6画

上にはねる

読み方

音 ロウ

くん おいる（ふける）

筆順：一 十 土 耂 耂 老

練習

使い方

老人《ろうじん》　長老《ちょうろう》　老化《ろうか》　老木《ろうぼく》　老体《ろうたい》　年老《としお》いる

❶ □に漢字を書きましょう。　1つ9点【90点】

(1) 祖母《そぼ》のたん生日を□《いわ》う。

(2) □《まご》から手紙をもらう。

(3) 休日に□《おっと》と出かける。

(4) □□《しゅくじつ》に家族とすごす。

(5) 社長□《ふ》妻《さい》が出席《しゅっせき》する。

(6) お□《いわ》いに歌を歌う。

(7) □□《しそん》に財産《ざいさん》を残《のこ》す。

(8) □□《ろうじん》に道を案内《あんない》する。

(9) 社長□□《ふじん》と話をする。

(10) 年をとって体が□《お》いる。

スパイラルコーナー

□に漢字を書きましょう。　1つ5点【10点】

(1) □□□《すいどうかん》の修理《しゅうり》。

(2) この町は□□《ちあん》がよい。

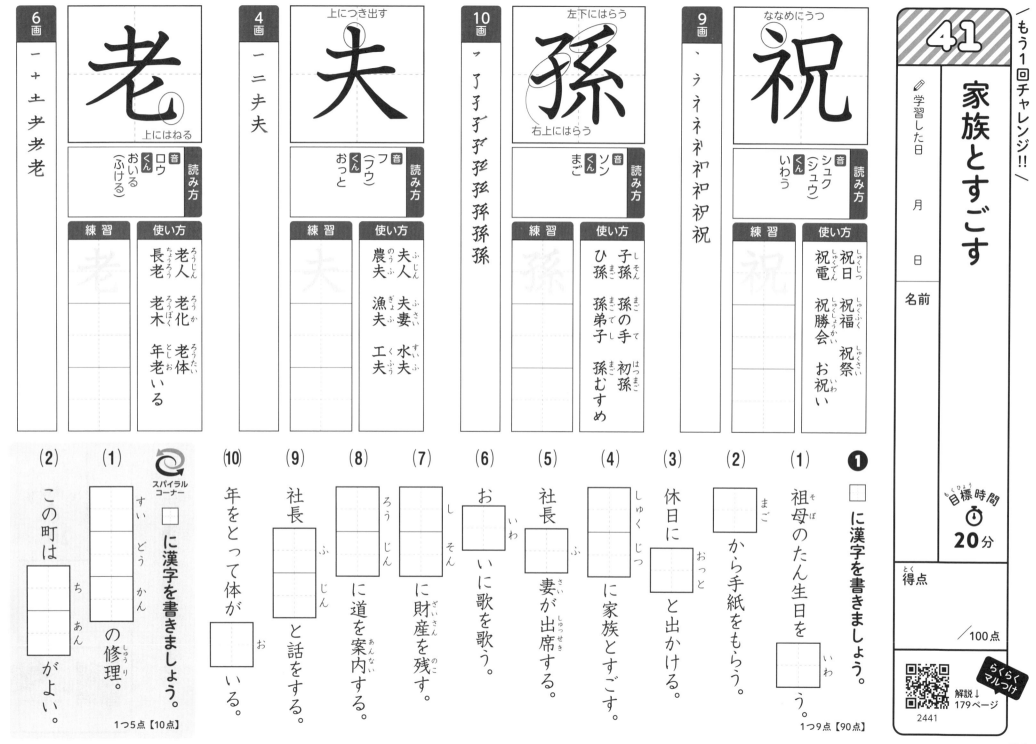

42

日記をつける

学習した日　月　日

名前

目標《もくひょう》時間　20分

得《とく》点

／100点

らくらくマルつけ

解説↓
179ページ

2442

昨

9画

とめる

読み方
音　サク

使い方
昨日《さくじつ》　昨年《さくねん》　昨夜《さくや》
昨今《さっこん》　昨年度《さくねんど》　★昨日《きのう》

録

16画

「水」としない

読み方
音　ロク

使い方
記録《きろく》　録音《ろくおん》　録画《ろくが》
登録《とうろく》　付録《ふろく》　住所録《じゅうしょろく》

残

10画

つき出す

読み方
音　ザン
くん　のこる　のこす

使い方
残金《ざんきん》　残暑《ざんしょ》　残業《ざんぎょう》
残雪《ざんせつ》　無残《むざん》　心残《こころのこ》り

覚

12画

はらう

読み方
音　カク
くん　おぼえる　さます　さめる

使い方
感覚《かんかく》　味覚《みかく》　自覚《じかく》
発覚《はっかく》　覚《おぼ》え書《が》き　目覚《めざ》め

1 □に漢字を書きましょう。

(1) □《さくねん》を思い出す。

(2) 日記帳に□《きろく》する。

(3) 思い出を写真に□《のこ》す。

(4) 今日《きょう》のことを□《おぼ》えておく。

(5) □《きのう》のことを書き記す。

(6) 楽しい一日が心に□《のこ》る。

(7) 朝早く目が□《さ》める。

(8) 歌声を□《ろくおん》する。

(9) □《かんかく》がするどい。

(10) □《ざんせつ》がとけ始める。

1つ9点【90点】

スパイラルコーナー

□に漢字を書きましょう。

(1) □《こづつ》みがとどく。

(2) □《おりがみ》でつるを作る。

1つ5点【10点】

42 日記をつける

学習した日　月　日

名前

目標《もくひょう》時間 20分

得点《とく》　／100点

解説↓ 179ページ
らくらくマルつけ
2442

昨（9画）

とめる

筆順：丨 冂 日 日 日 日' 昨 昨 昨

読み方
音 サク
くん

使い方
昨日《さくじつ》　昨年《さくねん》　昨夜《さくや》
昨今《さっこん》　昨年度《さくねんど》　★昨日《きのう》

練習

録（16画）

「水」としない

筆順：ノ 𠆢 亼 今 今 𠆢 今 全 金 金 金 金 鈩 鈩 録 録 録 録 録

読み方
音 ロク
くん

使い方
記録《きろく》　録音《ろくおん》　録画《ろくが》
登録《とうろく》　付録《ふろく》　住所録《じゅうしょろく》

練習

残（10画）

つき出す

筆順：一 ア 歹 歹 歹 歹 残 残 残 残

読み方
音 ザン
くん のこる　のこす

使い方
残金《ざんきん》　残暑《ざんしょ》　残業《ざんぎょう》
残雪《ざんせつ》　無残《むざん》　心残《こころのこ》り

練習

覚（12画）

はらう

筆順：、 丷 ⺍ ⺍ 𰀁 𰀁 覚 覚 覚 覚 覚 覚

読み方
音 カク
くん おぼえる　さます　さめる

使い方
感覚《かんかく》　味覚《みかく》　自覚《じかく》
発覚《はっかく》　覚《おぼ》え書《が》き　目覚《めざ》め

練習

1 □に漢字を書きましょう。

(1) □□《さくねん》を思い出す。

(2) 日記帳に□□《きろく》する。

(3) 思い出を写真に□《のこ》す。

(4) 今日《きょう》のことを□《おぼ》えておく。

(5) □□《きのう》のことを書き記す。

(6) 楽しい一日が心に□《のこ》る。

(7) 朝早く目が□《さ》める。

(8) 歌声を□□《ろくおん》する。

(9) □□《かんかく》がするどい。

(10) □□《ざんせつ》がとけ始める。

1つ9点【90点】

スパイラルコーナー

□に漢字を書きましょう。

(1) □□《こづつ》みがとどく。

(2) □□《おりがみ》でつるを作る。

1つ5点【10点】

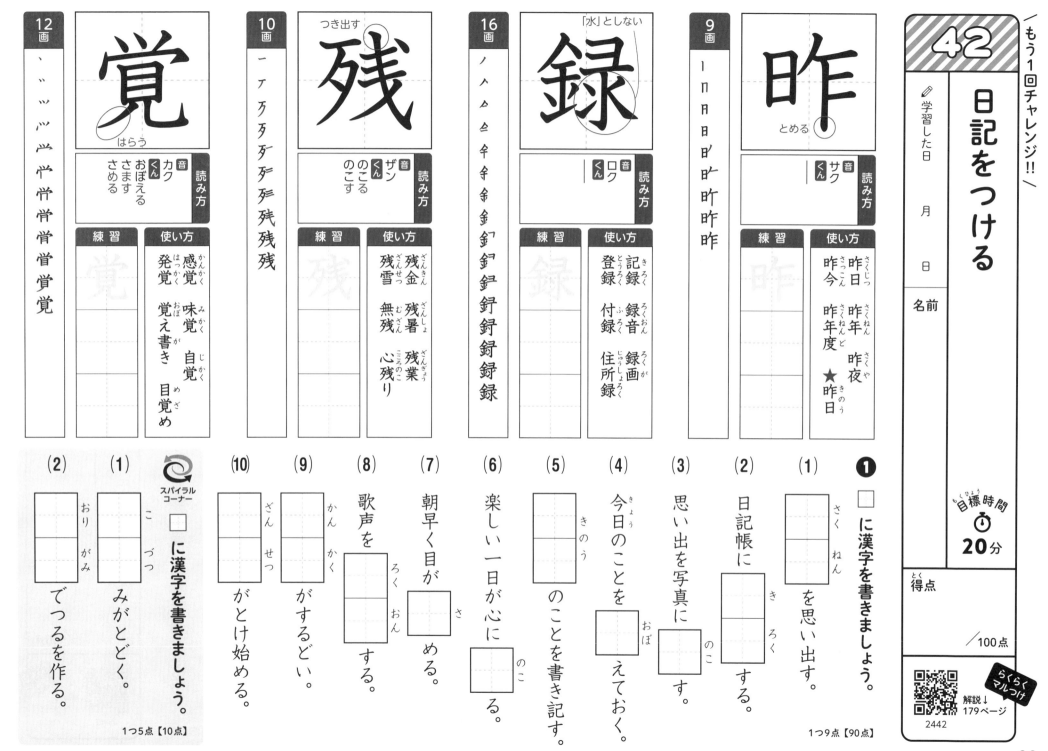

43

本を読む

学習した日　月　日

名前

目標時間《もくひょうじかん》 20分

得点《とく》 /100点

解説↓180ページ

2443

らくらくマルつけ

説　14画

ななめにうつ

読み方　音 セツ（ゼイ）　くん とく

使い方：小説《しょうせつ》　伝説《でんせつ》　説明《せつめい》　説教《せっきょう》　説《と》きふせる

練習

結　12画

上より短く

読み方　音 ケツ　くん むすぶ（ゆう）（ゆわえる）

使い方：団結《だんけつ》　連結《れんけつ》　結成《けっせい》　結局《けっきょく》　結集《けっしゅう》　結《むす》び目《め》

練習

末　5画

下より長く

読み方　音 マツ（バツ）　くん すえ

使い方：年末《ねんまつ》　月末《げつまつ》　結末《けつまつ》　末日《まつじつ》　行《ゆ》く末《すえ》　末《すえ》っ子《こ》

練習

芸　7画

上より長く

読み方　音 ゲイ　くん —

使い方：芸術《げいじゅつ》　芸能《げいのう》　園芸《えんげい》　文芸《ぶんげい》　学芸会《がくげいかい》　工芸品《こうげいひん》

練習

---

1 □に漢字を書きましょう。　1つ9点【90点】

(1) 新しい□□《しょうせつ》を読む。

(2) 物語の□□《けつまつ》が気になる。

(3) □《げい》術《じゅつ》について学ぶ。

(4) 本をひもで□《むす》ぶ。

(5) 主人公の行く□《すえ》を知る。

(6) □□《ぶんげい》作品を読む。

(7) あらすじを□□《せつめい》する。

(8) □□《ねんまつ》は図書館が休みだ。

(9) 教えを□《と》いて聞かせる。

(10) □□□《がくげいかい》のげき。

スパイラルコーナー　□に漢字を書きましょう。　1つ5点【10点】

(1) □《あらた》めてお礼を言う。

(2) さがしている本が□《な》い。

＼もう1回チャレンジ!!／

43 本を読む

学習した日　月　日

名前

目標《もくひょう》時間 20分

得《とく》点　／100点

解説↓ 180ページ

らくらくマルつけ

2443

説（14画）

ななめにうつ

、 亠 亠 亖 言 言 言 言 訁 訁 訁 訁 訁 説

読み方：音 セツ（ゼイ）　くん とく

使い方：小説《しょうせつ》　伝説《でんせつ》　説明《せつめい》　説教《せっきょう》　説《と》きふせる

練習：説

結（12画）

上より短く

𠃋 幺 幺 糸 糸 糸 糸 紅 紆 結 結 結

読み方：音 ケツ　くん むすぶ（ゆう）（ゆわえる）

使い方：団結《だんけつ》　連結《れんけつ》　結成《けっせい》　結局《けっきょく》　結集《けっしゅう》　結《むす》び目《め》

練習：結

末（5画）

下より長く

一 二 キ 末 末

読み方：音 マツ（バツ）　くん すえ

使い方：年末《ねんまつ》　月末《げつまつ》　結末《けつまつ》　末日《まつじつ》　行《ゆ》く末《すえ》　末《すえ》っ子《こ》

練習：末

芸（7画）

上より長く

一 十 艹 艹 芒 芸 芸

読み方：音 ゲイ　くん ―

使い方：芸術《げいじゅつ》　芸能《げいのう》　園芸《えんげい》　文芸《ぶんげい》　学芸会《がくげいかい》　工芸品《こうげいひん》

練習：芸

1 □に漢字を書きましょう。

1つ9点【90点】

(1) 新しい□□《しょうせつ》を読む。

(2) 物語の□□《けつまつ》が気になる。

(3) □《げい》術《じゅつ》について学ぶ。

(4) 本をひもで□《むす》ぶ。

(5) 主人公の行く□《すえ》を知る。

(6) □□《ぶんげい》作品を読む。

(7) あらすじを□□《せつめい》する。

(8) □□《ねんまつ》は図書館が休みだ。

(9) 教えを□《と》いて聞かせる。

(10) □□□《がくげいかい》のげき。

スパイラルコーナー　□に漢字を書きましょう。

1つ5点【10点】

(1) □《あらた》めてお礼を言う。

(2) さがしている本が□《な》い。

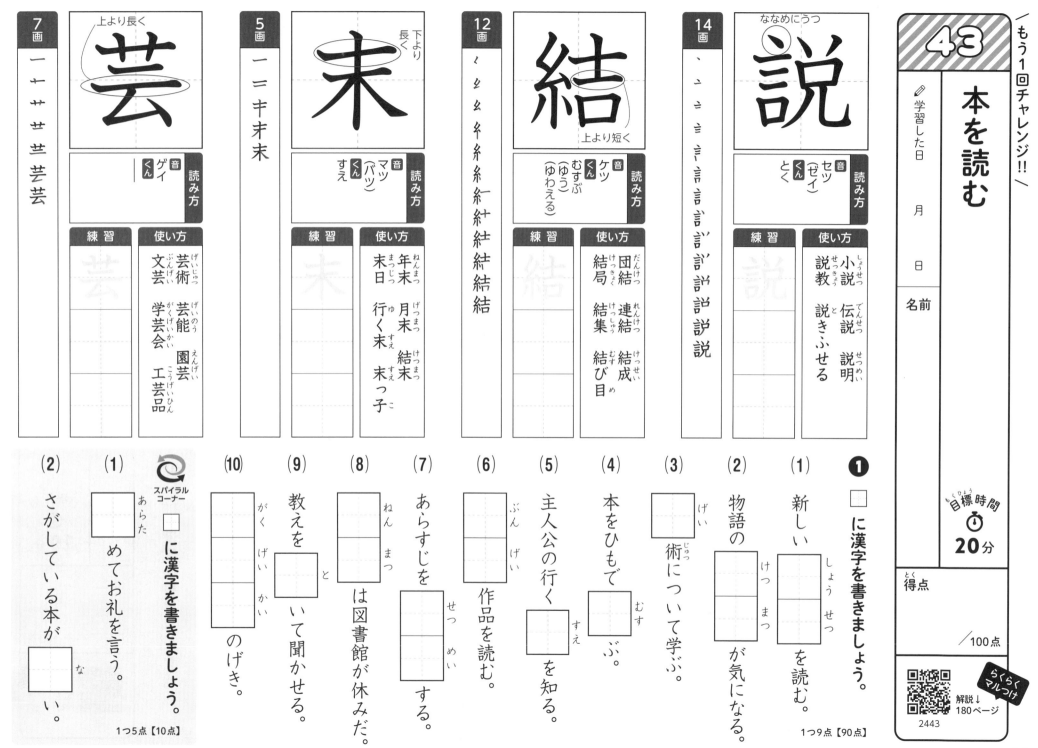

おふろに入る

44

✎学習した日　月　日　名前

⏱目標時間 **20**分

得点　／100点

らくらくマルつけ
解説↓180ページ
2444

浴 10画 はらう

読み方
音 ヨク
くん あびる／あびせる

練習 浴

使い方
入浴　浴室　浴場
海水浴　日光浴
水浴び

熱 15画 はねる

一十土圭丸熱熱熱熱熱熱

読み方
音 ネツ
くん あつい

練習 熱

使い方
熱中　熱心
熱気　熱意
熱湯　熱
発熱

加 5画 つき出す

フカ加加

読み方
音 カ
くん くわえる／くわわる

練習 加

使い方
参加　加入
追加　加速
加工　加熱

清 11画 とめる

、氵氵汁汁汁清清清清

読み方
音 セイ（ショウ）
くん きよい／きよまる／きよめる

練習 清

使い方
清書　清流
清新　清算
清けつ　★清水

---

❶ □に漢字を書きましょう。

1つ9点【90点】

(1) 毎日□（にゅうよく）する。

(2) □（あつ）い湯につかる。

(3) おふろに水を□（くわ）える。

(4) 体を□（せい）けつにたもつ。

(5) 冷たい水を□（あ）びる。

(6) 部屋に□（ねっき）がこもる。

(7) まきを□（ついか）する。

(8) □（にっこうよく）をする。

(9) □（ねっしん）にそうじをする。

(10) □（しみず）に手をひたす。

🔄スパイラルコーナー

□に漢字を書きましょう。

1つ5点【10点】

(1) □（な）の花畑の写真をとる。

(2) みんなで□□（せきはん）を食べる。

もう1回チャレンジ!!

44 おふろに入る

学習した日　月　日

名前

目標《もくひょう》時間　20分

得点《とく》　／100点

らくらくマルつけ

解説↓180ページ

2444

浴

10画

はらう

読み方
音　ヨク
くん　あびる　あびせる

使い方
入浴《にゅうよく》　浴室《よくしつ》　浴場《よくじょう》　水浴《みずあ》び
海水浴《かいすいよく》　日光浴《にっこうよく》

練習

熱

15画

はねる

読み方
音　ネツ
くん　あつい

使い方
熱中《ねっちゅう》　熱心《ねっしん》　熱意《ねつい》
熱気《ねっき》　熱湯《ねっとう》　発熱《はつねつ》

練習

加

5画

つき出す

フ カ カ 加 加

読み方
音　カ
くん　くわえる　くわわる

使い方
参加《さんか》　追加《ついか》　加工《かこう》
加入《かにゅう》　加速《かそく》　加熱《かねつ》

練習

清

11画

とめる

読み方
音　セイ（ショウ）
くん　きよい　きよまる　きよめる

使い方
清書《せいしょ》　清流《せいりゅう》　清算《せいさん》
清新《せいしん》　清《せい》けつ　★清水《しみず》

練習

1 □に漢字を書きましょう。

(1) 毎日□□《にゅうよく》する。

(2) □《あつ》い湯につかる。

(3) おふろに水を□《くわ》える。

(4) 体を□《せい》けつにたもつ。

(5) 冷《つめ》たい水を□《あ》びる。

(6) 部屋《へや》に□□《ねっき》がこもる。

(7) まきを□□《ついか》する。

(8) □□□《にっこうよく》をする。

(9) □□《ねっしん》にそうじをする。

(10) □□《しみず》に手をひたす。

1つ9点【90点】

スパイラルコーナー

□に漢字を書きましょう。

(1) □《な》の花畑の写真をとる。

(2) みんなで□□《せきはん》を食べる。

1つ5点【10点】

学習した日　月　日　名前

目標時間 20分

得点 ／100点

らくらくマルつけ

解説↓ 180ページ

2445

念 8画

ノ人人今今念念念

とめる

読み方　音 ネン　くん ―

練習　念

使い方
残念（ざんねん）
信念（しんねん）
記念（きねん）
念仏（ねんぶつ）
入念（にゅうねん）
念入り（ねんいり）

法 8画　上より長く

丶ミシ汁法法

読み方　音 ホウ（ハッ）（ホッ）　くん ―

練習　法

使い方
方法（ほうほう）
作法（さほう）
法律（ほうりつ）
手法（しゅほう）
法式（ほうしき）
法師（ほうし）

伝 6画

ノイイ伝伝

上より長く

読み方　音 デン　くん つたわる・つたえる・つたう

練習　伝

使い方
伝記（でんき）
伝統（でんとう）
言い伝え（いった）
伝言（でんごん）
★手伝う（てつだ）
伝達（でんたつ）

関 14画

一冂冂門門門門門門関関関関関

とめる

読み方　音 カン　くん せき・かかわる

練習　関

使い方
関係（かんけい）
関心（かんしん）
関所（せきしょ）
大関（おおぜき）
関連（かんれん）
機関（きかん）
関わり合う（かかわりあう）

---

❶ □に漢字を書きましょう。　1つ9点【90点】

(1) 科学に ［かんしん］ がある。

(2) 村に ［つた］わる話を聞く。

(3) 調査の ［ほうほう］ を決める。

(4) ［ねん］いりに調べる。

(5) 自分に ［かか］わることを知る。

(6) えらい人の ［でんき］ を読む。

(7) 新しい ［しゅほう］ を用いる。

(8) 何もわからず ［ざんねん］ だ。

(9) 調べ物を ［てつだ］う。

(10) ［せきしょ］ があった所に行く。

スパイラルコーナー □に漢字を書きましょう。　1つ5点【10点】

(1) たなの上に本を ［お］く。

(2) ［かがみ］ もちをかざる。

もう1回チャレンジ!!

45

調べ物をする

学習した日　月　日

名前

目標時間《もくひょうじかん》 20分

得点《とく》　／100点

解説↓180ページ

2445

らくらくマルつけ

関

14画

丨 冂 門 門 門 門 門 門 門 門 閂 閂 関 関

とめる

読み方：音 カン　くん せき　かかわる

使い方：関係《かんけい》　関心《かんしん》　関連《かんれん》　機関《きかん》　関所《せきしょ》　大関《おおぜき》　関《かか》わり合《あ》う

練習：関

伝

6画

丿 亻 仁 仁 伝 伝

上より長く

読み方：音 デン　くん つたわる　つたえる　つたう

使い方：伝記《でんき》　伝統《でんとう》　伝言《でんごん》　伝達《でんたつ》　言《い》い伝《つた》え　★手伝《てつだ》う

練習：伝

法

8画

丶 冫 氵 氵 汁 注 法 法

上より長く

読み方：音 ホウ　(ハッ)　(ホッ)　くん ―

使い方：方法《ほうほう》　作法《さほう》　手法《しゅほう》　法律《ほうりつ》　法式《ほうしき》　法師《ほうし》

練習：法

念

8画

丿 人 亼 今 今 念 念 念

とめる

読み方：音 ネン　くん ―

使い方：残念《ざんねん》　記念《きねん》　入念《にゅうねん》　信念《しんねん》　念仏《ねんぶつ》　念入《ねんい》り

練習：念

---

1 □に漢字を書きましょう。　1つ9点【90点】

(1) 科学に□□《かんしん》がある。

(2) 村に□《つた》わる話を聞く。

(3) 調査《ちょうさ》の□□《ほうほう》を決める。

(4) □□《ねんい》りに調べる。

(5) 自分に□《かか》わることを知る。

(6) えらい人の□□《でんき》を読む。

(7) 新しい□□《しゅほう》を用いる。

(8) 何もわからず□□《ざんねん》だ。

(9) 調べ物を□□《てつだ》う。

(10) □□《せきしょ》があった所に行く。

スパイラルコーナー

□に漢字を書きましょう。　1つ5点【10点】

(1) たなの上に本を□《お》く。

(2) □《かがみ》もちをかざる。

46 まとめのテスト ⑪

学習した日　月　日

名前

目標《もくひょう》時間 20分

得《とく》点　／100点

らくらくマルつけ

解説↓ 180ページ

2446

1 （　）に——線の読みがなを書きましょう。

1つ4点【52点】

(1) 心残りがある。（　）
(2) 相手を説きふせる。（　）
(3) 結び目がほどける。（　）
(4) 昨夜の天気を調べる。（　）
(5) 自動車が加速する。（　）
(6) 母のしゅみは園芸だ。（　）
(7) 残暑見まいを出す。（　）
(8) 結局はうまくいった。（　）
(9) 浴室のそうじをする。（　）
(10) かぜで発熱する。（　）
(11) 係の仕事を手伝う。（　）
(12) 清水を手ですくう。（　）
(13) 昨日は晴れていた。（　）

2 □に漢字を書きましょう。

1つ4点【48点】

(1) □《まご》の手を借《か》りる。
(2) □□《めざ》めの時間になる。
(3) □《ねん》仏《ぶつ》を唱《とな》える。
(4) □□《しゅくふく》の手紙を書く。
(5) 畑で□□《のうふ》を見かける。
(6) □□《ろうぼく》がたおれる。
(7) 九月□□《まつじつ》になる。
(8) 国の機《き》□《かん》で働《はたら》く。
(9) 事実が□□《はっかく》する。
(10) 礼《れい》儀《ぎ》□□《さほう》を学ぶ。
(11) □□□《じゅうしょろく》を作成《さくせい》する。
(12) □□□《しゅくしょうかい》を開く。

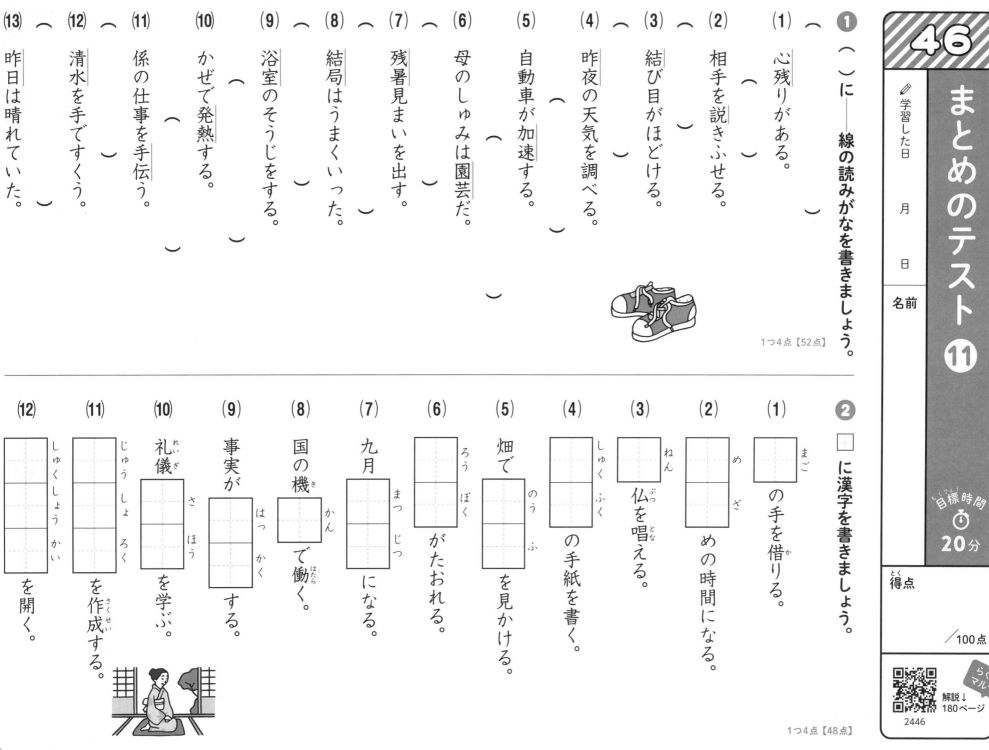

＼もう1回チャレンジ!!／

46

まとめのテスト⑪

学習した日　月　日

名前

目標《もくひょう》時間 20分

得点《とく》

／100点

解説↓180ページ

らくらくマルつけ

2446

❶ （　）に――線の読みがなを書きましょう。

1つ4点【52点】

(1) 心残りがある。（　）

(2) 相手を説きふせる。（　）

(3) 結び目がほどける。（　）

(4) 昨夜の天気を調べる。（　）

(5) 自動車が加速する。（　）

(6) 母のしゅみは園芸だ。（　）

(7) 残暑見まいを出す。（　）

(8) 結局はうまくいった。（　）

(9) 浴室のそうじをする。（　）

(10) かぜで発熱する。（　）

(11) 係の仕事を手伝う。（　）

(12) 清水を手ですくう。（　）

(13) 昨日は晴れていた。（　）

❷ □に漢字を書きましょう。

1つ4点【48点】

(1) □《まご》の手を借《か》りる。

(2) □□《めざ》めの時間になる。

(3) □《ねん》仏《ぶつ》を唱《とな》える。

(4) □□《しゅくふく》の手紙を書く。

(5) 畑で□□《のうふ》を見かける。

(6) □□《ろうぼく》がたおれる。

(7) 九月□□《まつじつ》になる。

(8) 国の機《き》□《かん》で働《はたら》く。

(9) 事実が□□《はっかく》する。

(10) 礼《れい》儀《ぎ》□□《さほう》を学ぶ。

(11) □□□《じゅうしょろく》を作成《さくせい》する。

(12) □□□《しゅくしょうかい》を開く。

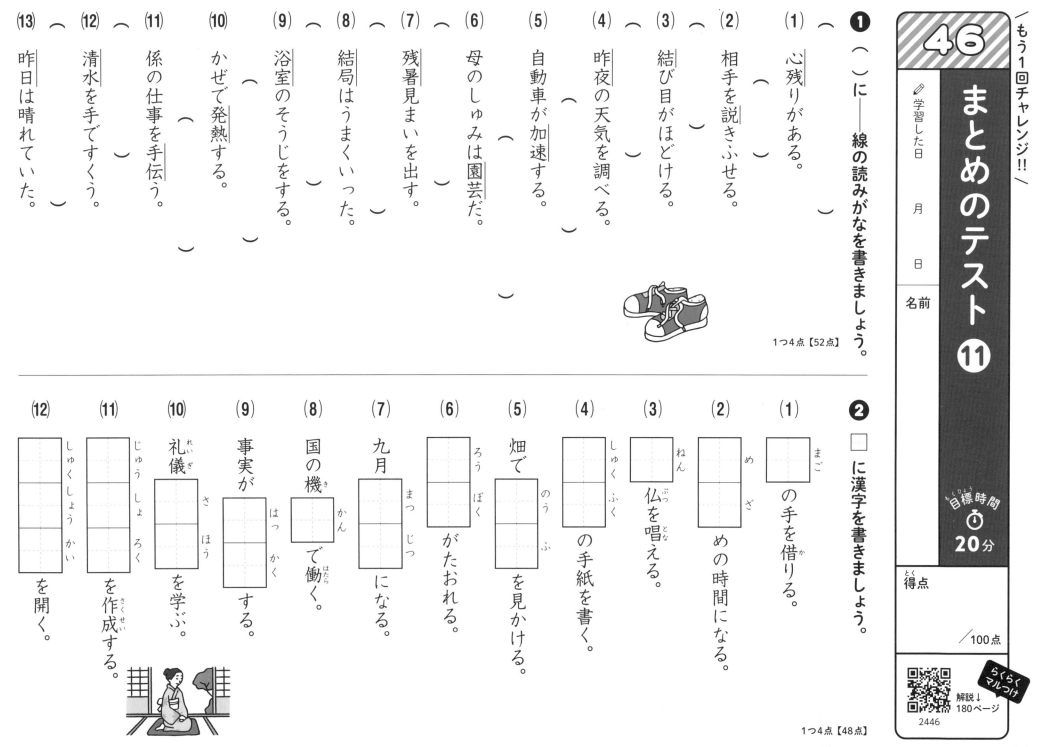

47

まとめのテスト⑫

学習した日　　月　　日

名前

目標《もくひょう》時間　20分

得《と》点　　／100点

らくらくマルつけ

解説↓ 181ページ

2447

1 （　）に——線の読みがなを書きましょう。　1つ4点【52点】

(1) 覚え書きを読み返す。（　）
(2) 末っ子がいたずらをする。（　）
(3) 法律《りつ》について調べる。（　）
(4) 祝祭が行われる。（　）
(5) かい犬が年老いる。（　）
(6) 水夫が港を歩く。（　）
(7) 番号を登録する。（　）
(8) 初孫が生まれる。（　）
(9) 味覚がするどい。（　）
(10) 清流をながめる。（　）
(11) 長老の話を聞く。（　）
(12) すもうで大関になる。（　）
(13) 資料《しりょう》を入念に調べる。（　）

2 □に漢字を書きましょう。　1つ4点【48点】

(1) 鳥が□□《みずあ》びをする。
(2) 言い□《つた》えを信《しん》じる。
(3) 貝がらを□□《かこう》する。
(4) □□《ねつい》を感じる。
(5) 父に□□《せっきょう》される。
(6) □□《ざんきん》をたしかめる。
(7) 消防団《しょうぼうだん》に□□《かにゅう》する。
(8) 委員会を□□《けっせい》する。
(9) □□《でんごん》を紙に書く。
(10) □□《ねっとう》を注ぎ入れる。
(11) □□□《こうげいひん》を見る。
(12) □□□《さくねんど》をふり返る。

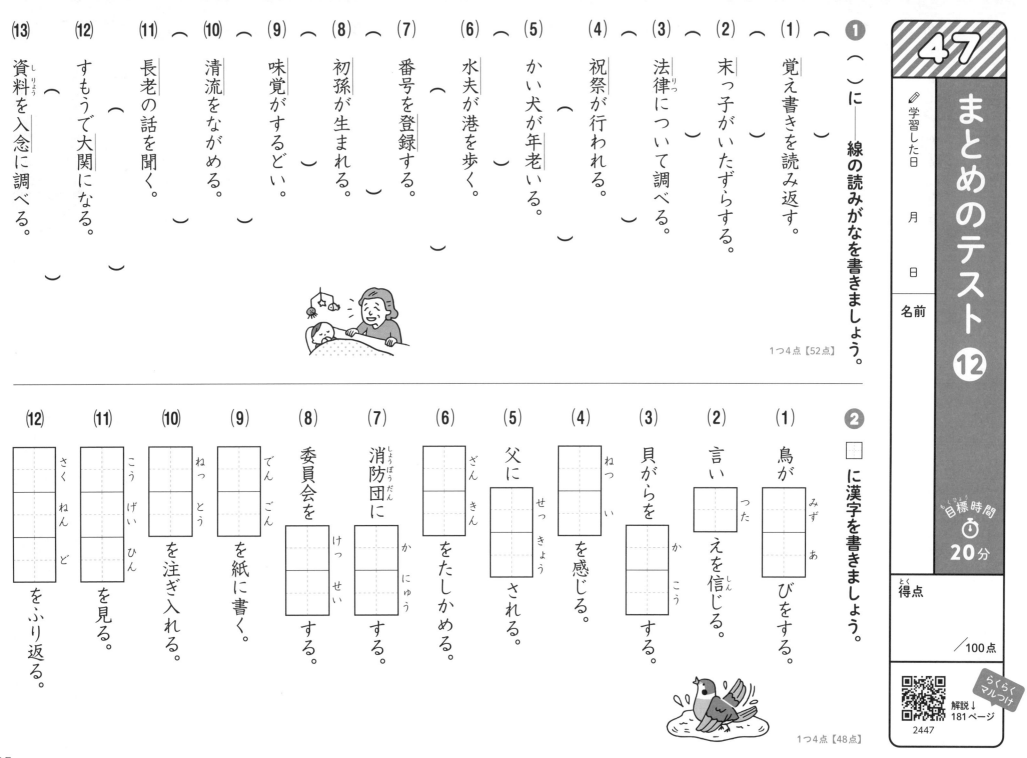

もう1回チャレンジ!!

47 まとめのテスト⑫

学習した日　月　日

名前

目標《もくひょう》時間 20分

得点《とく》　／100点

解説↓ 181ページ
2447

らくらくマルつけ

1 （　）に——線の読みがなを書きましょう。

1つ4点【52点】

(1) 覚え書きを読み返す。（　　）
(2) 末っ子がいたずらする。（　　）
(3) 法律《りつ》について調べる。（　　）
(4) 祝祭が行われる。（　　）
(5) かい犬が年老いる。（　　）
(6) 水夫が港を歩く。（　　）
(7) 番号を登録する。（　　）
(8) 初孫が生まれる。（　　）
(9) 味覚がするどい。（　　）
(10) 清流をながめる。（　　）
(11) 長老の話を聞く。（　　）
(12) すもうで大関になる。（　　）
(13) 資料《しりょう》を入念に調べる。（　　）

2 □に漢字を書きましょう。

1つ4点【48点】

(1) 鳥が□□《みずあび》をする。
(2) 言い□《つた》えを信《しん》じる。
(3) 貝がらを□□《かこう》する。
(4) □□《ねつい》を感じる。
(5) 父に□□《せっきょう》される。
(6) □□《ざんきん》をたしかめる。
(7) 消防団《しょうぼうだん》に□□《かにゅう》する。
(8) 委員会を□□《けっせい》する。
(9) □□《でんごん》を紙に書く。
(10) □□《ねっとう》を注ぎ入れる。
(11) □□□《こうげいひん》を見る。
(12) □□□《さくねんど》をふり返る。

48

パズル・実せん⑥

学習した日　月　日

名前

目標時間《もくひょうじかん》 20分

得点《とく》　/100点

らくらくマルつけ

解説↓ 181ページ

2448

① 熟語《じゅくご》のしりとりが完成《かんせい》するように、次の□にあてはまる漢字を書きましょう。 1つ6点【24点】

(1) かんけい　□係

(2) いわい　□い

(3) いいつたえ　言い□え

(4) えんげい　園□

② 次の文には、漢字のまちがいが一つずつあります。その漢字を見つけ、正しく書き直しましょう。 1つ4点【16点】

(1) 静《せい》けつな衣《い》服《ふく》を着用《ちゃくよう》する。　□→□

(2) 子《し》係《そん》に話《はなし》を聞《き》きに行《い》く。　□→□

③ 次の――線のカタカナにあてはまる漢字を線で結《むす》びましょう。 1つ5点【10点】

(1) 夏はアツい。　・　　・熱

(2) 湯がアツい。　・　　・暑

④ 次は、ある二人の人物の会話の一部です。

①キノウ、いいゆめを見たんだけど……。
くわしく②セツメイしてよ。
③ケツマツしか④覚えていないんだ。
ゆめを録《ろく》画《が》できる⑤方法があればいいのにね。
⑥残念だなあ……。

(1) ――線①～③のカタカナを漢字に直して書きましょう。また、――線④～⑥の漢字の読みをひらがなで書きましょう。 1つ7点【42点】

①（　　）　②（　　）

③（　　）　④（　　）

⑤（　　）　⑥（　　）

(2) ＝線「録」の画数を数字で答えましょう。 【8点】

（　　）画

＼もう1回チャレンジ!!／

48 パズル・実せん ⑥

学習した日　月　日

名前

目標《もくひょう》時間 20分

得点《とく》　／100点

らくらくマルつけ

解説↓ 181ページ

2448

❶ 熟語《じゅくご》のしりとりが完成《かんせい》するように、次の□にあてはまる漢字を書きましょう。　1つ6点【24点】

(1) かんけい　□係

(2) いわい　□い

(3) いいつたえ　言い□え

(4) えんげい　園□

❷ 次の文には、漢字のまちがいが一つずつあります。その漢字を見つけ、正しく書き直しましょう。　1つ4点【16点】

(1) 静《せい》けつな衣服《いふく》を着用《ちゃくよう》する。　□→□

(2) 子係《しそん》に話《はなし》を聞《き》きに行《い》く。　□→□

❸ 次の――線のカタカナにあてはまる漢字を線で結《むす》びましょう。　1つ5点【10点】

(1) 夏はアツい。　・　・熱

(2) 湯がアツい。　・　・暑

❹ 次は、ある二人の人物の会話の一部です。

①キノウ、いいゆめを見たんだけど……。

くわしく②セツメイしてよ。

③ケツマツしか④覚えていないんだ。

ゆめを録画《ろくが》できる⑤方法があればいいのにね。⑥残念だなあ……。

(1) ――線①～③のカタカナを漢字に直して書きましょう。また、――線④～⑥の漢字の読みをひらがなで書きましょう。　1つ7点【42点】

①（　　）　②（　　）

③（　　）　④（　　）

⑤（　　）　⑥（　　）

(2) ＝線「録」の画数を数字で答えましょう。　【8点】

（　　）画

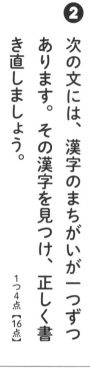

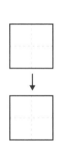

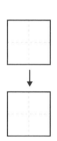

49 わたしたちの街《まち》

学習した日　月　日

名前

目標《もくひょう》時間 20分

得《とく》点　／100点

解説↓181ページ　らくらくマルつけ

2449

街

12画

ノ ク 彳 彳 彳 往 往 往 往 往 街 街

やや右上がりにはらう

読み方　音 ガイ（カイ）　くん まち

使い方：市街《しがい》　街灯《がいとう》　街路《がいろ》　商店街《しょうてんがい》　住宅街《じゅうたくがい》　街角《まちかど》

練習

倉

10画

ノ 人 亼 今 今 今 今 倉 倉 倉

「丶」ではなく「一」を書く

読み方　音 ソウ　くん くら

使い方：倉庫《そうこ》　船倉《せんそう》《ふなぐら》　米倉《こめぐら》

練習

付

5画

ノ イ 仁 付 付

はねる

読み方　音 フ　くん つける　つく

使い方：付近《ふきん》　付加《ふか》　付録《ふろく》　付着《ふちゃく》　寄付《きふ》　送付《そうふ》　名付《なづ》け

練習

郡

10画

フ ヨ ヨ 尹 尹 君 君 君 郡 郡

はねる

読み方　音 グン　くん ―

使い方：郡部《ぐんぶ》　郡内《ぐんない》　郡下《ぐんか》

練習

1 □に漢字を書きましょう。

(1) □□□《しょうてんがい》を歩く。

(2) □□《そうこ》が港にある。

(3) 駅の□□《ふきん》に人が集まる。

(4) □□《ぐんぶ》の開発が進む。

(5) □□《まちかど》で立ち止まる。

(6) 看板《かんばん》を取り□《つ》ける。

(7) □□《がいろ》樹《じゅ》を植える。

(8) □□《こめぐら》の中を見学する。

(9) 車で□□□《しがいち》に出る。

(10) よごれが□□《ふちゃく》する。

1つ9点【90点】

スパイラルコーナー　□に漢字を書きましょう。

(1) □□《ろうか》をふせぐ。

(2) □《まご》といっしょにすごす。

1つ5点【10点】

もう1回チャレンジ!!

49 わたしたちの街《まち》

学習した日　月　日

名前

目標《もくひょう》時間 20分

得《とく》点　/100点

らくらくマルつけ　解説↓ 181ページ

2449

街（12画）

やや右上がりにはらう

読み方：音 ガイ（カイ）　くん まち

使い方：市街《しがい》　街灯《がいとう》　街路《がいろ》　商店街《しょうてんがい》　住宅街《じゅうたくがい》　街角《まちかど》

練習

倉（10画）

「丶」ではなく「一」を書く

読み方：音 ソウ　くん くら

使い方：倉庫《そうこ》　船倉《せんそう》　米倉《こめぐら》

練習

付（5画）

はねる

読み方：音 フ　くん つける　つく

使い方：付近《ふきん》　付加《ふか》　付録《ふろく》　付着《ふちゃく》　寄付《きふ》　送付《そうふ》　名付《なづ》け

練習

郡（10画）

はねる

読み方：音 グン　くん ―

使い方：郡部《ぐんぶ》　郡内《ぐんない》　郡下《ぐんか》

練習

1 □に漢字を書きましょう。

1つ9点【90点】

（1）□□□《しょうてんがい》を歩く。

（2）□□《そうこ》が港にある。

（3）駅の□□《ふきん》に人が集まる。

（4）□□《ぐんぶ》の開発が進む。

（5）□□《まちかど》で立ち止まる。

（6）看板《かんばん》を取り□《つ》ける。

（7）□□《がいろ》樹《じゅ》を植える。

（8）□□《こめぐら》の中を見学する。

（9）車で□□□《しがいち》に出る。

（10）よごれが□□《ふちゃく》する。

スパイラルコーナー　□に漢字を書きましょう。

1つ5点【10点】

（1）□□《ろうか》をふせぐ。

（2）□《まご》といっしょにすごす。

50 博物館《はくぶつかん》の見学

学習した日　月　日

名前

目標時間《もくひょうじかん》 20分

得点《とくてん》　／100点

解説↓ 181ページ

らくらくマルつけ

2450

博

12画

点をわすれない

読み方
音 ハク（バク）
くん ―

使い方
博士《はくし》　博学《はくがく》　博愛《はくあい》
博物館《はくぶつかん》　博覧会《はくらんかい》
★博士《はかせ》

練習

建

9画

二画に分けて書く

読み方
音 ケン（コン）
くん たてる　たつ

使い方
建設《けんせつ》　建築《けんちく》　建造《けんぞう》
建国《けんこく》　再建《さいけん》　建物《たてもの》

練習

札

5画

上にはねる

読み方
音 サツ
くん ふだ

使い方
お札《さつ》　表札《ひょうさつ》　改札口《かいさつぐち》
名札《なふだ》　荷札《にふだ》　立て札《たてふだ》

練習

貨

11画

左下にはらう

読み方
音 カ
くん ―

使い方
金貨《きんか》　銀貨《ぎんか》　通貨《つうか》
雑貨《ざっか》　貨物《かもつ》　百貨店《ひゃっかてん》

練習

1 □に漢字を書きましょう。

(1) □□□《はくぶつかん》の見学。
(2) □□《たてもの》の中を案内《あんない》する。
(3) 古いお□《さつ》をてんじする。
(4) 昔の□□《つうか》について知る。
(5) 新しく別館《べっかん》を□《た》てる。
(6) 係員が□□《なふだ》をつける。
(7) 研究者は□□《はくがく》だ。
(8) めずらしい□□《きんか》がある。
(9) □□《はかせ》に話を聞きに行く。
(10) □□□《かいさつぐち》で友人を待つ。

1つ9点【90点】

スパイラルコーナー

□に漢字を書きましょう。

(1) 家の住所を□《おぼ》える。
(2) カメラで□□《ろくが》する。

1つ5点【10点】

50 博物館の見学（はくぶつかんのけんがく）

学習した日　月　日　名前

目標時間 20分　得点 ／100点

らくらくマルつけ　解説↓181ページ　2450

貨（11画）左下にはらう
ノイ仁化作作竹貨貨貨
読み方　音カ　くん
練習
使い方
金貨（きんか）　銀貨（ぎんか）　通貨（つうか）
雑貨（ざっか）　貨物（かもつ）　百貨店（ひゃっかてん）

札（5画）上にはねる
一十才木札
読み方　音サツ　くんふだ
練習
使い方
お札（さつ）　表札（ひょうさつ）　立て札（たてふだ）
名札（なふだ）　荷札（にふだ）　改札口（かいさつぐち）

建（9画）二画に分けて書く
フヨヨ聿聿建建
読み方　音ケン（コン）　くんたてる・たつ
練習
使い方
建設（けんせつ）　建築（けんちく）　建造（けんぞう）
建国（けんこく）　再建（さいけん）　建物（たてもの）

博（12画）点をわすれない
一十十忄忄忄愽愽博博博博
読み方　音ハク（バク）　くん
練習
使い方
博士（はくし）　博学（はくがく）　博愛（はくあい）
博物館（はくぶつかん）　博覧会（はくらんかい）
★博士（はかせ）

❶ □に漢字を書きましょう。

1つ9点【90点】

(1) はくぶつかん の見学。

(2) たてもの の中を案内（あんない）する。

(3) 古いお さつ をてんじする。

(4) 昔の つうか について知る。

(5) 新しく別館（べっかん）を た てる。

(6) 係員が なふだ をつける。

(7) 研究者は はくがく だ。

(8) めずらしい きんか がある。

(9) はかせ に話を聞きに行く。

(10) かいさつぐち で友人を待つ。

スパイラルコーナー □に漢字を書きましょう。

1つ5点【10点】

(1) 家の住所を おぼ える。

(2) カメラで ろくが する。

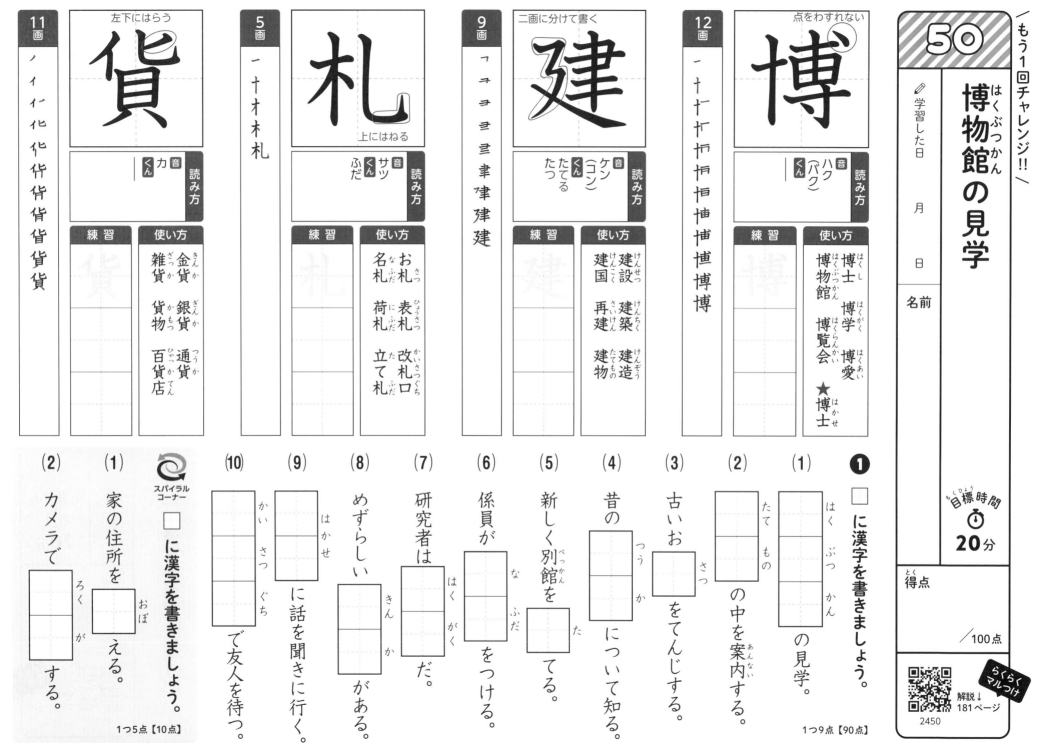

51 交差点《こうさてん》で立ち止まる

学習した日　月　日

名前

目標時間《もくひょうじかん》 20分

得点《とく》　／100点

解説↓182ページ

らくらくマルつけ

2451

差

10画

読み方　音 サ　くん さす

はらう

使い方：時差《じさ》　大差《たいさ》　点差《てんさ》　差別《さべつ》　交差点《こうさてん》　差《さ》し出《だ》す

練習

察

14画

読み方　音 サツ　くん ―

はねる

使い方：観察《かんさつ》　考察《こうさつ》　察知《さっち》　しん察《さつ》　警察官《けいさつかん》　察《さっ》する

練習

官

8画

読み方　音 カン　くん ―

上よりやや大きく

使い方：器官《きかん》　長官《ちょうかん》　高官《こうかん》　官庁《かんちょう》　警官《けいかん》　外交官《がいこうかん》

練習

輪

15画

読み方　音 リン　くん わ

左右に つき出さない

使い方：車輪《しゃりん》　輪唱《りんしょう》　二輪車《にりんしゃ》　指輪《ゆびわ》　首輪《くびわ》　輪投《わな》げ

練習

---

1 □に漢字を書きましょう。　1つ9点【90点】

(1) □□□《こうさてん》をわたる。

(2) 警《けい》□□《さつかん》が道案内《みちあんない》をする。

(3) □□《しゃりん》が回転する。

(4) 道の高さの□《さ》に注意する。

(5) 人の動きを□□《さっち》する。

(6) □□□《にりんしゃ》が通行する。

(7) □□《ゆびさ》しをしてたしかめる。

(8) □□《ちょうかん》が見回りにくる。

(9) 犬に□□《くびわ》をつける。

(10) 雲の間から日が□《さ》す。

スパイラルコーナー　□に漢字を書きましょう。　1つ5点【10点】

(1) □□《げつまつ》の予定を立てる。

(2) □□《でんせつ》の場所に行く。

＼もう1回チャレンジ!!／

51

交差点《こうさてん》で立ち止まる

学習した日　月　日

名前

目標時間《もくひょうじかん》 20分

得点《とくてん》　／100点

解説↓182ページ

2451

らくらくマルつけ

差（10画）

はらう

読み方　音 サ　くん さす

使い方　時差《じさ》　大差《たいさ》　点差《てんさ》　差別《さべつ》　交差点《こうさてん》　差し出《だ》す

練習

察（14画）

はねる

読み方　音 サツ　くん ―

使い方　観察《かんさつ》　考察《こうさつ》　察知《さっち》　しん察《さつ》　警察官《けいさつかん》　察《さっ》する

練習

官（8画）

上よりやや大きく

読み方　音 カン　くん ―

使い方　器官《きかん》　長官《ちょうかん》　高官《こうかん》　官庁《かんちょう》　警官《けいかん》　外交官《がいこうかん》

練習

輪（15画）

左右に つき出さない

一ｒ万百百車車軒軒軒軒軒輪輪読み方　音 リン　くん わ

使い方　車輪《しゃりん》　輪唱《りんしょう》　二輪車《にりんしゃ》　指輪《ゆびわ》　首輪《くびわ》　輪投《わな》げ

練習

1 □に漢字を書きましょう。　1つ9点【90点】

(1) □□□《こうさてん》をわたる。

(2) 警《けい》□□《さつかん》が道案内《みちあんない》をする。

(3) □□《しゃりん》が回転する。

(4) 道の高さの□《さ》に注意する。

(5) 人の動きを□□《さっち》する。

(6) □□□《にりんしゃ》が通行する。

(7) □□《ゆびさ》しをしてたしかめる。

(8) □□《ちょうかん》が見回りにくる。

(9) 犬に□□《くびわ》をつける。

(10) 雲の間から日が□《さ》す。

スパイラルコーナー □に漢字を書きましょう。　1つ5点【10点】

(1) □□《げつまつ》の予定を立てる。

(2) □□《でんせつ》の場所に行く。

52 旅に出よう

学習した日　月　日

名前

目標《もくひょう》時間 20分

得点《とく》　／100点

解説↓ 182ページ

2452

らくらくマルつけ

徒

10画

はらう

読み方	
音	ト
くん	

練習

使い方：徒歩《とほ》　生徒《せいと》　学徒《がくと》　使徒《しと》　信徒《しんと》　異教徒《いきょうと》

各

6画

ノ　ク　夂　冬　各　各

はらう

読み方	
音	カク
くん	（おのおの）

練習

使い方：各地《かくち》　各自《かくじ》　各駅《かくえき》　各種《かくしゅ》　各国《かっこく》　各社《かくしゃ》

続

13画

はねる

読み方	
音	ゾク
くん	つづく　つづける

練習

使い方：持続《じぞく》　連続《れんぞく》　相続《そうぞく》　続行《ぞっこう》　続出《ぞくしゅつ》　手続《てつづ》き

順

12画

はらう　とめる

読み方	
音	ジュン
くん	

練習

使い方：道順《みちじゅん》　手順《てじゅん》　席順《せきじゅん》　順番《じゅんばん》　順調《じゅんちょう》　順応《じゅんのう》

---

1 □に漢字を書きましょう。

(1) □□《とほ》で日本一周《いっしゅう》する。

(2) □□《かくち》を旅して回る。

(3) 何時間も歩き□《つづ》ける。

(4) □□《みちじゅん》をたしかめる。

(5) 雨でも旅を□□《ぞっこう》する。

(6) 電車が□□《かくえき》に止まる。

(7) 乗船の□□《てつづ》きをとる。

(8) 計画が□□《じゅんちょう》に進む。

(9) □□《かくじ》で荷物を持つ。

(10) □□《せいと》とすれちがう。

1つ9点【90点】

スパイラルコーナー

□に漢字を書きましょう。

(1) □□□《かいすいよく》に行く。

(2) 仕事に□□《ねっちゅう》する。

1つ5点【10点】

52 旅に出よう

学習した日　月　日　名前

目標時間 ⏱ 20分　得点 ／100点

らくらくマルつけ　解説↓182ページ　2452

12画 順

ノ ノ川 川 川 川 川 順 順 順

読み方　音 ジュン　くん

はらう／とめる

練習　使い方
道順（みちじゅん）／順番（じゅんばん）／手順（てじゅん）／順調（じゅんちょう）／席順（せきじゅん）／順応（じゅんのう）

13画 続

く 幺 乡 糸 糸 糸 紀 結 結 続 続 続 続

読み方　音 ゾク　くん つづく・つづける

はねる

練習　使い方
持続（じぞく）／続行（ぞっこう）／連続（れんぞく）／続出（ぞくしゅつ）／相続（そうぞく）／手続き（てつづき）

6画 各

ノ ク 夂 夂 各 各

はらう

読み方　音 カク　くん （おのおの）

練習　使い方
各地（かくち）／各種（かくしゅ）／各国（かっこく）／各社（かくしゃ）／各自（かくじ）／各駅（かくえき）

10画 徒

ノ ク イ 彳 彳 彳 往 往 徒 徒

はらう

読み方　音 ト　くん

練習　使い方
徒歩（とほ）／生徒（せいと）／使徒（しと）／学徒（がくと）／信徒（しんと）／異教徒（いきょうと）

---

❶ □に漢字を書きましょう。　1つ9点【90点】

(1) ［とほ］で日本一周する。

(2) ［かくち］を旅して回る。

(3) 何時間も歩き［つづ］ける。

(4) ［みちじゅん］をたしかめる。

(5) 雨でも旅を［ぞっこう］する。

(6) 電車が［かくえき］に止まる。

(7) 乗船の［てつづ］きをとる。

(8) 計画が［じゅんちょう］に進む。

(9) ［かくじ］で荷物を持つ。

(10) ［せいと］とすれちがう。

🔁 スパイラルコーナー

□に漢字を書きましょう。　1つ5点【10点】

(1) ［かいすいよく］に行く。

(2) 仕事に［ねっちゅう］する。

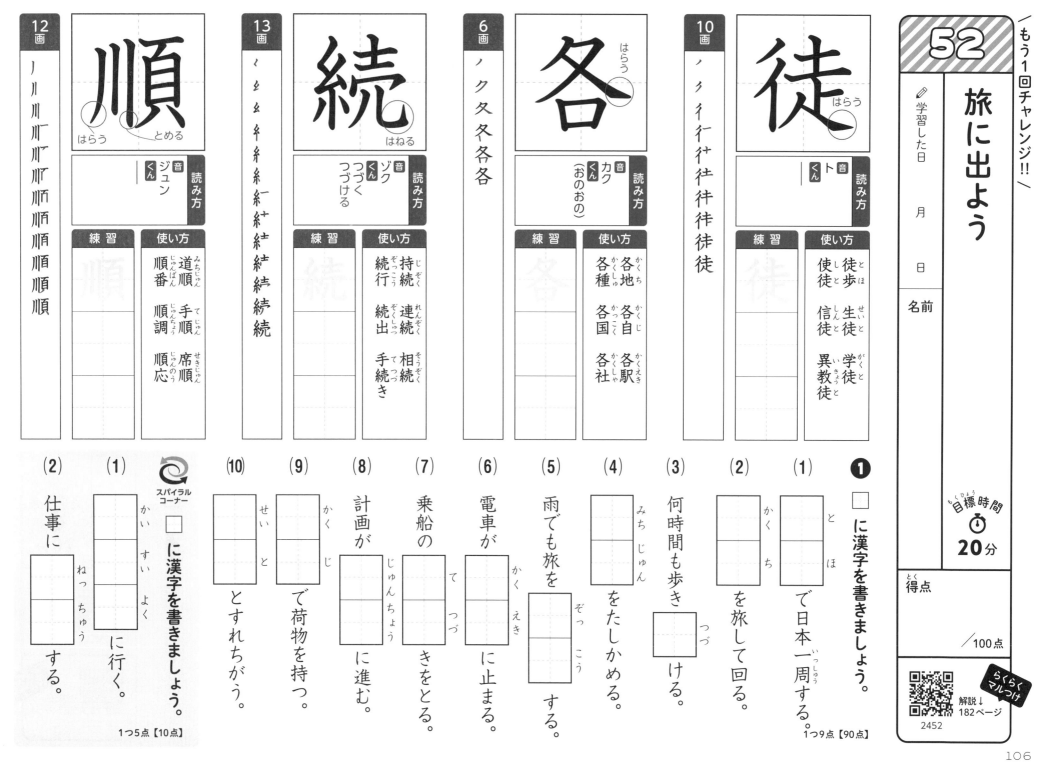

53 夕焼《ゆうや》けを見に行こう

学習した日　月　日
名前

目標時間《もくひょうじかん》 20分

得点《とく》　／100点

解説↓182ページ
2453
らくらくマルつけ

焼 12画
上にはねる

読み方
音 (ショウ)
くん やく やける

使い方
夕焼《ゆうや》け　日焼《ひや》け　焼《や》き魚《ざかな》
焼《や》き物《もの》　焼失《しょうしつ》　全焼《ぜんしょう》

練習 焼

群 13画
つき出さない

読み方
音 グン
くん むれる むれ むら

使い方
魚群《ぎょぐん》　大群《たいぐん》　一群《いちぐん》
群生《ぐんせい》　群衆《ぐんしゅう》　群《む》れ

練習 群

浅 9画
上にはねる

読み方
音 (セン)
くん あさい

使い方
遠浅《とおあさ》　浅緑《あさみどり》　浅手《あさで》
浅《あさ》せ　浅《あさ》づけ　浅《あさ》はか

練習 浅

巣 11画
点の向きに注意

読み方
音 (ソウ)
くん す

使い方
巣箱《すばこ》　巣穴《すあな》　古巣《ふるす》
巣立《すだ》ち　鳥《とり》の巣《す》　営巣《えいそう》

練習 巣

---

1 □に漢字を書きましょう。

(1) 美しい□□《ゆうや》け空。
(2) 魚の□《む》れが泳ぐ。
(3) この川は□《あさ》い。
(4) 木に鳥の□《す》がある。
(5) ハチの□□《たいぐん》を発見する。
(6) 一日歩いて日に□《や》ける。
(7) アリがあめに□《むら》がる。
(8) □□《とおあさ》の海で泳ぐ。
(9) 草原で馬が□《む》れる。
(10) 木で□□《すばこ》を作る。

1つ9点【90点】

スパイラルコーナー

□に漢字を書きましょう。

(1) □□《きねん》に写真をとる。
(2) 係員に用事を□《つた》える。

1つ5点【10点】

もう1回チャレンジ!!

53 夕焼《ゆうや》けを見に行こう

学習した日　月　日

名前

目標《もくひょう》時間 20分

得点《とく》　／100点

解説↓ 182ページ

らくらくマルつけ

2453

焼（12画）

上にはねる

読み方：音 （ショウ）　くん やく　やける

使い方：夕焼《ゆうや》け　日焼《ひや》け　焼《や》き魚《ざかな》　焼《や》き物《もの》　焼失《しょうしつ》　全焼《ぜんしょう》

練習

群（13画）

つき出さない

読み方：音 グン　くん むれる　むれ　むら

使い方：魚群《ぎょぐん》　大群《たいぐん》　一群《いちぐん》　群生《ぐんせい》　群衆《ぐんしゅう》　群《む》れ

練習

浅（9画）

上にはねる

読み方：音 （セン）　くん あさい

使い方：遠浅《とおあさ》　浅緑《あさみどり》　浅手《あさで》　浅《あさ》せ　浅《あさ》づけ　浅《あさ》はか

練習

巣（11画）

点の向きに注意

読み方：音 （ソウ）　くん す

使い方：巣箱《すばこ》　巣穴《すあな》　古巣《ふるす》　巣立《すだ》ち　鳥《とり》の巣《す》　営巣《えいそう》

練習

1 □に漢字を書きましょう。　1つ9点【90点】

(1) 美しい□□（ゆうや）け空。

(2) 魚の□（む）れが泳ぐ。

(3) この川は□（あさ）い。

(4) 木に鳥の□（す）がある。

(5) ハチの□□（たいぐん）を発見する。

(6) 一日歩いて日に□（や）ける。

(7) アリがあめに□（むら）がる。

(8) □□（とおあさ）の海で泳ぐ。

(9) 草原で馬が□（む）れる。

(10) 木で□□（すばこ）を作る。

スパイラルコーナー

□に漢字を書きましょう。　1つ5点【10点】

(1) □□（きねん）に写真をとる。

(2) 係員に用事を□（つた）える。

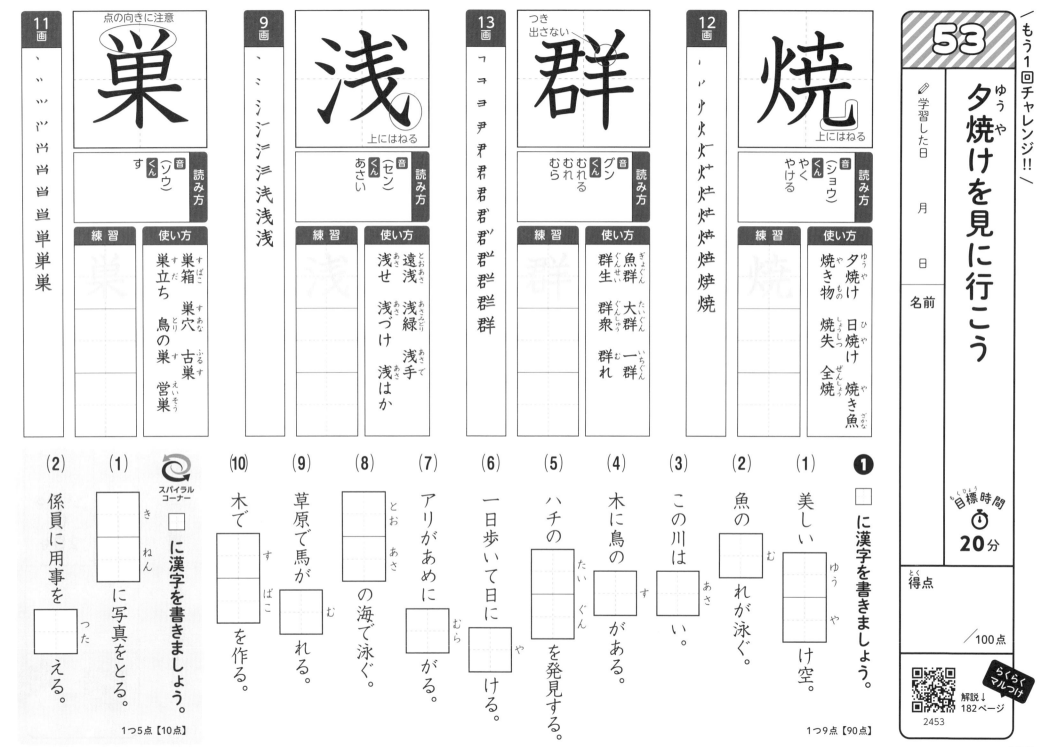

54

まとめのテスト⑬

学習した日　　月　　日

名前

目標《もくひょう》時間　20分

得《とく》点

／100点

解説↓
183ページ

2454

らくらくマルつけ

1　（　）に――線の読みがなを書きましょう。

(1) 浅はかな考えをする。（　　）

(2) 鳥の巣穴《あな》を見つける。（　　）

(3) 新しい駅を建築《ちく》する。（　　）

(4) 外で遊んで日焼けする。（　　）

(5) 名付けをたのまれる。（　　）

(6) きき目が持続する。（　　）

(7) 街路を通りぬける。（　　）

(8) 手順を説明《せつめい》する。（　　）

(9) 古巣にもどる。（　　）

(10) 焼き物ができ上がる。（　　）

(11) 実家を相続する。（　　）

(12) 郡内から引っこす。（　　）

(13) 漢字博士とよばれる。（　　）

1つ4点【52点】

2　□に漢字を書きましょう。

(1) 警《けい》□《かん》が見回りをする。

(2) 異教《いきょう》□《と》と話し合う。

(3) 三□□《てんさ》で負ける。

(4) □□《ぎょぐん》を追いかける。

(5) 病人をしん□《さつ》する。

(6) □□《かくしゃ》が開発をする。

(7) 門に□□《ひょうさつ》をかける。

(8) □□《ぎんか》を見つける。

(9) 外国とは□□《じさ》がある。

(10) 鳥の□□《いちぐん》をながめる。

(11) □□《せんそう》に荷物を運ぶ。

(12) □□《わな》げをして遊ぶ。

1つ4点【48点】

＼もう1回チャレンジ!!／

54

まとめのテスト⑬

学習した日　月　日

名前

目標時間《もくひょうじかん》 20分

得点《とく》

／100点

らくらくマルつけ

解説↓ 183ページ

2454

❶ （　）に——線の読みがなを書きましょう。

1つ4点【52点】

(1) 浅はかな考えをする。（　　）

(2) 鳥の巣穴《あな》を見つける。（　　）

(3) 新しい駅を建築《ちく》する。（　　）

(4) 外で遊んで日焼けする。（　　）

(5) 名付けをたのまれる。（　　）

(6) きき目が持続する。（　　）

(7) 街路を通りぬける。（　　）

(8) 手順を説明《せつめい》する。（　　）

(9) 古巣にもどる。（　　）

(10) 焼き物ができ上がる。（　　）

(11) 実家を相続する。（　　）

(12) 郡内から引っこす。（　　）

(13) 漢字博士とよばれる。（　　）

❷ □に漢字を書きましょう。

(1) 警《けい》□《かん》が見回りをする。

(2) 異教《いきょう》□《と》と話し合う。

(3) 三□□《てんさ》で負ける。

(4) □□《ぎょぐん》を追いかける。

(5) 病人をしん□《さつ》する。

(6) □□《かくしゃ》が開発をする。

(7) 門に□□《ひょうさつ》をかける。

(8) □□《ぎんか》を見つける。

(9) 外国とは□□《じさ》がある。

(10) 鳥の□□《いちぐん》をながめる。

(11) □□《せんそう》に荷物を運ぶ。

(12) □□《わな》げをして遊ぶ。

1つ4点【48点】

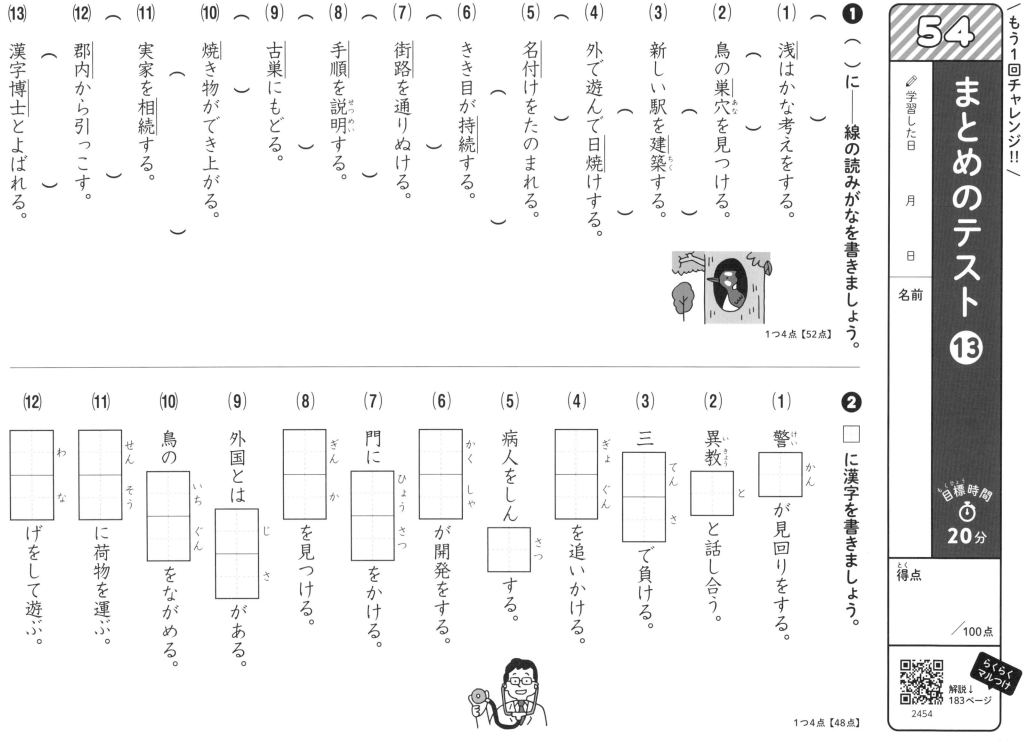

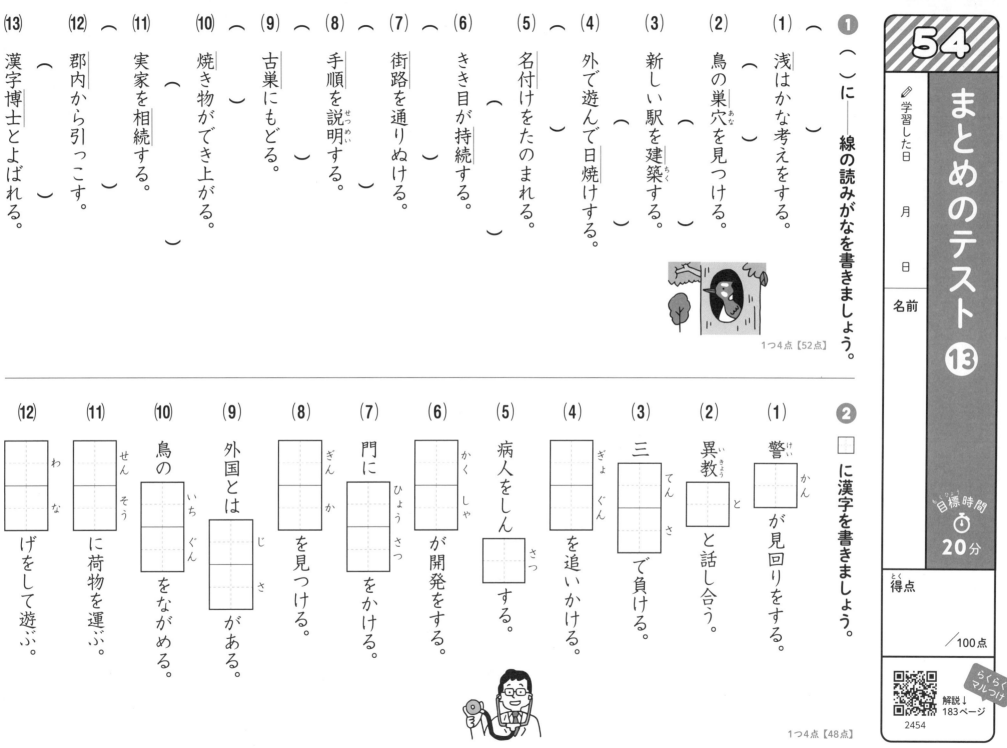

55

まとめのテスト⑭

学習した日　月　日

名前

目標《もくひょう》時間　20分

得《とく》点　／100点

解説↓183ページ

2455

らくらくマルつけ

1 （　）に――線の読みがなを書きましょう。　1つ4点【52点】

(1) 馬の群れがかける。（　　）

(2) 手紙を差し出す。（　　）

(3) 本当の思いを察する。（　　）

(4) 荷札をたしかめる。（　　）

(5) 指輪をはめる。（　　）

(6) 学徒が集まる。（　　）

(7) 試合《しあい》に大差で負ける。（　　）

(8) 各国の代表者で話す。（　　）

(9) ススキが群生する。（　　）

(10) 輪唱する歌を決める。（　　）

(11) 文化について考察する。（　　）

(12) 外交官をめざす。（　　）

(13) 百貨店で買い物する。（　　）

2 □に漢字を書きましょう。　1つ4点【48点】

(1) □《あさ》せて水遊びする。

(2) 大金を寄《き》□《ふ》する。

(3) □《や》き魚を食べる。

(4) □《はく》覧《らん》会《かい》が開かれる。

(5) 図書館を□《けん》設《せつ》する。

(6) □《す》□《だ》ちを見守る。

(7) □《せき》□《じゅん》を決める。

(8) □《あさ》□《みどり》の着物を着る。

(9) けが人が□《ぞく》□《しゅつ》する。

(10) □《けん》□《こく》記《き》念《ねん》日《び》を祝《いわ》う。

(11) □《はく》士《し》課《か》程《てい》に進む。

(12) □《し》□《がい》□《ち》を通る。

もう1回チャレンジ!!

55 まとめのテスト⑭

学習した日　月　日

名前

目標時間《もくひょうじかん》 20分

得点《とく》

／100点

らくらくマルつけ

解説↓ 183ページ

2455

❶ （　）に——線の読みがなを書きましょう。

1つ4点【52点】

(1) 馬の群れがかける。（　　）

(2) 手紙を差し出す。（　　）

(3) 本当の思いを察する。（　　）

(4) 荷札をたしかめる。（　　）

(5) 指輪をはめる。（　　）

(6) 学徒が集まる。（　　）

(7) 試合《しあい》に大差で負ける。（　　）

(8) 各国の代表者で話す。（　　）

(9) ススキが群生する。（　　）

(10) 輪唱する歌を決める。（　　）

(11) 文化について考察する。（　　）

(12) 外交官をめざす。（　　）

(13) 百貨店で買い物する。（　　）

❷ □に漢字を書きましょう。

1つ4点【48点】

(1) □《あさ》せで水遊びする。

(2) 大金を寄《き》□《ふ》する。

(3) □《や》き魚を食べる。

(4) □《はく》覧会《らんかい》が開かれる。

(5) 図書館を□《けん》設《せつ》する。

(6) □《す》□《だ》ちを見守る。

(7) □《せき》□《じゅん》を決める。

(8) □《あさ》□《みどり》の着物を着る。

(9) けが人が□《ぞく》□《しゅつ》する。

(10) □《けん》□《こく》記念日《きねんび》を祝《いわ》う。

(11) □《はく》士《し》課程《かてい》に進む。

(12) □《し》□《がい》□《ち》を通る。

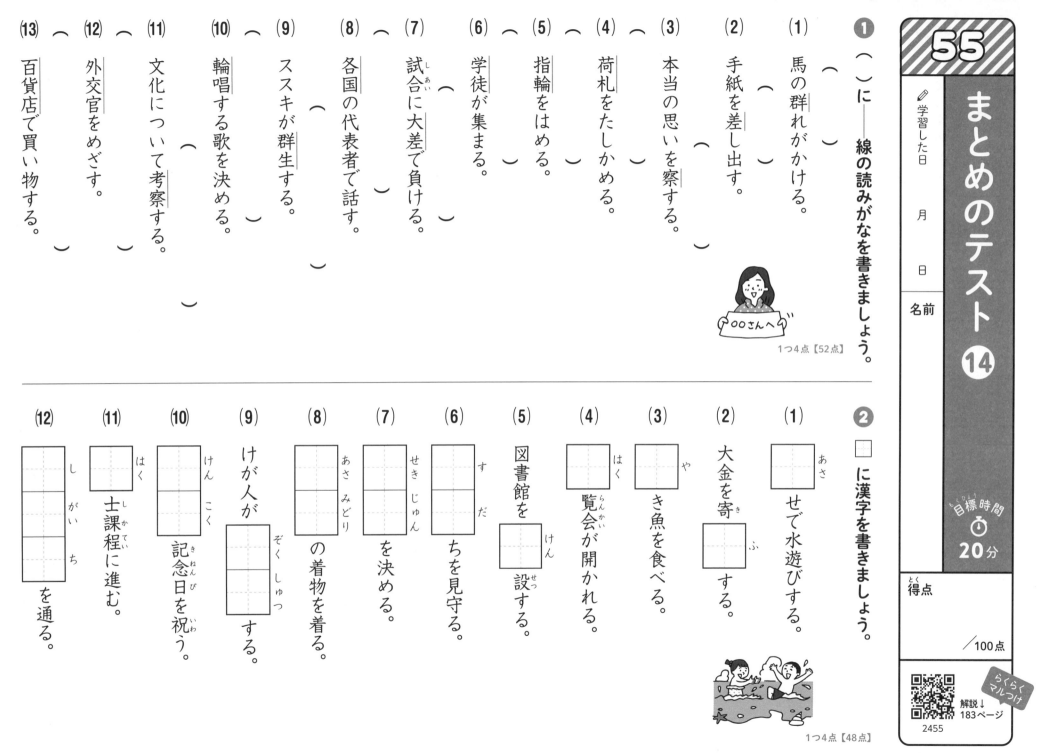

56 パズル・実せん⑦

目標時間《もくひょうじかん》 20分

学習した日　月　日

名前

得点《とく》　／100点

解説↓183ページ

らくらくマルつけ

2456

❶ 矢印《やじるし》の向きに読むと熟語《じゅくご》になるように、次の□に入る漢字を書きましょう。 1つ7点【14点】

(1)

国 ↑ □ → 自、□ ↓ 駅、社 ← □

(2)

連《れん》 ↓ □、持 ↑ □、□ → 行、出 ← □

❷ 次の文には、漢字のまちがいが一つずつあります。その漢字を見つけ、正しく書き直しましょう。 1つ6点【36点】

(1) 工事中《こうじちゅう》の健物《たてもの》を見学《けんがく》する。

□ → □

(2) 鳥《とり》が倉庫《そうこ》に単《す》を作《つく》り始《はじ》める。

□ → □

(3) 青色《あおいろ》の絵《え》の具《ぐ》が手《て》に着《つ》く。

□ → □

---

❸ 次は、ある人が作成《さくせい》した地図です。

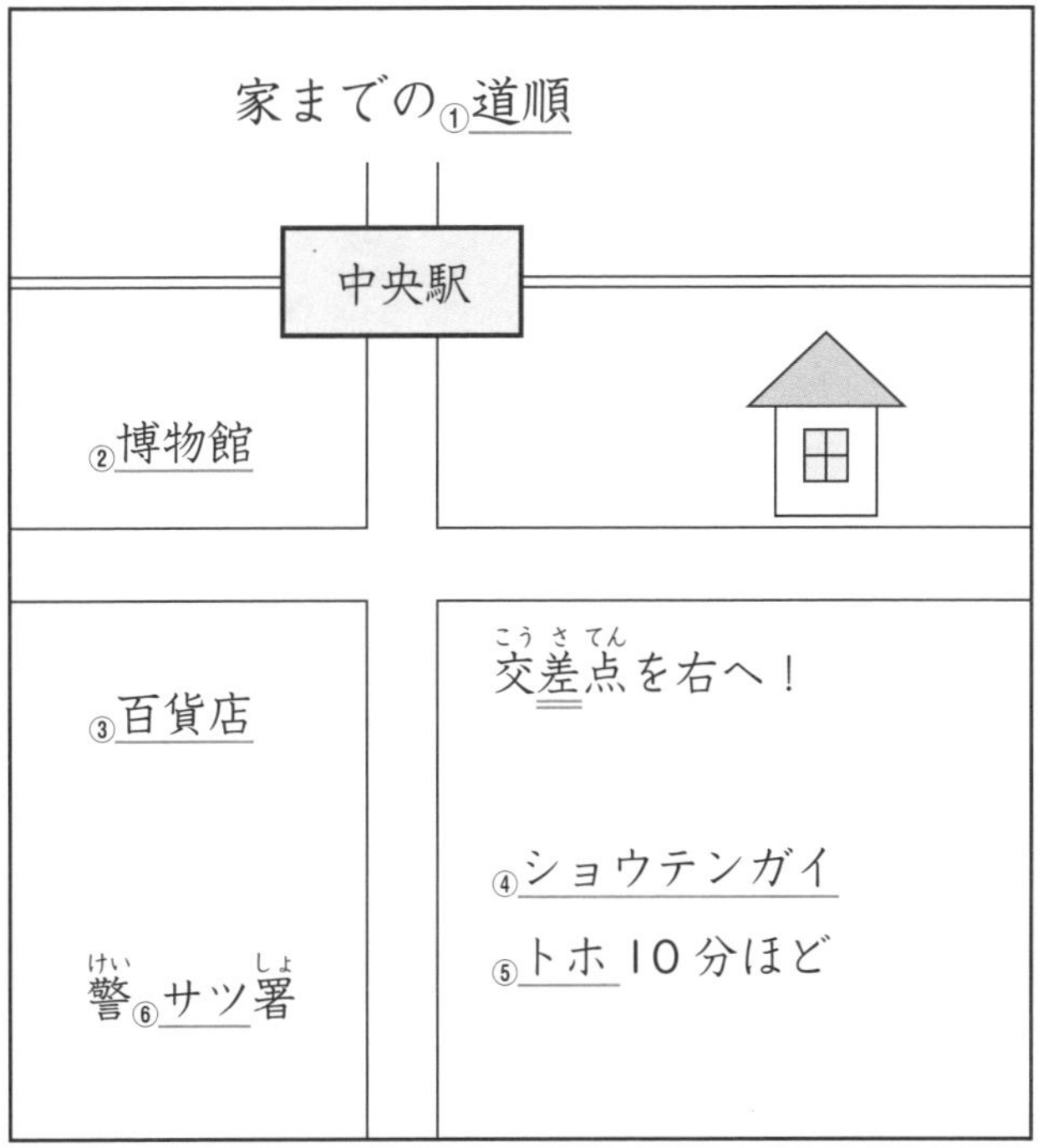

(1) ——線①～③の漢字の読みをひらがなで書きましょう。また、——線④～⑥のカタカナを漢字に直して書きましょう。 1つ7点【42点】

①（　　）　②（　　）

③（　　）　④（　　）

⑤（　　）　⑥（　　）

(2) ═線「差」の筆順が正しいほうを選《えら》び、記号を書きましょう。【8点】

ア 丷 䒑 䒑 𦍌 𦍒 差

イ 丷 䒑 䒑 𦍌 𦍌 𦍒 差

（　　）

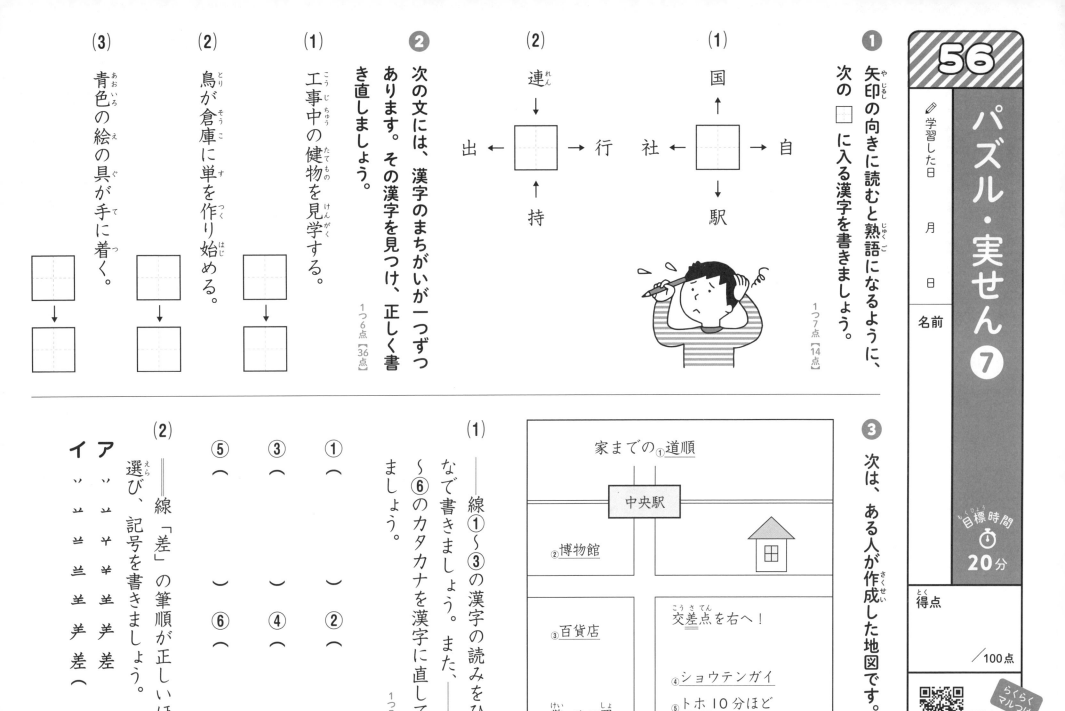

56 パズル・実せん⑦

学習した日　月　日

名前

目標《もくひょう》時間 20分

得点《とく》　／100点

解説↓ 183ページ

2456

らくらくマルつけ

❶ 矢印《やじるし》の向きに読むと熟語《じゅくご》になるように、次の□に入る漢字を書きましょう。 1つ7点【14点】

(1)

国 ↑ □ → 自
社 ← □ ↓ 駅

(2)

連《れん》 ↓ □ → 行
出 ← □ ↑ 持

❷ 次の文には、漢字のまちがいが一つずつあります。その漢字を見つけ、正しく書き直しましょう。 1つ6点【36点】

(1) 工事中《こうじちゅう》の健物《たてもの》を見学《けんがく》する。　□→□

(2) 鳥《とり》が倉庫《そうこ》に単《す》を作《つく》り始《はじ》める。　□→□

(3) 青色《あおいろ》の絵《え》の具《ぐ》が手《て》に着《つ》く。　□→□

❸ 次は、ある人が作成《さくせい》した地図です。

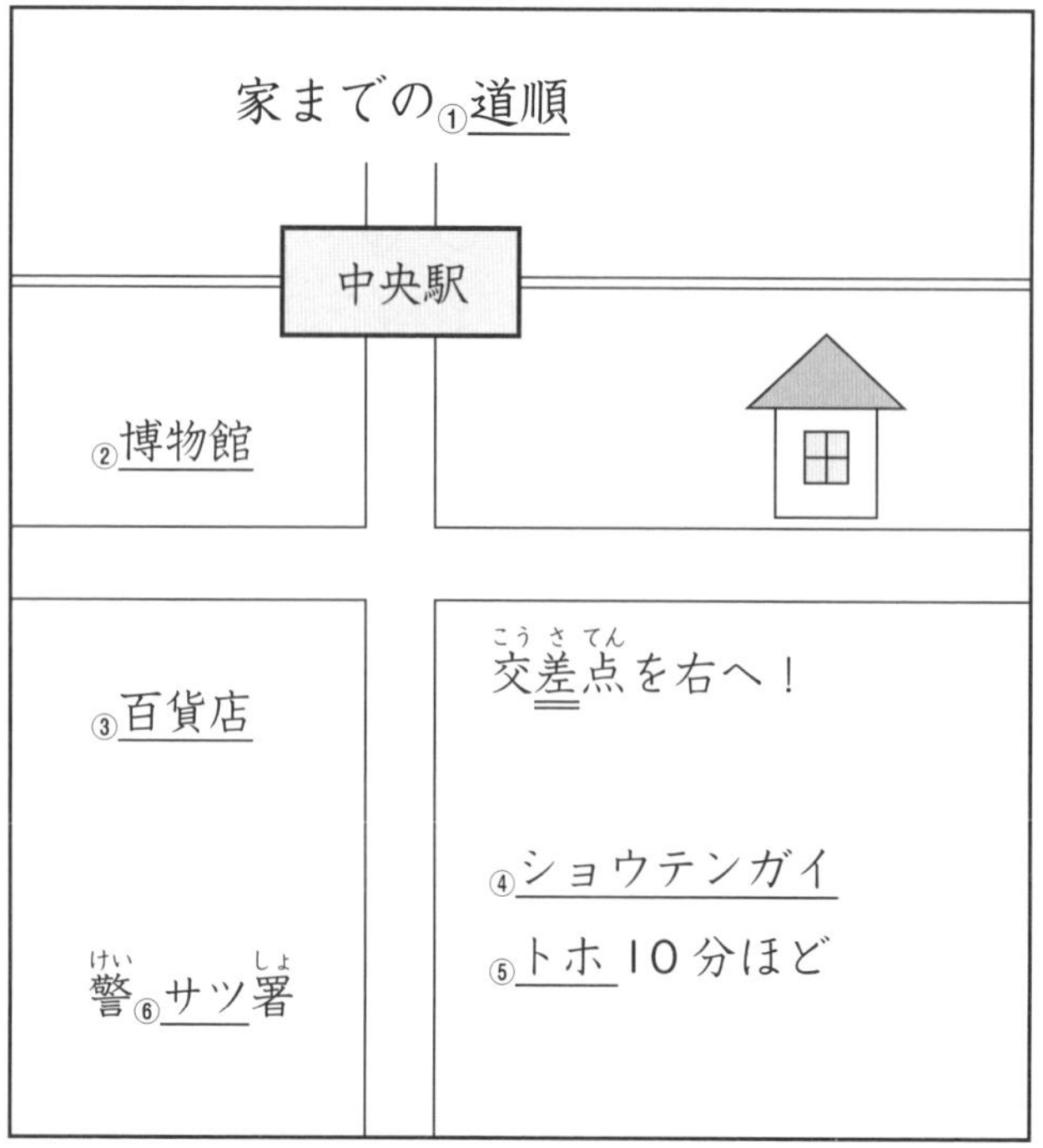

(1) ――線①～③の漢字の読みをひらがなで書きましょう。また、――線④～⑥のカタカナを漢字に直して書きましょう。 1つ7点【42点】

①（　　　）　②（　　　）
③（　　　）　④（　　　）
⑤（　　　）　⑥（　　　）

(2) ＝線「差」の筆順が正しいほうを選《えら》び、記号を書きましょう。 【8点】

ア 

イ 

（　　　）

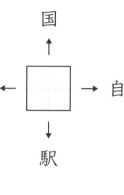

57 身のまわりの自然《しぜん》

学習した日　月　日

名前

目標《もくひょう》時間 20分

得点《とく》　／100点

解説↓183ページ　らくらくマルつけ　2457

然（12画）

点の向きに注意

読み方　音 ゼン　ネン　くん

使い方：自然《しぜん》　全然《ぜんぜん》　当然《とうぜん》　平然《へいぜん》　とつ然《ぜん》　天然《てんねん》

練習　然

景（12画）

はねる

読み方　音 ケイ　くん

使い方：風景《ふうけい》　光景《こうけい》　夜景《やけい》　景品《けいひん》　景気《けいき》　★景色《けしき》

練習　景

候（10画）

あまり長くしない

読み方　音 コウ　くん （そうろう）

使い方：気候《きこう》　天候《てんこう》　時候《じこう》　候補《こうほ》　立候補《りっこうほ》　悪天候《あくてんこう》

練習　候

変（9画）

はねる　はらう

読み方　音 ヘン　くん かわる　かえる

使い方：変化《へんか》　変身《へんしん》　変動《へんどう》　一変《いっぺん》　変人《へんじん》　変《か》わり者《もの》

練習　変

1 □に漢字を書きましょう。

1つ9点【90点】

(1) □□《しぜん》の中を歩く。

(2) 山の□□《ふうけい》をながめる。

(3) あたたかい□□《きこう》になる。

(4) 空の色が□《か》わる。

(5) □□《てんねん》の塩《しお》ができる。

(6) 地形が□□《へんか》する。

(7) 星が□□《ぜんぜん》見えない。

(8) 町の□□《やけい》がきれいだ。

(9) □□《てんこう》が急に悪くなる。

(10) □□《けしき》のよい場所に行く。

スパイラルコーナー　□に漢字を書きましょう。

1つ5点【10点】

(1) 子犬に名前を□《つ》ける。

(2) 住宅《じゅうたく》□《がい》でまいごになる。

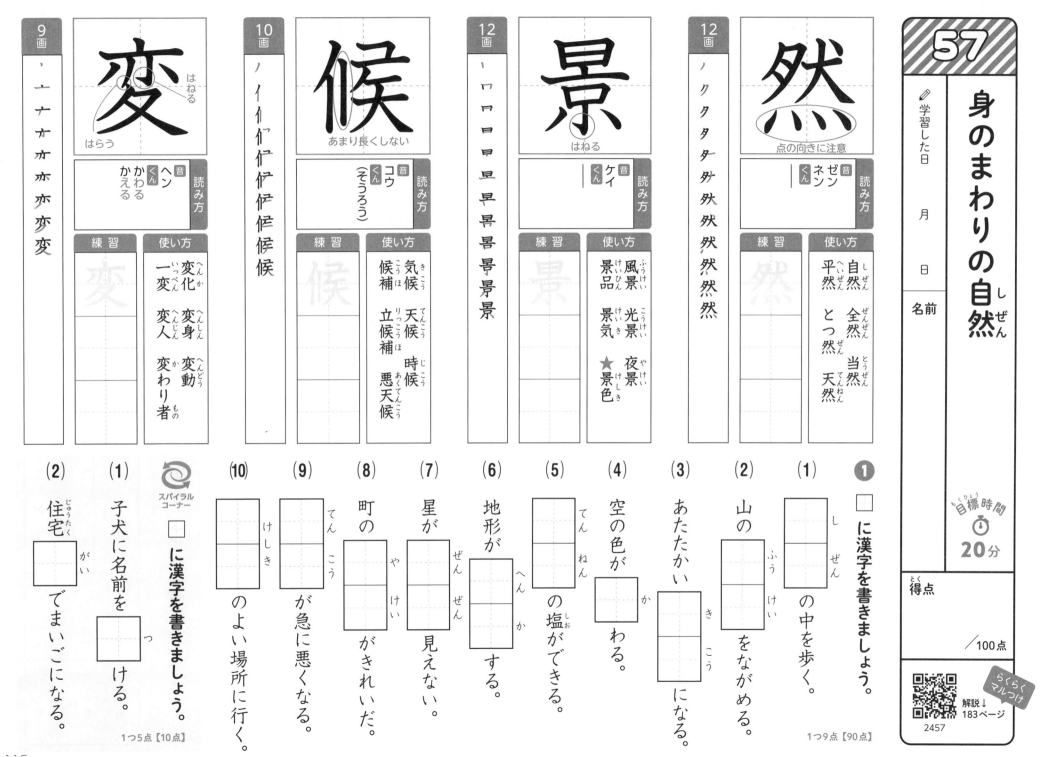

もう1回チャレンジ!!

57 身のまわりの自然《しぜん》

学習した日　月　日

名前

目標《もくひょう》時間 20分

得点《とく》

/100点

解説↓ 183ページ

2457

らくらくマルつけ

然（12画）

点の向きに注意

読み方　音 ゼン　ネン　くん —

使い方　自然《しぜん》　平然《へいぜん》　全然《ぜんぜん》　とつ然《ぜん》　当然《とうぜん》　天然《てんねん》

練習

景（12画）

はねる

読み方　音 ケイ　くん —

使い方　風景《ふうけい》　景品《けいひん》　光景《こうけい》　景気《けいき》　夜景《やけい》　★景色《けしき》

練習

候（10画）

あまり長くしない

読み方　音 コウ　くん （そうろう）

使い方　気候《きこう》　候補《こうほ》　天候《てんこう》　立候補《りっこうほ》　時候《じこう》　悪天候《あくてんこう》

練習

変（9画）

はねる　はらう

読み方　音 ヘン　くん かわる　かえる

使い方　変化《へんか》　一変《いっぺん》　変身《へんしん》　変人《へんじん》　変動《へんどう》　変《か》わり者《もの》

練習

❶ □に漢字を書きましょう。

(1) □□《しぜん》の中を歩く。

(2) 山の□□《ふうけい》をながめる。

(3) あたたかい□□《きこう》になる。

(4) 空の色が□《か》わる。

(5) □□《てんねん》の塩《しお》ができる。

(6) 地形が□□《へんか》する。

(7) 星が□□《ぜんぜん》見えない。

(8) 町の□□《やけい》がきれいだ。

(9) □□《てんこう》が急に悪くなる。

(10) □□《けしき》のよい場所に行く。

1つ9点【90点】

スパイラルコーナー

□に漢字を書きましょう。

(1) 子犬に名前を□《つ》ける。

(2) 住宅《じゅうたく》□《がい》でまいごになる。

1つ5点【10点】

58 春の畑仕事

学習した日　月　日

名前

目標時間《もくひょうじかん》 20分

得点《とくてん》　／100点

解説↓ 184ページ

2458

らくらくマルつけ

芽

8画

一 十 廾 廾 芒 芒 芽 芽

はらう　はねる

読み方　音 ガ　くん め

使い方　発芽《はつが》　麦芽《ばくが》　新芽《しんめ》　若芽《わかめ》　芽《め》ぶく　芽生《めば》える

練習

害

10画

丶 丷 宀 宀 宇 宝 害 害 害 害

長く

読み方　音 ガイ　くん ―

使い方　災害《さいがい》　有害《ゆうがい》　公害《こうがい》　害虫《がいちゅう》　害鳥《がいちょう》　ぼう害《がい》

練習

固

8画

丨 冂 冃 冃 冃 冃 固 固

まっすぐおろす

読み方　音 コ　くん かためる　かたまる　かたい

使い方　固定《こてい》　固有《こゆう》　固形《こけい》　固体《こたい》　強固《きょうこ》　がん固《こ》　足固《あしがた》め

練習

梅

10画

一 十 才 木 木 朩 枚 梅 梅 梅

「母」としない

読み方　音 バイ　くん うめ

使い方　梅林《ばいりん》　梅園《ばいえん》　白梅《はくばい》　松竹梅《しょうちくばい》　梅酒《うめしゅ》　梅《うめ》ぼし

練習

1 □に漢字を書きましょう。

(1) 草木の□《め》が出る。

(2) □□《がいちゅう》をふせぐ薬をまく。

(3) 畑の土を□《かた》める。

(4) □《うめ》の実がたくさんなる。

(5) 種子《しゅし》が□□《はつが》する。

(6) 日本□□《こゆう》の植物を知る。

(7) □□《ばいりん》の中を歩く。

(8) 木々が□□《めば》える。

(9) □□《ゆうがい》な物質《ぶっしつ》をのぞく。

(10) □《かた》く決意する。

1つ9点【90点】

スパイラルコーナー

□に漢字を書きましょう。

(1) □□《かもつ》列車が通る。

(2) 立て□《ふだ》の文字を読む。

1つ5点【10点】

もう1回チャレンジ!!

58 春の畑仕事

学習した日　月　日

名前

目標《もくひょう》時間 20分

得点《とく》　／100点

解説↓ 184ページ

らくらくマルつけ

2458

芽　8画

はらう　はねる

読み方　音 ガ　くん め

使い方：発芽《はつが》　麦芽《ばくが》　新芽《しんめ》　若芽《わかめ》　芽《め》ぶく　芽生《めば》える

練習

害　10画

長く

読み方　音 ガイ　くん ―

使い方：災害《さいがい》　有害《ゆうがい》　公害《こうがい》　害虫《がいちゅう》　害鳥《がいちょう》　ぼう害《がい》

練習

固　8画

まっすぐおろす

読み方　音 コ　くん かためる　かたまる　かたい

使い方：固定《こてい》　固有《こゆう》　固形《こけい》　固体《こたい》　強固《きょうこ》　がん固《こ》　足固《あしがた》め

練習

梅　10画

「母」としない

読み方　音 バイ　くん うめ

使い方：梅林《ばいりん》　梅園《ばいえん》　白梅《はくばい》　松竹梅《しょうちくばい》　梅酒《うめしゅ》　梅《うめ》ぼし

練習

---

❶ □に漢字を書きましょう。

(1) 草木の□《め》が出る。

(2) □□《がいちゅう》をふせぐ薬をまく。

(3) 畑の土を□《かた》める。

(4) □《うめ》の実がたくさんなる。

(5) 種子《しゅし》が□□《はつが》する。

(6) 日本□□《こゆう》の植物を知る。

(7) □□《ばいりん》の中を歩く。

(8) 木々が□□《めば》える。

(9) □□《ゆうがい》な物質《ぶっしつ》をのぞく。

(10) □《かた》く決意する。

1つ9点【90点】

スパイラルコーナー　□に漢字を書きましょう。

(1) □□《かもつ》列車が通る。

(2) 立て□《ふだ》の文字を読む。

1つ5点【10点】

59

暑い夏の庭

学習した日　月　日

名前

目標時間《もくひょうじかん》 20分

得点《とく》　／100点

解説↓ 184ページ

らくらくマルつけ

2459

照　13画　つき出さない

丨 日 日 日 日 昭 昭 昭 昭 照 照 照 照

読み方　音 ショウ　くん てる　てらす　てれる

使い方　照明《しょうめい》　参照《さんしょう》　対照《たいしょう》　日照《にっしょう》　照会《しょうかい》　日照《ひで》り

練習　照

果　8画　とめる

丨 冂 日 日 旦 早 果 果

読み方　音 カ　くん はたす　はてる　はて

使い方　結果《けっか》　成果《せいか》　効果《こうか》　青果《せいか》　果実《かじつ》　最果《さいは》て　★果物《くだもの》

練習　果

種　14画　とめる

一 二 千 千 禾 禾 禾 秆 秆 秆 稍 種 種 種

読み方　音 シュ　くん たね

使い方　種類《しゅるい》　種目《しゅもく》　種子《しゅし》　品種《ひんしゅ》　火種《ひだね》　種《たね》まき

練習　種

井　4画　はらう

一 二 ナ 井

読み方　音 (セイ) (ショウ)　くん い

使い方　井戸《いど》　福井県《ふくいけん》　市井《しせい》　天井《てんじょう》

練習　井

1 □に漢字を書きましょう。

(1) 太陽が□《て》りつける。

(2) □□《かじつ》が赤く色づく。

(3) 野菜《やさい》の□《たね》を畑にまく。

(4) □□《いど》から水をくむ。

(5) 夏の□□□《にっしょう》時間を知る。

(6) 植物の□□《しゅるい》を調べる。

(7) □□《くだもの》がなる木を育てる。

(8) ほめられて□《て》れる。

(9) □《い》の中のかわず。

(10) 重大な役目を□《は》たす。

1つ9点【90点】

スパイラルコーナー

□に漢字を書きましょう。

(1) 手をつないで□《わ》になる。

(2) 木の生長を□□《かんさつ》する。

1つ5点【10点】

もう1回チャレンジ!!

59

暑い夏の庭

学習した日　　月　　日

名前

目標《もくひょう》時間　20分

得点《とく》　　／100点

解説↓184ページ

らくらくマルつけ

2459

照　13画

つき出さない

読み方　音　ショウ　くん　てる　てらす　てれる

使い方　照明《しょうめい》　参照《さんしょう》　対照《たいしょう》　日照《にっしょう》　照会《しょうかい》　日照《ひで》り

筆順　丨 冂 月 日 日フ 日刀 昭 昭 昭 昭 照 照 照

果　8画

とめる

読み方　音　カ　くん　はたす　はてる　はて

使い方　結果《けっか》　成果《せいか》　効果《こうか》　青果《せいか》　果実《かじつ》　最果《さいは》て　★果物《くだもの》

筆順　丨 冂 日 日 旦 甲 果 果

種　14画

とめる

読み方　音　シュ　くん　たね

使い方　種類《しゅるい》　種目《しゅもく》　種子《しゅし》　品種《ひんしゅ》　火種《ひだね》　種《たね》まき

筆順　ノ 二 千 禾 禾 禾 禾 秆 秆 稍 稍 稙 種 種

井　4画

はらう

読み方　音　（セイ）（ショウ）　くん　い

使い方　井戸《いど》　福井県《ふくいけん》　市井《しせい》　天井《てんじょう》

筆順　一 二 井 井

---

1 □に漢字を書きましょう。　1つ9点【90点】

(1) 太陽が□《て》りつける。

(2) □□《かじつ》が赤く色づく。

(3) 野菜《やさい》の□《たね》を畑にまく。

(4) □□《いど》から水をくむ。

(5) 夏の□□《にっしょう》時間を知る。

(6) 植物の□□《しゅるい》を調べる。

(7) □□《くだもの》がなる木を育てる。

(8) ほめられて□《て》れる。

(9) □《い》の中のかわず。

(10) 重大な役目を□《は》たす。

スパイラルコーナー

□に漢字を書きましょう。　1つ5点【10点】

(1) 手をつないで□《わ》になる。

(2) 木の生長を□□《かんさつ》する。

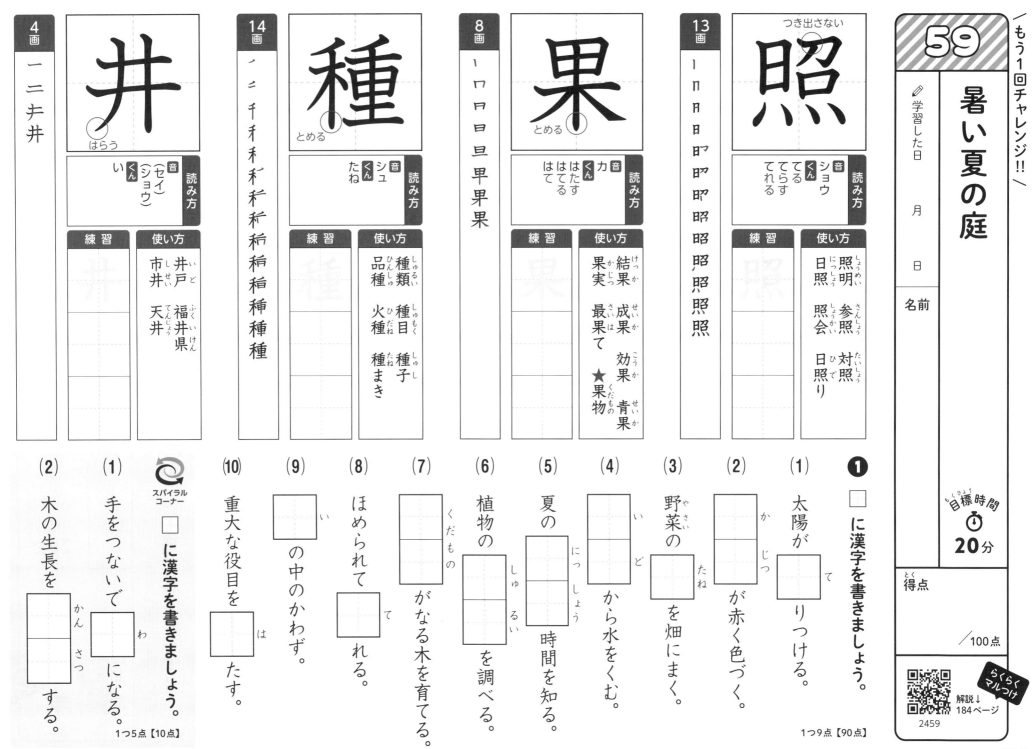

60

秋の公園で遊ぶ

学習した日　月　日

名前

目標時間《もくひょうじかん》 20分

得点《とくてん》　／100点

らくらくマルつけ

解説↓ 184ページ

2460

季（8画）

一 二 千 千 禾 季 季 季

はねる

読み方：音 キ／くん ―

使い方：四季《しき》　夏季《かき》　冬季《とうき》　雨季《うき》　季語《きご》　半季《はんき》

練習：季

節（13画）

ノ ト ト' ヶ ケ' 竹 竹 竺 竺 笞 筘 節 節

はねる

読み方：音 セツ（セチ）／くん ふし

使い方：季節《きせつ》　調節《ちょうせつ》　関節《かんせつ》　節分《せつぶん》　節約《せつやく》　節目《ふしめ》

練習：節

散（12画）

一 十 卄 廾 井 昔 昔 昔 背 背 散 散

とめる

読み方：音 サン／くん ちる　ちらす　ちらかす　ちらかる

使い方：散歩《さんぽ》　発散《はっさん》　分散《ぶんさん》　解散《かいさん》　散水《さんすい》　散文《さんぶん》

練習：散

松（8画）

一 十 才 木 木 札 松 松

はなす

読み方：音 ショウ／くん まつ

使い方：青松《せいしょう》　老松《ろうしょう》　松竹梅《しょうちくばい》　松林《まつばやし》　松葉《まつば》　門松《かどまつ》

練習：松

1 □に漢字を書きましょう。

(1) □《きせつ》がうつり変《か》わる。

(2) 秋になって木の葉が□《ち》る。

(3) □《まつ》の木の下で休む。

(4) 竹の□《ふしめ》を数える。

(5) 公園を□《さんぽ》する。

(6) □《しょうちくばい》はめでたい。

(7) 日本には□《しき》がある。

(8) 温室の温度を□《ちょうせつ》する。

(9) 公園で□《まつば》を集める。

(10) 地面に紙が□《ち》らかる。

1つ9点【90点】

スパイラルコーナー

□に漢字を書きましょう。

(1) □《じゅんばん》を決める。

(2) 晴れの日が□《つづ》く。

1つ5点【10点】

もう1回チャレンジ!!

60

秋の公園で遊ぶ

学習した日　月　日

名前

目標《もくひょう》時間 20分

得点《とく》　／100点

解説↓ 184ページ

らくらくマルつけ

2460

季　8画

一 二 千 千 禾 季 季 季

はねる

読み方　音 キ　くん —

使い方：四季《しき》　夏季《かき》　冬季《とうき》　雨季《うき》　季語《きご》　半季《はんき》

練習

節　13画

丿 𠂉 𥫗 … 節

はねる

読み方　音 セツ（セチ）　くん ふし

使い方：季節《きせつ》　調節《ちょうせつ》　関節《かんせつ》　節分《せつぶん》　節約《せつやく》　節目《ふしめ》

練習

散　12画

一 十 廾 … 散

とめる

読み方　音 サン　くん ちる　ちらす　ちらかす　ちらかる

使い方：散歩《さんぽ》　発散《はっさん》　分散《ぶんさん》　解散《かいさん》　散水《さんすい》　散文《さんぶん》

練習

松　8画

一 十 才 木 木 松 松 松

はなす

読み方　音 ショウ　くん まつ

使い方：青松《せいしょう》　老松《ろうしょう》　松竹梅《しょうちくばい》　松林《まつばやし》　松葉《まつば》　門松《かどまつ》

練習

1 □に漢字を書きましょう。

(1) □□《きせつ》がうつり変《か》わる。

(2) 秋になって木の葉が□《ち》る。

(3) □《まつ》の木の下で休む。

(4) 竹の□□《ふしめ》を数える。

(5) 公園を□□《さんぽ》する。

(6) □□□《しょうちくばい》はめでたい。

(7) 日本には□□《しき》がある。

(8) 温室の温度を□□《ちょうせつ》する。

(9) 公園で□□《まつば》を集める。

(10) 地面に紙が□《ち》らかる。

1つ9点【90点】

スパイラルコーナー □に漢字を書きましょう。

(1) □□《じゅんばん》を決める。

(2) 晴れの日が□《つづ》く。

1つ5点【10点】

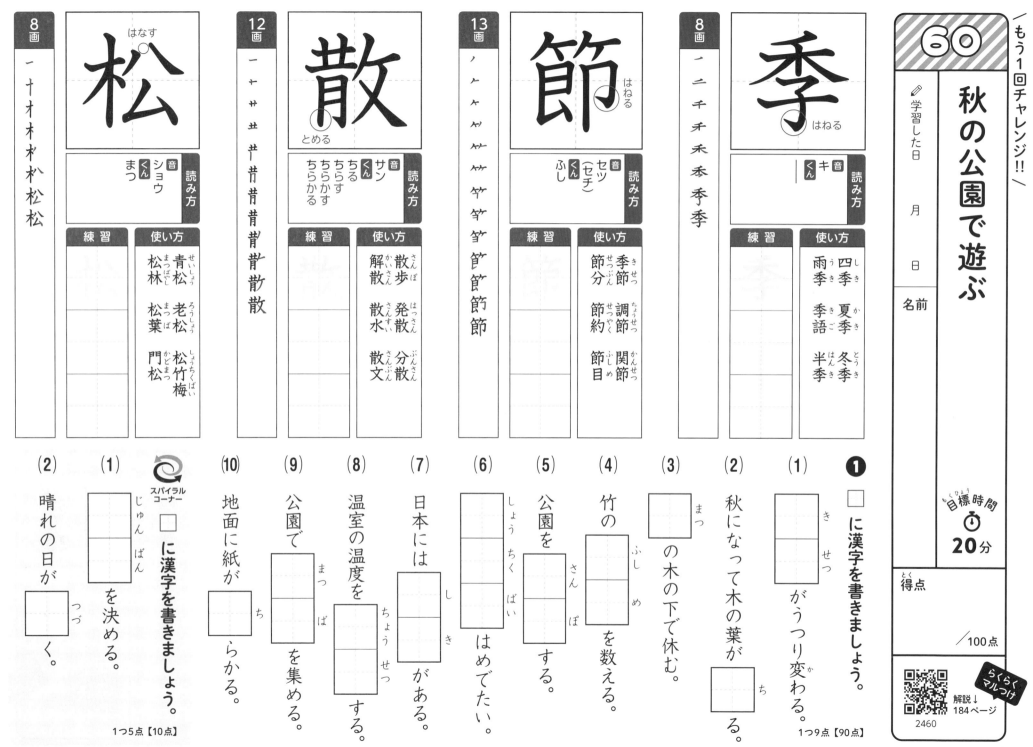

61

冬の牧場《ぼくじょう》をおとずれる

学習した日　月　日

名前

目標《もくひょう》時間 20分

得《とく》点

／100点

らくらくマルつけ

解説↓ 184ページ

2461

牧（8画）

右上にはらう

読み方
音 ボク
くん （まき）

使い方
牧場《ぼくじょう》　牧牛《ぼくぎゅう》　放牧《ほうぼく》
遊牧《ゆうぼく》　牧草《ぼくそう》　牧師《ぼくし》

練習

周（8画）

はらう　はねる

読み方
音 シュウ
くん まわり

使い方
周囲《しゅうい》　一周《いっしゅう》　周遊《しゅうゆう》
周回《しゅうかい》　周期《しゅうき》　周知《しゅうち》

練習

辺（5画）

はねる

読み方
音 ヘン
くん あたり・べ

使い方
周辺《しゅうへん》　近辺《きんぺん》　身辺《しんぺん》
辺境《へんきょう》　岸辺《きしべ》　海辺《うみべ》

練習

冷（7画）

ななめにうつ

読み方
音 レイ
くん つめたい・ひえる・ひや・ひやす・ひやかす・さめる・さます

使い方
冷気《れいき》　寒冷《かんれい》　冷蔵庫《れいぞうこ》
冷《れい》ぼう　冷《ひ》やあせ

練習

---

1 □に漢字を書きましょう。　1つ9点【90点】

(1) □□《ぼくじょう》には牛がいる。

(2) 目的地《もくてきち》の□□《しゅうへん》に着く。

(3) □《つめ》たい風がふく。

(4) 池の□《まわ》りを歩く。

(5) 子牛が□□《ぼくそう》を食べる。

(6) 寒さで体が□《ひ》える。

(7) □《あた》り一面が雪でうまる。

(8) 湯がすぐに□《さ》める。

(9) □□《うみべ》の写真を見る。

(10) □□《れいき》が部屋《へや》にふきこむ。

スパイラルコーナー

□に漢字を書きましょう。　1つ5点【10点】

(1) 鳥が□《む》れで空を飛《と》ぶ。

(2) 畑の土を□《あさ》くほる。

＼もう1回チャレンジ!!／

61 冬の牧場《ぼくじょう》をおとずれる

学習した日　月　日

名前

目標《もくひょう》時間 20分

得点《とく》　／100点

解説↓ 184ページ

らくらくマルつけ

2461

牧（8画）

右上にはらう

ノ 𠂉 仁 牛 牜 牜 牧 牧

読み方
音 ボク
くん （まき）

使い方
牧場《ぼくじょう》　牧牛《ぼくぎゅう》　放牧《ほうぼく》
遊牧《ゆうぼく》　牧草《ぼくそう》　牧師《ぼくし》

練習　牧

周（8画）

はらう　はねる

丿 冂 冂 円 円 周 周 周

読み方
音 シュウ
くん まわり

使い方
周囲《しゅうい》　一周《いっしゅう》　周遊《しゅうゆう》
周回《しゅうかい》　周期《しゅうき》　周知《しゅうち》

練習　周

辺（5画）

はねる

フ 力 刀 辺 辺

読み方
音 ヘン
くん あたり・べ

使い方
周辺《しゅうへん》　近辺《きんぺん》　身辺《しんぺん》
辺境《へんきょう》　岸辺《きしべ》　海辺《うみべ》

練習　辺

冷（7画）

ななめにうつ

丶 冫 冫 冫 冷 冷 冷

読み方
音 レイ
くん つめたい・ひえる・ひや・ひやす・さめる・ひやかす・さます

使い方
冷気《れいき》　寒冷《かんれい》　冷蔵庫《れいぞうこ》
冷《れい》ぼう　冷《ひ》やあせ

練習　冷

1 □に漢字を書きましょう。

1つ9点【90点】

(1) □□《ぼくじょう》には牛がいる。

(2) 目的地《もくてきち》の□□《しゅうへん》に着く。

(3) □《つめ》たい風がふく。

(4) 池の□《まわ》りを歩く。

(5) 子牛が□□《ぼくそう》を食べる。

(6) 寒さで体が□《ひ》える。

(7) □《あた》り一面が雪でうまる。

(8) 湯がすぐに□《さ》める。

(9) □□《うみべ》の写真を見る。

(10) □□《れいき》が部屋《へや》にふきこむ。

スパイラルコーナー　□に漢字を書きましょう。

1つ5点【10点】

(1) 鳥が□《む》れで空を飛《と》ぶ。

(2) 畑の土を□《あさ》くほる。

62

まとめのテスト⑮

学習した日　月　日

名前

目標時間《もくひょうじかん》 20分

得点《とく》

／100点

らくらくマルつけ

解説↓ 185ページ

2462

1 （　）に――線の読みがなを書きましょう。

1つ4点【52点】

(1) 草や木が芽ぶく。（　）

(2) 畑の種まきをする。（　）

(3) 美しい光景を目にする。（　）

(4) 関節がはずれる。（　）

(5) いつも平然としている。（　）

(6) 練習の成果が出る。（　）

(7) 害鳥を追いはらう。（　）

(8) 国内を周遊する。（　）

(9) 寒冷な地方に行く。（　）

(10) 陸上《りくじょう》種目に出場する。（　）

(11) 夏季オリンピックを見る。（　）

(12) 果物を皿にもる。（　）

(13) まどから景色を見る。（　）

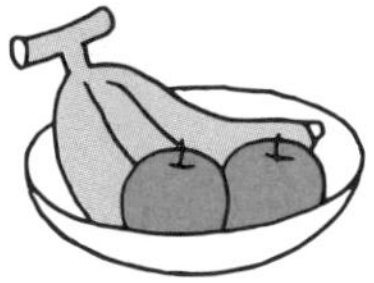

2 □に漢字を書きましょう。

1つ4点【48点】

(1) □□《まつばやし》をかけぬける。

(2) □□《こたい》から液体《えきたい》に変《か》わる。

(3) 毎年□□《うめしゅ》を作る。

(4) □《ぼく》師《し》の話を聞く。

(5) 部屋《へや》の□□《しょうめい》をつける。

(6) 社会が□□《へんどう》する。

(7) 力が□□《ぶんさん》する。

(8) □□《ばいえん》の中を歩く。

(9) □□《こけい》の燃料《ねんりょう》を使う。

(10) 駅の□□《きんぺん》を歩く。

(11) 羊を□□《ほうぼく》する。

(12) □□□《あくてんこう》になる。

もう1回チャレンジ!!

62

まとめのテスト⑮

学習した日　月　日

名前

目標《もくひょう》時間　20分

得《とく》点　／100点

らくらくマルつけ

解説↓185ページ

2462

❶ （　）に——線の読みがなを書きましょう。

1つ4点【52点】

(1) 草や木が芽ぶく。（　　）

(2) 畑の種まきをする。（　　）

(3) 美しい光景を目にする。（　　）

(4) 関節がはずれる。（　　）

(5) いつも平然としている。（　　）

(6) 練習の成果が出る。（　　）

(7) 害鳥を追いはらう。（　　）

(8) 国内を周遊する。（　　）

(9) 寒冷な地方に行く。（　　）

(10) 陸上《りくじょう》種目に出場する。（　　）

(11) 夏季オリンピックを見る。（　　）

(12) 果物を皿にもる。（　　）

(13) まどから景色を見る。（　　）

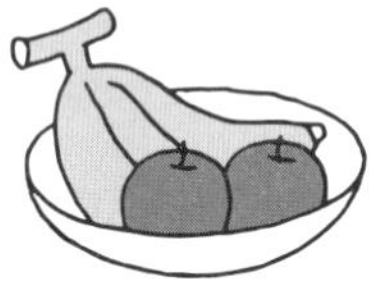

❷ □に漢字を書きましょう。

1つ4点【48点】

(1) □□《まつばやし》をかけぬける。

(2) □□《こたい》から液体《えきたい》に変《か》わる。

(3) 毎年□□《うめしゅ》を作る。

(4) □《ぼく》師《し》の話を聞く。

(5) 部屋《へや》の□□《しょうめい》をつける。

(6) 社会が□□《へんどう》する。

(7) 力が□□《ぶんさん》する。

(8) □□《ばいえん》の中を歩く。

(9) □□《こけい》の燃料《ねんりょう》を使う。

(10) 駅の□□《きんぺん》を歩く。

(11) 羊を□□《ほうぼく》する。

(12) □□□《あくてんこう》になる。

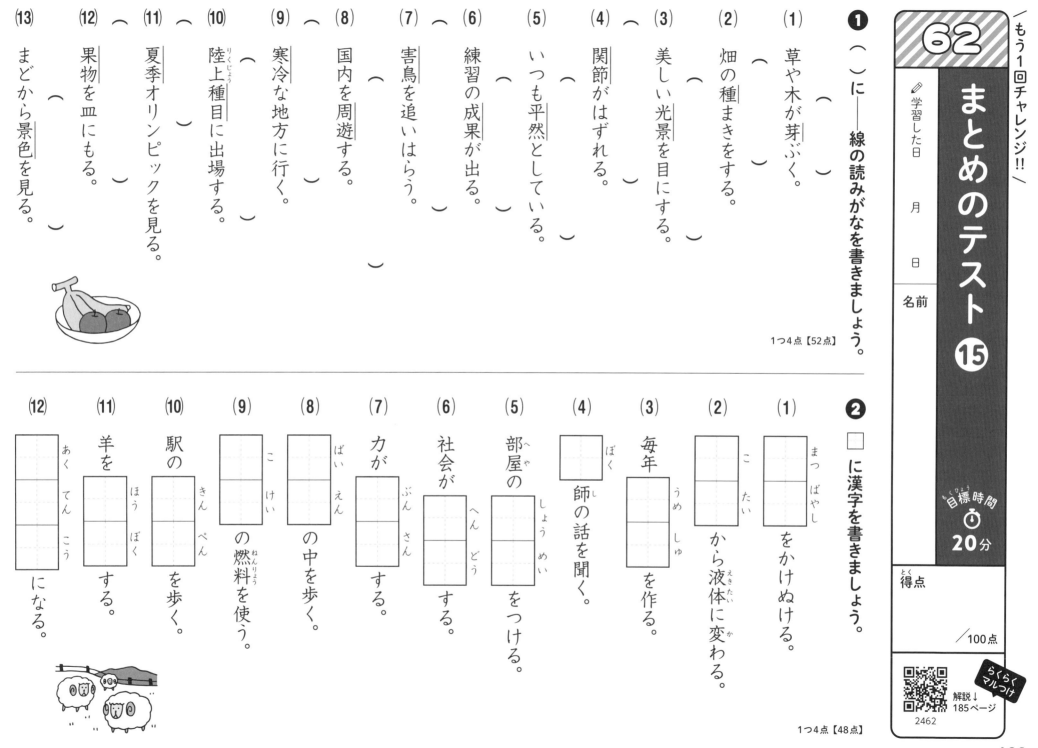

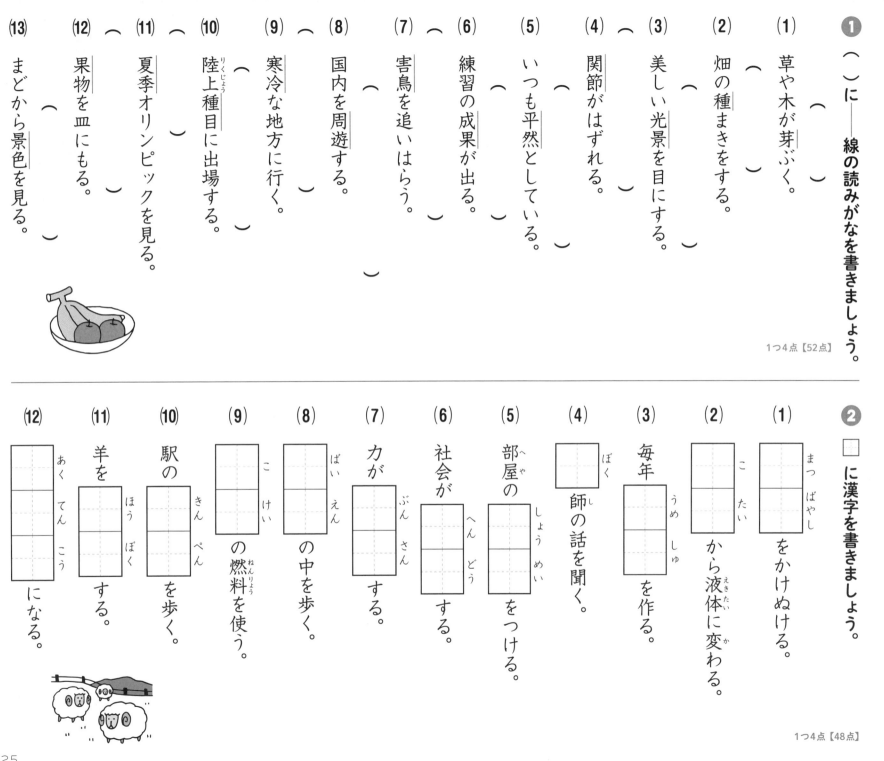

63

まとめのテスト⑯

学習した日　月　日

名前

目標《もくひょう》時間 20分

得《とく》点　／100点

解説↓ 185ページ

2463

らくらくマルつけ

1 （　）に——線の読みがなを書きましょう。

1つ4点【52点】

(1) 梅ぼしを食べる。（　）
(2) 変わり者と言われる。（　）
(3) 日照りの日が続《つづ》く。（　）
(4) 校庭に散水する。（　）
(5) 大草原で遊牧する。（　）
(6) 身辺がさわがしい。（　）
(7) 時候のあいさつをする。（　）
(8) 強固なつながりがある。（　）
(9) 対照的な考え方をする。（　）
(10) 熱《ねつ》を発散させる。（　）
(11) 様子が一変する。（　）
(12) 岸辺に波がよせる。（　）
(13) 青松が海風にゆれる。（　）

2 □に漢字を書きましょう。

(1) □《れい》ぼうをつける。
(2) □□《うき》が始まる。
(3) バラの□□《しんめ》がのびる。
(4) □□《とうぜん》の結果《けっか》になる。
(5) □□《せつぶん》の豆をまく。
(6) □□《せいか》市場で働《はたら》く。
(7) □□《こうがい》防止《ぼうし》に取り組む。
(8) 地球を□□《しゅうかい》する。
(9) □□《けいひん》をもらう。
(10) 虫が□□《しゅし》を運ぶ。
(11) □□《とうき》大会を開く。
(12) □□《いど》の水をくむ。

1つ4点【48点】

もう1回チャレンジ!!

63 まとめのテスト⑯

学習した日　月　日

名前

目標《もくひょう》時間 20分

得《とく》点　／100点

解説↓ 185ページ

らくらくマルつけ

2463

1 （　）に——線の読みがなを書きましょう。

(1) 梅ぼしを食べる。（　）

(2) 変わり者と言われる。（　）

(3) 日照りの日が続《つづ》く。（　）

(4) 校庭に散水する。（　）

(5) 大草原で遊牧する。（　）

(6) 身辺がさわがしい。（　）

(7) 時候のあいさつをする。（　）

(8) 強固なつながりがある。（　）

(9) 対照的な考え方をする。（　）

(10) 熱《ねつ》を発散させる。（　）（　）

(11) 様子が一変する。（　）（　）

(12) 岸辺に波がよせる。（　）

(13) 青松が海風にゆれる。（　）

1つ4点【52点】

2 □に漢字を書きましょう。

(1) □《れい》ぼうをつける。

(2) □□《うき》が始まる。

(3) バラの□□《しんめ》がのびる。

(4) □□《とうぜん》の結果《けっか》になる。

(5) □□《せつぶん》の豆をまく。

(6) □□《せいか》市場で働《はたら》く。

(7) □□《こうがい》防止《ぼうし》に取り組む。

(8) 地球を□□《しゅうかい》する。

(9) □□《けいひん》をもらう。

(10) 虫が□□《しゅし》を運ぶ。

(11) □□《とうき》大会を開く。

(12) □□《いど》の水をくむ。

1つ4点【48点】

64 パズル・実せん ⑧

学習した日　月　日

名前

目標《もくひょう》時間 20分

得《とく》点　／100点

解説↓185ページ

らくらくマルつけ

2464

❶ 矢印《やじるし》の向きに読むと熟語《じゅくご》になるように、次の□に入る漢字を書きましょう。　1つ9点【18点】

(1)

定↑　有→　形↓　体←（中央に□）

(2)

公↓　虫→　有↑　鳥←（中央に□）

❷ 次の――線のカタカナを、漢字で書き分けましょう。　1つ9点【18点】

(1) 湯がサメる。（　　）

(2) 目がサメる。（　　）

❸ 次のうち、――線の読み方がほかとちがうものを選《えら》び、記号を書きましょう。　1つ7点【14点】

(1) ア 節目　イ 調節　ウ 節約　エ 関節　（　　）

(2) ア 品種　イ 種目　ウ 菜種　エ 種類　（　　）

---

❹ 次は、ある旅行会社が作成《さくせい》したちらしです。

選べる！　楽しい旅！

A ①海辺散歩《さんぽ》コース

◎ ②四季で③変わる自然《しぜん》を楽しむことができます。

◎ 美しい④フウケイが見られます。

B 農業体験《たいけん》ツアー

◎ ⑤クダモノのしゅうかくを体験できます。

C ⑥ボクジョウ見学ツアー

◎ 羊とふれ合うことができます。

(1) ――線①～③の漢字の読みをひらがなで書きましょう。また、――線④～⑥のカタカナを漢字に直して書きましょう。　1つ7点【42点】

①（　　）　②（　　）

③（　　）　④（　　）

⑤（　　）　⑥（　　）

(2) ＝線「自然」と反対の意味の言葉を漢字で書きましょう。　【8点】

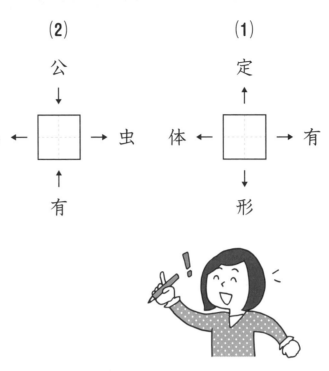

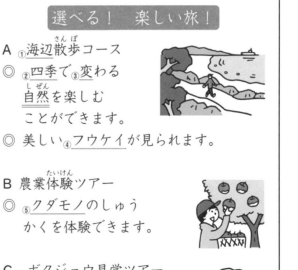

64 パズル・実せん ⑧

学習した日　月　日

名前

目標《もくひょう》時間 20分

得《とく》点　／100点

解説↓185ページ

らくらくマルつけ

2464

❶ 矢印《やじるし》の向きに読むと熟語《じゅくご》になるように、次の□に入る漢字を書きましょう。 1つ9点【18点】

(1)
定 ↑ □
体 ← □ → 有
□ ↓ 形

(2)
公 ↓ □
鳥 ← □ → 虫
□ ↑ 有

❷ 次の——線のカタカナを、漢字で書き分けましょう。 1つ9点【18点】

(1) 湯がサめる。（　　）

(2) 目がサめる。（　　）

❸ 次のうち、——線の読み方がほかとちがうものを選《えら》び、記号を書きましょう。 1つ7点【14点】

(1) ア 節目　イ 調節　ウ 節約　エ 関節　（　　）

(2) ア 品種　イ 種目　ウ 菜種　エ 種類　（　　）

❹ 次は、ある旅行会社が作成《さくせい》したちらしです。

選べる！　楽しい旅！

A ①海辺散歩《さんぽ》コース
◎ ②四季で③変わる自然《しぜん》を楽しむことができます。
◎ 美しい④フウケイが見られます。

B 農業体験《たいけん》ツアー
◎ ⑤クダモノのしゅうかくを体験できます。

C ⑥ボクジョウ見学ツアー
◎ 羊とふれ合うことができます。

(1) ——線①〜③の漢字の読みをひらがなで書きましょう。また、——線④〜⑥のカタカナを漢字に直して書きましょう。 1つ7点【42点】

①（　　）　②（　　）

③（　　）　④（　　）

⑤（　　）　⑥（　　）

(2) ═線「自然」と反対の意味の言葉を漢字で書きましょう。【8点】

65 選挙《せんきょ》の様子①

学習した日　月　日

名前

目標《もくひょう》時間 20分

得点《とく》　／100点

解説↓185ページ　らくらくマルつけ　2465

選（15画）

「巳」としない

読み方：音 セン　くん えらぶ

使い方：選手《せんしゅ》　選出《せんしゅつ》　当選《とうせん》　選考《せんこう》　選定《せんてい》　選《えら》び方《かた》

練習

挙（10画）

はねる

読み方：音 キョ　くん あげる　あがる

使い方：選挙《せんきょ》　挙手《きょしゅ》　挙式《きょしき》　大挙《たいきょ》　一挙《いっきょ》　列挙《れっきょ》　挙《あ》げ句《く》

練習

氏（4画）

大きくはねる

読み方：音 シ　くん （うじ）

使い方：氏名《しめい》　氏族《しぞく》　平氏《へいし》　各氏《かくし》　両氏《りょうし》　かれ氏《し》

練習

票（11画）

「西」としない

読み方：音 ヒョウ　くん —

使い方：投票《とうひょう》　開票《かいひょう》　票数《ひょうすう》　伝票《でんぴょう》　票集《ひょうあつ》め　得票数《とくひょうすう》

練習

1 □に漢字を書きましょう。

1つ9点【90点】

(1) □□《せんきょ》が行われる。

(2) 用紙に□□《しめい》を記入する。

(3) 知り合いに□□《とうひょう》する。

(4) 代表者を□《えら》ぶ。

(5) □□《ひょうすう》に大きな差《さ》がある。

(6) □□《とうせん》した人を発表する。

(7) □□《きょしゅ》して発言する。

(8) 山田《やまだ》□《し》をすいせんする。

(9) 言葉□《えら》びに注意する。

(10) 例《れい》を□《あ》げて説明《せつめい》する。

スパイラルコーナー □に漢字を書きましょう。

1つ5点【10点】

(1) とつ□《ぜん》雨がふり出す。

(2) カエルが王子に□□《へんしん》する。

65 選挙《せんきょ》の様子①

学習した日　月　日

名前

目標《もくひょう》時間 20分

得点《とく》 ／100点

解説↓185ページ

2465

らくらくマルつけ

選（15画）

「巳」としない

読み方　音 セン　くん えらぶ

使い方：選手《せんしゅ》　選出《せんしゅつ》　当選《とうせん》　選考《せんこう》　選定《せんてい》　選《えら》び方《かた》

練習

挙（10画）

はねる

読み方　音 キョ　くん あげる　あがる

使い方：選挙《せんきょ》　挙手《きょしゅ》　挙式《きょしき》　大挙《たいきょ》　一挙《いっきょ》　列挙《れっきょ》　挙《あ》げ句《く》

練習

氏（4画）

大きくはねる

読み方　音 シ　くん (うじ)

使い方：氏名《しめい》　氏族《しぞく》　平氏《へいし》　各氏《かくし》　両氏《りょうし》　かれ氏《し》

練習

票（11画）

「西」としない

読み方　音 ヒョウ　くん ―

使い方：投票《とうひょう》　開票《かいひょう》　票数《ひょうすう》　伝票《でんぴょう》　票集《ひょうあつ》め　得票数《とくひょうすう》

練習

---

❶ □に漢字を書きましょう。　1つ9点【90点】

(1) □□《せんきょ》が行われる。

(2) 用紙に□□《しめい》を記入する。

(3) 知り合いに□□《とうひょう》する。

(4) 代表者を□《えら》ぶ。

(5) □□《ひょうすう》に大きな差《さ》がある。

(6) □□《とうせん》した人を発表する。

(7) □□《きょしゅ》して発言する。

(8) 山田《やまだ》□《し》をすいせんする。

(9) 言葉□《えら》びに注意する。

(10) 例《れい》を□《あ》げて説明《せつめい》する。

スパイラルコーナー

□に漢字を書きましょう。　1つ5点【10点】

(1) とつ□《ぜん》雨がふり出す。

(2) カエルが王子に□□《へんしん》する。

66

選挙《せんきょ》の様子②

学習した日　月　日

名前

目標時間《もくひょうじかん》 20分

得点《とく》

／100点

解説↓ 186ページ

2466

らくらくマルつけ

臣

7画

まっすぐに

読み方　音 シン ジン　くん ―

使い方：家臣《かしん》　重臣《じゅうしん》　忠臣《ちゅうしん》　大臣《だいじん》　臣下《しんか》　臣民《しんみん》

練習

府

8画

はらう

読み方　音 フ　くん ―

使い方：政府《せいふ》　府立《ふりつ》　大阪府《おおさかふ》　京都府《きょうとふ》　都道府県《とどうふけん》

練習

議

20画

はねる

読み方　音 ギ　くん ―

使い方：会議《かいぎ》　議会《ぎかい》　議員《ぎいん》　議長《ぎちょう》　議題《ぎだい》　不思議《ふしぎ》

練習

民

5画

大きくはねる

読み方　音 ミン　くん （たみ）

使い方：市民《しみん》　国民《こくみん》　民族《みんぞく》　民家《みんか》　民話《みんわ》　民主的《みんしゅてき》

練習

1 □に漢字を書きましょう。

(1) □□《だいじん》と面会する。

(2) 政《せい》□《ふ》からの発表を聞く。

(3) 国会□□《ぎいん》をめざす。

(4) □□《しみん》で話し合いをする。

(5) □□《かしん》として王に仕える。

(6) □□《ふりつ》図書館に行く。

(7) □□《かいぎ》で目標《もくひょう》を決める。

(8) □□《こくみん》のための政治《せいじ》。

(9) □□《ぎちょう》があいさつをする。

(10) 少数□□《みんぞく》について知る。

1つ9点【90点】

スパイラルコーナー

□に漢字を書きましょう。

(1) かべに□□《こてい》する。

(2) 計画をぼう□《がい》する。

1つ5点【10点】

もう1回チャレンジ!!

66

選挙《せんきょ》の様子②

学習した日　月　日

名前

目標《もくひょう》時間 20分

得《とく》点　／100点

らくらくマルつけ

解説↓186ページ

2466

臣（7画）

まっすぐに

読み方　音 シン ジン　くん

使い方：家臣《かしん》　大臣《だいじん》　重臣《じゅうしん》　臣下《しんか》　忠臣《ちゅうしん》　臣民《しんみん》

練習

府（8画）

はらう

読み方　音 フ　くん

使い方：政府《せいふ》　京都府《きょうとふ》　府立《ふりつ》　都道府県《とどうふけん》　大阪府《おおさかふ》

練習

議（20画）

はねる

読み方　音 ギ　くん

使い方：会議《かいぎ》　議長《ぎちょう》　議会《ぎかい》　議題《ぎだい》　議員《ぎいん》　不思議《ふしぎ》

練習

民（5画）

大きくはねる

読み方　音 ミン　くん （たみ）

使い方：市民《しみん》　民家《みんか》　国民《こくみん》　民話《みんわ》　民族《みんぞく》　民主的《みんしゅてき》

練習

---

❶ □に漢字を書きましょう。

(1) □□《だいじん》と面会する。

(2) 政《せい》□《ふ》からの発表を聞く。

(3) 国会□□《ぎいん》をめざす。

(4) □□《しみん》で話し合いをする。

(5) □□《かしん》として王に仕える。

(6) □□《ふりつ》図書館に行く。

(7) □□《かいぎ》で目標《もくひょう》を決める。

(8) □□《こくみん》のための政治《せいじ》。

(9) □□《ぎちょう》があいさつをする。

(10) 少数□□《みんぞく》について知る。

1つ9点【90点】

スパイラルコーナー

□に漢字を書きましょう。

(1) かべに□□《こてい》する。

(2) 計画をぼう□《がい》する。

1つ5点【10点】

67

漁業《ぎょぎょう》にたずさわる人々

学習した日　月　日

名前

目標時間《もくひょうじかん》 20分

得点《とく》

/100点

解説↓ 186ページ

2467

らくらくマルつけ

漁 14画

点の向きに注意

読み方：音 ギョ リョウ　くん —

使い方：漁業《ぎょぎょう》　漁港《ぎょこう》　漁船《ぎょせん》　大漁《たいりょう》　出漁《しゅつりょう》　漁師《りょうし》

練習：漁

灯 6画

つける

読み方：音 トウ　くん (ひ)

使い方：灯台《とうだい》　電灯《でんとう》　外灯《がいとう》　点灯《てんとう》　消灯《しょうとう》　灯油《とうゆ》

練習：灯

沖 7画

上につき出す

読み方：音 (チュウ)　くん おき

使い方：沖縄県《おきなわけん》　沖合《おきあ》い

練習：沖

底 8画

大きくはねる

読み方：音 テイ　くん そこ

使い方：海底《かいてい》　地底《ちてい》　底辺《ていへん》　川底《かわぞこ》　船底《ふなぞこ》　底力《そこぢから》

練習：底

1 □に漢字を書きましょう。

(1) □□《ぎょせん》が港を出る。

(2) □□《とうだい》の明かりが見える。

(3) ボートで□《おき》に出る。

(4) □□《かいてい》にもぐる。

(5) □《りょう》師《し》として海で働《はたら》く。

(6) □□《ふなぞこ》にあなが開く。

(7) みんなで□□《たいりょう》を祝《いわ》う。

(8) □□《おきあ》いに鳥が見える。

(9) 暗いので□□《でんとう》をつける。

(10) □□《そこぢから》を見せつける。

1つ9点【90点】

スパイラルコーナー

□に漢字を書きましょう。

(1) □□《けっか》をすぐに言う。

(2) 植物の□□《ひんしゅ》を調べる。

1つ5点【10点】

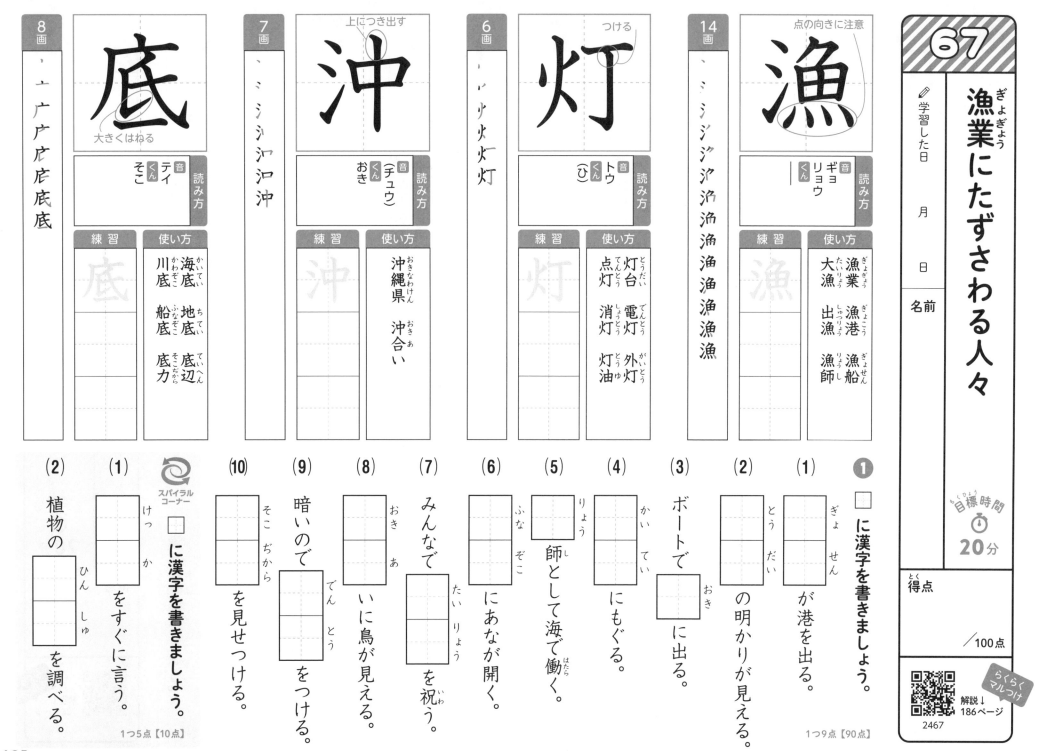

もう1回チャレンジ!!

67 漁業《ぎょぎょう》にたずさわる人々

学習した日　月　日

名前

目標《もくひょう》時間 20分

得点《とく》

/100点

らくらくマルつけ

解説↓ 186ページ

2467

漁（14画）

点の向きに注意

読み方：音 ギョ リョウ　くん ―

使い方：漁業《ぎょぎょう》 漁港《ぎょこう》 漁船《ぎょせん》 大漁《たいりょう》 出漁《しゅつりょう》 漁師《りょうし》

練習

灯（6画）

つける

読み方：音 トウ　くん （ひ）

使い方：灯台《とうだい》 電灯《でんとう》 外灯《がいとう》 点灯《てんとう》 消灯《しょうとう》 灯油《とうゆ》

練習

沖（7画）

上につき出す

読み方：音 （チュウ）　くん おき

使い方：沖縄県《おきなわけん》 沖合《おきあ》い

練習

底（8画）

大きくはねる

読み方：音 テイ　くん そこ

使い方：海底《かいてい》 地底《ちてい》 底辺《ていへん》 川底《かわぞこ》 船底《ふなぞこ》 底力《そこぢから》

練習

❶ □に漢字を書きましょう。

(1) □□《ぎょせん》が港を出る。

(2) □□《とうだい》の明かりが見える。

(3) ボートで□《おき》に出る。

(4) □□《かいてい》にもぐる。

(5) □《りょう》師《し》として海で働《はたら》く。

(6) □□《ふなぞこ》にあなが開く。

(7) みんなで□□《たいりょう》を祝《いわ》う。

(8) □□《おきあ》いに鳥が見える。

(9) 暗いので□□《でんとう》をつける。

(10) □□《そこぢから》を見せつける。

1つ9点【90点】

スパイラルコーナー □に漢字を書きましょう。

(1) □□《けっか》をすぐに言う。

(2) 植物の□□《ひんしゅ》を調べる。

1つ5点【10点】

68 工業がさかんな街《まち》

学習した日　月　日

名前

目標《もくひょう》時間 20分

得点《とく》

／100点

らくらくマルつけ

解説↓ 186ページ

2468

印（6画）

つき出さない

読み方　音 イン　くん しるし

使い方：消印《けしいん》　印象《いんしょう》　印画紙《いんがし》　印《いん》かん　矢印《やじるし》　目印《めじるし》

練習　印

刷（8画）

つき出す

読み方　音 サツ　くん する

使い方：印刷《いんさつ》　増刷《ぞうさつ》　縮刷《しゅくさつ》　刷新《さっしん》　色刷《いろず》り　試《ため》し刷《ず》り

練習　刷

機（16画）

点をわすれない

読み方　音 キ　くん （はた）

使い方：機器《きき》　機長《きちょう》　動機《どうき》　危機《きき》　旅客機《りょかっき》《りょかくき》　機関車《きかんしゃ》

練習　機

械（11画）

はらう　とめる

読み方　音 カイ　くん ー

使い方：機械《きかい》　器械《きかい》　機械化《きかいか》　機械油《きかいあぶら》

練習　械

1 □に漢字を書きましょう。

1つ9点【90点】

(1) 本を□□（いんさつ）する。

(2) 工場の□□（きかい）を動かす。

(3) 持ち物に□（しるし）をつける。

(4) 新聞を大量《たいりょう》に□（す）る。

(5) 書類《しょるい》に□（いん）かんをおす。

(6) 試《ため》し□（ず）りをよく見る。

(7) □□□（きかんしゃ）を組み立てる。

(8) やり方を□□（さっしん）する。

(9) □□（やじるし）にそって見学する。

(10) □□（きかい）体そうを行う。

スパイラルコーナー

□に漢字を書きましょう。

1つ5点【10点】

(1) お金を□□（せつやく）する。

(2) 人気グループが解《かい》□（さん）する。

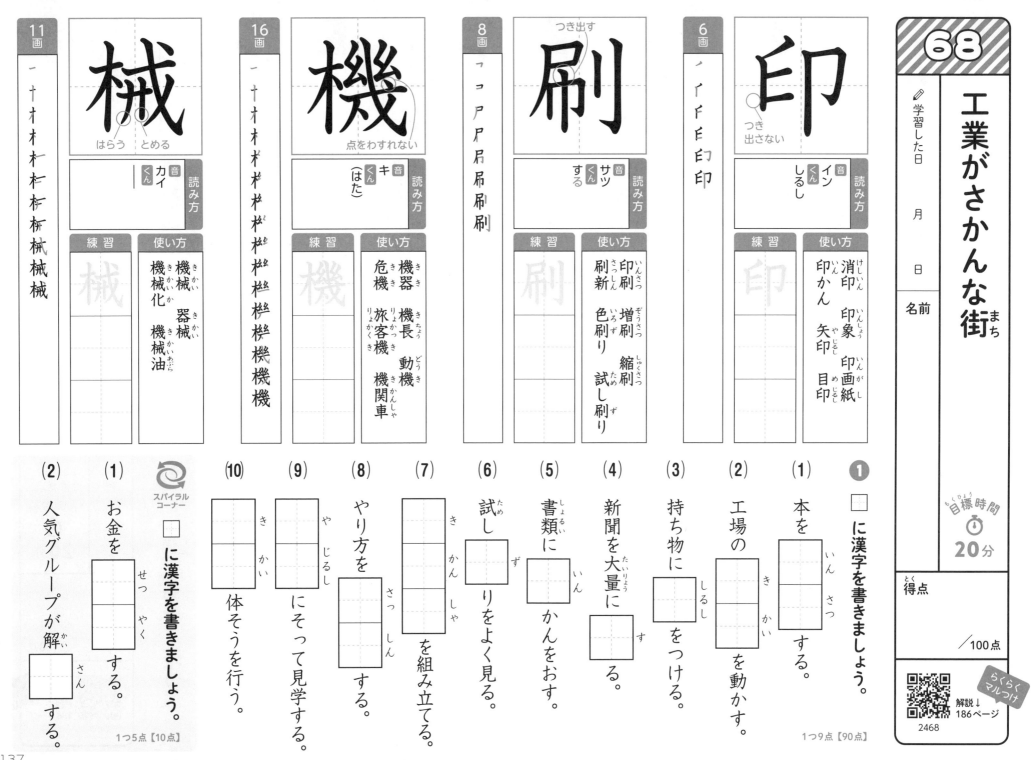

＼もう1回チャレンジ!!／

68

工業がさかんな街《まち》

学習した日　月　日

名前

目標《もくひょう》時間 20分

得《とく》点

／100点

解説↓186ページ

らくらくマルつけ

2468

印（6画）

つき出さない

読み方
音 イン
くん しるし

使い方
消印《けしいん》　印象《いんしょう》　印画紙《いんがし》
印《いん》かん　矢印《やじるし》　目印《めじるし》

練習

刷（8画）

つき出す

読み方
音 サツ
くん する

使い方
印刷《いんさつ》　増刷《ぞうさつ》　縮刷《しゅくさつ》
刷新《さっしん》　色刷《いろず》り　試《ため》し刷《ず》り

練習

機（16画）

点をわすれない

読み方
音 キ
くん （はた）

使い方
機器《きき》　機長《きちょう》　動機《どうき》
危機《きき》　旅客機《りょかくき》　機関車《きかんしゃ》

練習

械（11画）

はらう　とめる

読み方
音 カイ
くん ―

使い方
機械《きかい》　器械《きかい》
機械化《きかいか》　機械油《きかいあぶら》

練習

1 □に漢字を書きましょう。　1つ9点【90点】

(1) 本を□□《いんさつ》する。
(2) 工場の□□《きかい》を動かす。
(3) 持ち物に□《しるし》をつける。
(4) 新聞を大量《たいりょう》に□《す》る。
(5) 書類《しょるい》に□《いん》かんをおす。
(6) 試《ため》し□《ず》りをよく見る。
(7) □□□《きかんしゃ》を組み立てる。
(8) やり方を□□《さっしん》する。
(9) □□《やじるし》にそって見学する。
(10) □□《きかい》体そうを行う。

スパイラルコーナー

□に漢字を書きましょう。　1つ5点【10点】

(1) お金を□□《せつやく》する。
(2) 人気グループが解《かい》□《さん》する。

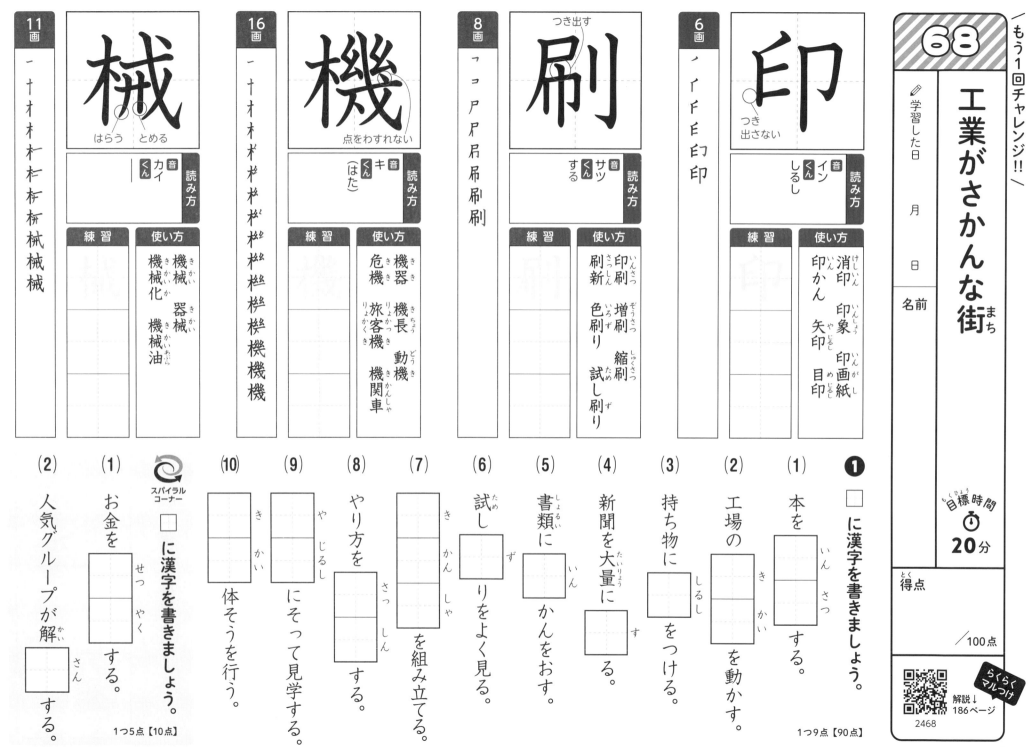

69

農業を体験《たいけん》する

学習した日　月　日

名前

目標《もくひょう》時間 20分

得点《とく》

／100点

らくらくマルつけ

解説↓ 186ページ

2469

働（13画）

「力」の位置《いち》に注意

読み方
音 ドウ
くん はたらく

使い方
労働《ろうどう》　実働《じつどう》　協働《きょうどう》
働《はたら》き手《て》　働《はたら》き者《もの》

練習

便（9画）

つき出さない

読み方
音 ベン　ビン
くん たより

使い方
郵便《ゆうびん》　定期便《ていきびん》　航空便《こうくうびん》
便《びん》せん　不便《ふべん》　便所《べんじょ》

練習

利（7画）

とめる

読み方
音 リ
くん (きく)

使い方
便利《べんり》　利口《りこう》　利点《りてん》
勝利《しょうり》　有利《ゆうり》　利益《りえき》

練習

産（11画）

やや長く

読み方
音 サン
くん うむ　うまれる　(うぶ)

使い方
出産《しゅっさん》　名産《めいさん》　国産《こくさん》
産業《さんぎょう》　破産《はさん》　農産物《のうさんぶつ》

練習

1 □に漢字を書きましょう。　1つ9点【90点】

(1) 農家として□《はたら》く。

(2) □□《べんり》な道具ができる。

(3) □□□□《のうさんぶつ》を出荷《しゅっか》する。

(4) 一日の□□《ろうどう》を終える。

(5) にわとりがたまごを□《う》む。

(6) □《はたら》き手が不足《ふそく》している。

(7) 農家の□□《りてん》を説明《せつめい》する。

(8) 農村からの□《たよ》りを読む。

(9) 子犬が□《う》まれる。

(10) □□□《ていきびん》がとどく。

スパイラルコーナー

□に漢字を書きましょう。　1つ5点【10点】

(1) □《ひ》やあせをかく。

(2) 車で町内を□□《いっしゅう》する。

もう1回チャレンジ!!

69 農業を体《たい》験《けん》する

学習した日　月　日

名前

目《もく》標《ひょう》時間 20分

得《とく》点

/100点

解説↓186ページ

らくらくマルつけ

2469

働（13画）

「力」の位《い》置《ち》に注意

ノ イ 亻 亻 亻 亻 佰 佰 俥 俥 俥 働 働

読み方　音 ドウ　くん はたらく

使い方：労働《ろうどう》　実働《じつどう》　協働《きょうどう》　働《はたら》き手《て》　働《はたら》き者《もの》

練習

便（9画）

つき出さない

ノ イ 亻 亻 佰 佰 佰 便 便

読み方　音 ベン ビン　くん たより

使い方：郵便《ゆうびん》　定期便《ていきびん》　航空便《こうくうびん》　便《びん》せん　不便《ふべん》　便所《べんじょ》

練習

利（7画）

とめる

ノ 二 千 禾 禾 利 利

読み方　音 リ　くん (きく)

使い方：便利《べんり》　利口《りこう》　利点《りてん》　勝利《しょうり》　有利《ゆうり》　利益《りえき》

練習

産（11画）

やや長く

、 亠 亠 立 立 产 产 产 产 産 産

読み方　音 サン　くん うむ うまれる (うぶ)

使い方：出産《しゅっさん》　名産《めいさん》　国産《こくさん》　産業《さんぎょう》　破産《はさん》　農産物《のうさんぶつ》

練習

1 □に漢字を書きましょう。

1つ9点【90点】

(1) 農家として□《はたら》く。

(2) □□《べんり》な道具ができる。

(3) □□□《のうさんぶつ》を出荷《しゅっか》する。

(4) 一日の□□《ろうどう》を終える。

(5) にわとりがたまごを□《う》む。

(6) □《はたら》き手が不足《ふそく》している。

(7) 農家の□□《りてん》を説明《せつめい》する。

(8) 農村からの□《たよ》りを読む。

(9) 子犬が□《う》まれる。

(10) □□□《ていきびん》がとどく。

スパイラルコーナー　□に漢字を書きましょう。

1つ5点【10点】

(1) □《ひ》やあせをかく。

(2) 車で町内を□□《いっしゅう》する。

70

まとめのテスト17

学習した日　月　日

名前

目標《もくひょう》時間　20分

得《とく》点　／100点

らくらくマルつけ

解説↓187ページ

2470

1 （　）に――線の読みがなを書きましょう。

1つ4点【52点】

(1) 選び方を決める。（　）
(2) 票集めでいそがしい。（　）
(3) 氏族のれきしを知る。（　）
(4) 民主的に話し合う。（　）
(5) 切手に消印をおす。（　）（　）
(6) 実働日数を計算する。（　）
(7) 京都府に行く。（　）
(8) 代表者を選考する。（　）
(9) 臣民のためにつくす。（　）
(10) 伝票に数字を書く。（　）
(11) 不便な場所に行く。（　）
(12) 平氏の物語を読む。（　）
(13) 印画紙を使用する。（　）

2 □に漢字を書きましょう。

1つ4点【48点】

(1) 馬が□《しゅっさん》する。
(2) □《ゆうり》に計画を進める。
(3) □《とうゆ》をこぼす。
(4) □《きちょう》があいさつする。
(5) □《かわぞこ》の魚をさがす。
(6) □《ぎょぎょう》がさかんだ。
(7) 縮《しゅく》□《さつ》の新聞を読む。
(8) 学級会の□《ぎだい》を決める。
(9) 電球が□《てんとう》する。
(10) 教会で□《きょしき》する。
(11) □《さんぎょう》が栄《さか》える。
(12) 工場の□《きかいか》が進む。

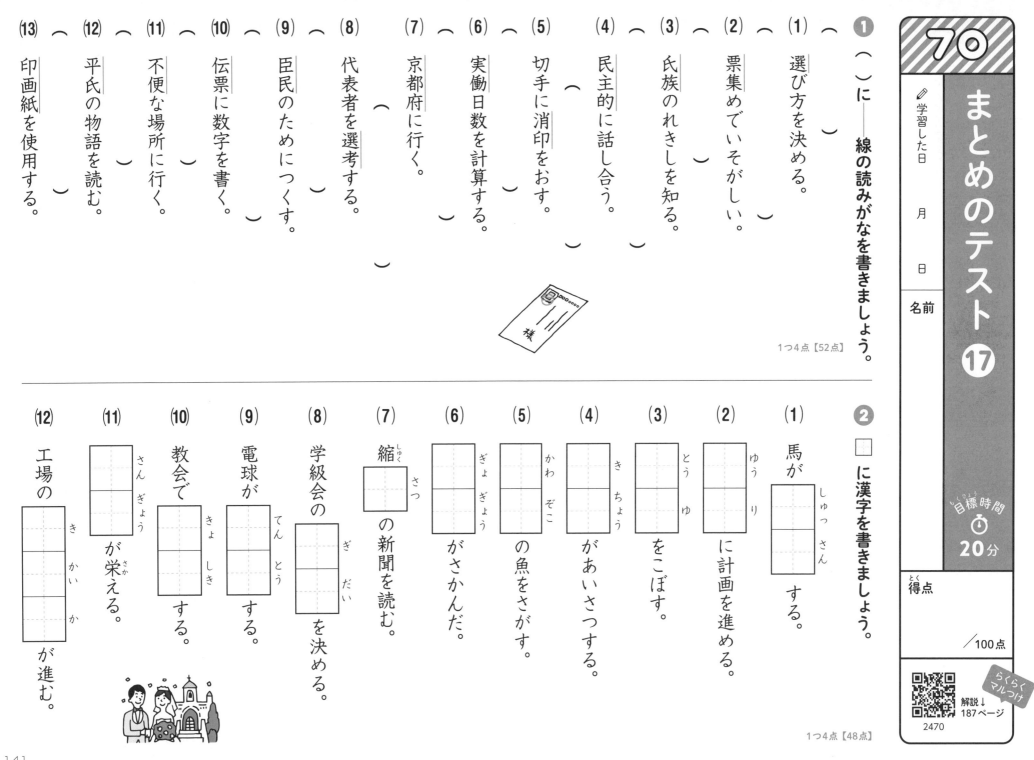

もう1回チャレンジ!!

70 まとめのテスト ⑰

学習した日　　月　　日

名前

目標《もくひょう》時間 20分

得《とく》点　　／100点

解説↓ 187ページ

らくらくマルつけ

2470

1 （　）に――線の読みがなを書きましょう。

1つ4点【52点】

(1) 選び方を決める。（　　）

(2) 票集めでいそがしい。（　　）

(3) 氏族のれきしを知る。（　　）

(4) 民主的に話し合う。（　　）

(5) 切手に消印をおす。（　　）

(6) 実働日数を計算する。（　　）

(7) 京都府に行く。（　　）

(8) 代表者を選考する。（　　）

(9) 臣民のためにつくす。（　　）

(10) 伝票に数字を書く。（　　）

(11) 不便な場所に行く。（　　）

(12) 平氏の物語を読む。（　　）

(13) 印画紙を使用する。（　　）

2 □に漢字を書きましょう。

1つ4点【48点】

(1) 馬が□□《しゅっさん》する。

(2) □□《ゆうり》に計画を進める。

(3) □□《とうゆ》をこぼす。

(4) □□《きちょう》があいさつする。

(5) □□《かわぞこ》の魚をさがす。

(6) □□《ぎょぎょう》がさかんだ。

(7) 縮《しゅく》□《さつ》の新聞を読む。

(8) 学級会の□□《ぎだい》を決める。

(9) 電球が□□《てんとう》する。

(10) 教会で□□《きょしき》する。

(11) □□《さんぎょう》が栄《さか》える。

(12) 工場の□□□《きかいか》が進む。

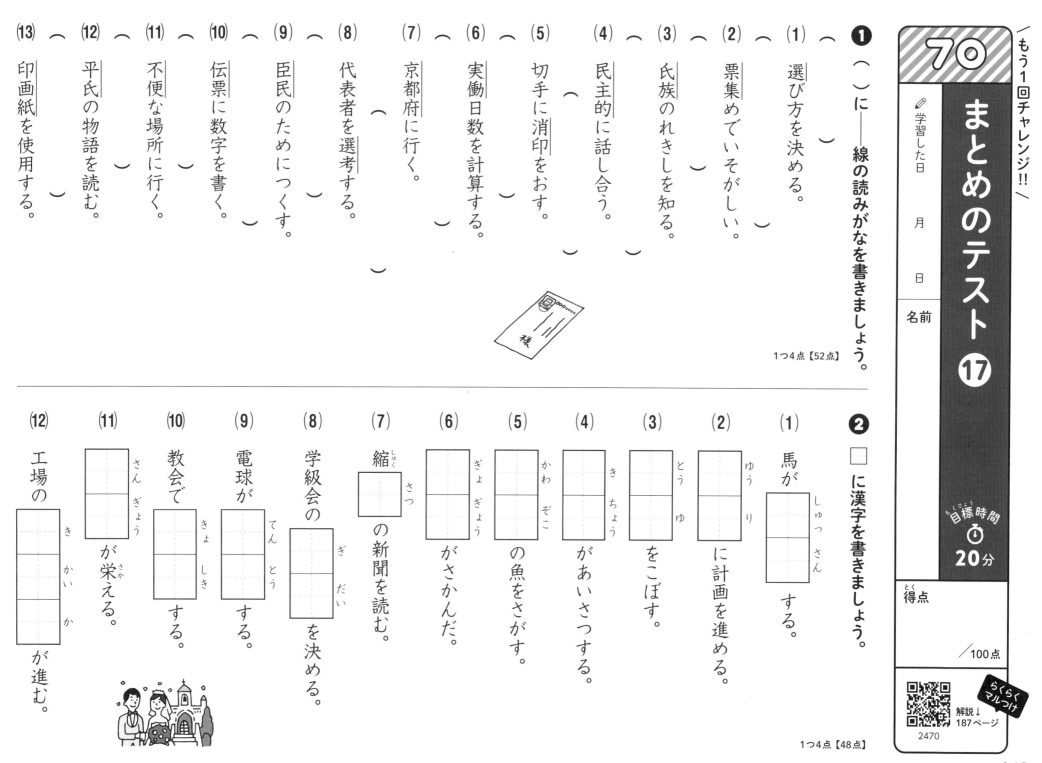

71

まとめのテスト 18

学習した日　月　日

名前

目標《もくひょう》時間 20分

得《とく》点

／100点

らくらくマルつけ

解説↓ 187ページ

2471

1 （　）に――線の読みがなを書きましょう。 1つ4点【52点】

(1) 色刷りをたしかめる。（　　）

(2) 一挙に工事を進める。（　　）

(3) 機器がこわれる。（　　）

(4) 消灯の時間になる。（　　）

(5) 土地の名産を調べる。（　　）

(6) 雨の日も出漁する。（　　）

(7) 底辺の長さを求《もと》める。（　　）

(8) 議会が開かれる。（　　）

(9) 利口な犬がいる。（　　）

(10) 外灯の電球をかえる。（　　）

(11) 参加《さんか》した動機を聞く。（　　）

(12) 本を千部増《ぞう》刷する。（　　）

(13) 大挙しておしかける。（　　）

2 □に漢字を書きましょう。 1つ4点【48点】

(1) □《びん》せんに文字を書く。

(2) 人一倍□《はたら》き者である。

(3) 明るい□《いん》象《しょう》がする。

(4) □□《かいひょう》の結果《けっか》を知る。

(5) 代表者を□□《せんしゅつ》する。

(6) 王の□□《じゅうしん》たちが話し合う。

(7) □□《みんか》が建《た》ちならぶ。

(8) 本を□□《せんてい》する。

(9) □□《かくし》の発言を聞く。

(10) 船に乗って□《おき》に出る。

(11) □□《しんか》に命令《めいれい》する。

(12) □□□□《とどうふけん》を覚《おぼ》える。

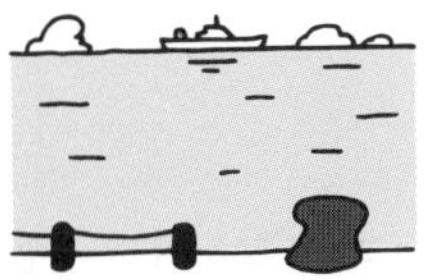

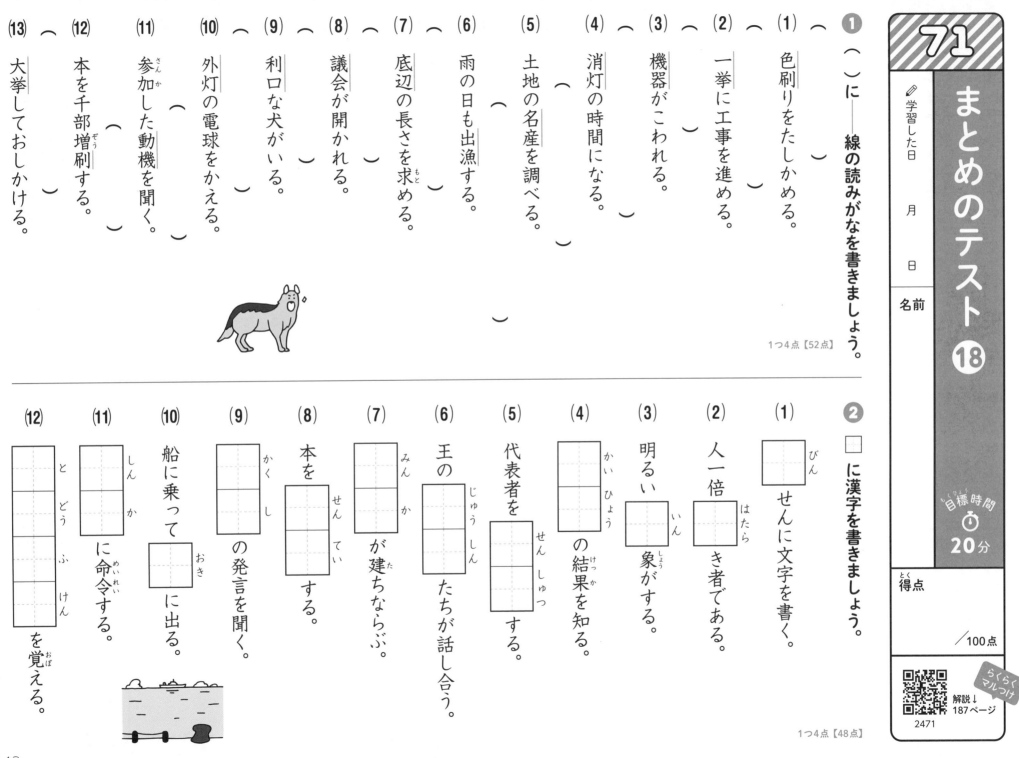

もう1回チャレンジ!!

71

まとめのテスト⑱

学習した日　月　日

名前

目標《もくひょう》時間 20分

得《とく》点

/100点

らくらくマルつけ

解説↓187ページ

2471

❶ (　)に――線の読みがなを書きましょう。

1つ4点【52点】

(1) 色刷りをたしかめる。(　)
(2) 一挙に工事を進める。(　)
(3) 機器がこわれる。(　)
(4) 消灯の時間になる。(　)
(5) 土地の名産を調べる。(　)
(6) 雨の日も出漁する。(　)
(7) 底辺の長さを求《もと》める。(　)
(8) 議会が開かれる。(　)
(9) 利口な犬がいる。(　)
(10) 外灯の電球をかえる。(　)
(11) 参《さん》加《か》した動機を聞く。(　)
(12) 本を千部増《ぞう》刷する。(　)
(13) 大挙しておしかける。(　)

❷ □に漢字を書きましょう。

1つ4点【48点】

(1) □《びん》せんに文字を書く。
(2) 人一倍□《はたら》き者である。
(3) 明るい□《いん》象《しょう》がする。
(4) □□《かいひょう》の結果《けっか》を知る。
(5) 代表者を□□《せんしゅつ》する。
(6) 王の□□《じゅうしん》たちが話し合う。
(7) □□《みんか》が建《た》ちならぶ。
(8) 本を□□《せんてい》する。
(9) □□《かくし》の発言を聞く。
(10) 船に乗って□《おき》に出る。
(11) □□《しんか》に命令《めいれい》する。
(12) □□□□《とどうふけん》を覚《おぼ》える。

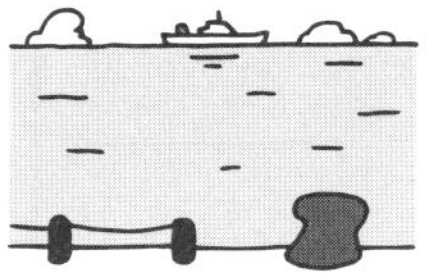

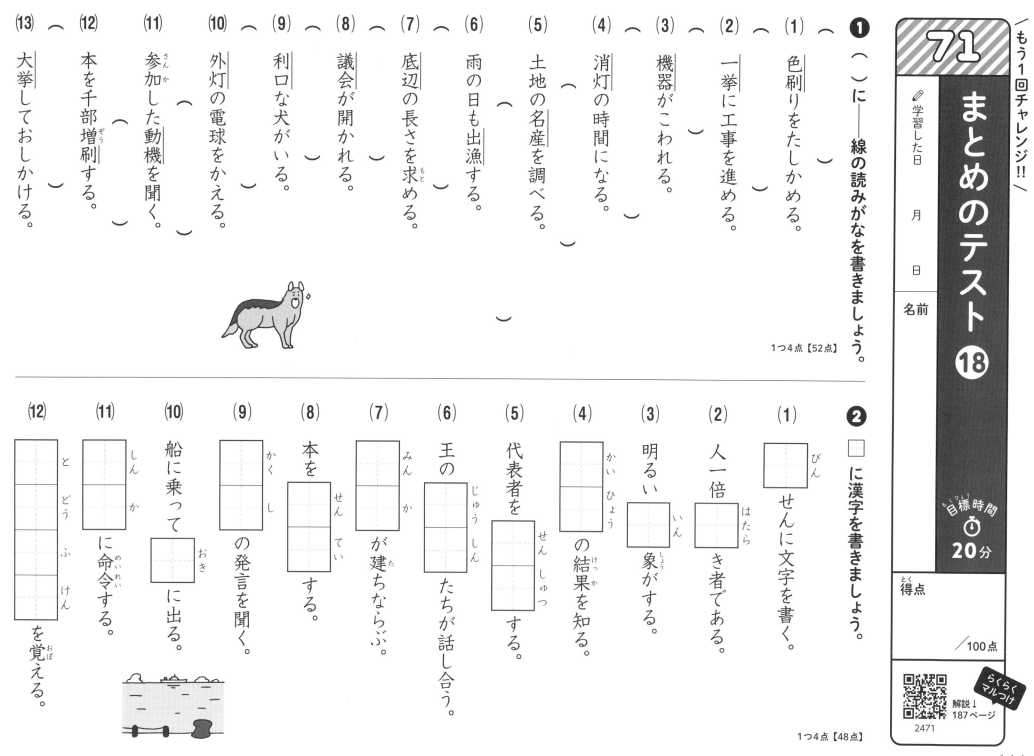

72

パズル・実せん ⑨

目標《もくひょう》時間 20分

学習した日　月　日

名前

得《とく》点　／100点

らくらくマルつけ

解説↓ 187ページ

2472

1 次の漢字のカードを二まいずつ組み合わせて、熟語《じゅくご》を四つ作りましょう。（同じカードは一度しか使えません。） 1つ5点【20点】

印　台　便　灯
利　業　漁　刷

（　　）（　　）
（　　）（　　）

2 次の――線のカタカナを漢字で書き分けましょう。 1つ5点【20点】

(1) ① 投ヒョウの結果《けっか》。（　　）
② 学級の目ヒョウ。（　　）

(2) ① 海テイの様子。（　　）
② 気温のテイ下。（　　）

3 次の漢字の↓の部分は、何画目に書きますか。（　）に数字で答えましょう。 1つ5点【10点】

(1) 氏……（　　）画目

(2) 械……（　　）画目

4 次は、ある新聞記事の一部です。

> **衆《しゅう》議院議員総《そう》選挙　結果《けっか》**
>
> 衆議院①議員総②選挙の結果を受けて、総理③大臣は「④コクミンのために努力《どりょく》する」と約束《やくそく》した。また、「⑤シュッサン後も、安心してハタラクことができる社会、どの人にもちょうせんする⑥キカイがたくさんある社会をめざしたい」と語った。

(1) ――線①～③の漢字の読みをひらがなで書きましょう。また、――線④～⑥のカタカナを漢字に直して書きましょう。 1つ7点【42点】

①（　　）　②（　　）
③（　　）　④（　　）
⑤（　　）　⑥（　　）

(2) ＝線「ハタラク」を、漢字と送りがなで書きましょう。 【8点】

（　　）

／もう1回チャレンジ!!／

72 パズル・実せん 9

学習した日　月　日

名前

目標時間《もくひょうじかん》 20分

得点《とくてん》

／100点

らくらくマルつけ

解説↓187ページ

2472

❶ 次の漢字のカードを二まいずつ組み合わせて、熟語《じゅくご》を四つ作りましょう。（同じカードは一度しか使えません。） 1つ5点【20点】

印　台　便　灯

利　業　漁　刷

（　　　）（　　　）

（　　　）（　　　）

（　　　）（　　　）

（　　　）（　　　）

❷ 次の――線のカタカナを漢字で書き分けましょう。 1つ5点【20点】

(1)
① 投ヒョウの結果《けっか》。（　　　）
② 学級の目ヒョウ。（　　　）

(2)
① 海テイの様子。（　　　）
② 気温のテイ下。（　　　）

❸ 次の漢字の↓の部分は、何画目に書きますか。（　）に数字で答えましょう。 1つ5点【10点】

(1) 氏……（　　）画目

(2) 械……（　　）画目

❹ 次は、ある新聞記事の一部です。

衆《しゅう》議院議員総《そう》選挙　結果《けっか》

衆議院①議員総②選挙の結果を受けて、総理③大臣は「④コクミンのために努力《どりょく》する」と約束《やくそく》した。また、「⑤シュッサン後も、安心してハタラクことができる社会、どの人にもちょうせんする⑥キカイがたくさんある社会をめざしたい」と語った。

(1) ――線①～③の漢字の読みをひらがなで書きましょう。また、――線④～⑥のカタカナを漢字に直して書きましょう。 1つ7点【42点】

①（　　　）　②（　　　）

③（　　　）　④（　　　）

⑤（　　　）　⑥（　　　）

(2) ═線「ハタラク」を、漢字と送りがなで書きましょう。 【8点】

（　　　）

73 都《と》道《どう》府《ふ》県《けん》①

学習した日　月　日

名前

目標《もくひょう》時間 20分

得《とく》点　／100点

解説↓ 187ページ

らくらくマルつけ

2473

茨（9画）

「氵」にしない

読み方　音　／　くん　いばら

使い方：茨城県《いばらきけん》　茨《いばら》の花《はな》　野茨《のいばら》　花茨《はないばら》

練習

城（9画）

上にはねる

読み方　音　ジョウ　／　くん　しろ

使い方：宮城県《みやぎけん》　城主《じょうしゅ》　城門《じょうもん》　古城《こじょう》　城下町《じょうかまち》　お城《しろ》

練習

栃（9画）

はねる

読み方　音　／　くん　とち

使い方：栃木県《とちぎけん》　栃《とち》もち　栃《とち》がゆ　栃《とち》の木《き》　栃《とち》の実《み》

練習

埼（11画）

「扌」にしない

読み方　音　／　くん　さい

使い方：埼玉県《さいたまけん》

練習

---

1 □に漢字を書きましょう。

(1) □□《いばらき》県を観光《かんこう》する。

(2) □□《みやぎ》県の名所を見る。

(3) □□《とちぎ》県まで出かける。

(4) □□《さいたま》県を旅行する。

(5) 古いお□《しろ》の中に入る。

(6) □《とち》の実を食べる。

(7) □□□《じょうかまち》を歩き回る。

(8) □《いばら》の花がさく。

(9) □《とち》の木が育つ。

(10) □□《じょうもん》が開くのを待つ。

1つ9点【90点】

スパイラルコーナー □に漢字を書きましょう。

(1) 手を□《あ》げて合図する。

(2) 野球□□《せんしゅ》にあこがれる。

1つ5点【10点】

もう1回チャレンジ!!

73 都《と》道《どう》府《ふ》県《けん》①

学習した日　月　日

名前

目標《もくひょう》時間 20分

得点《とく》　／100点

解説↓ 187ページ

2473

らくらくマルつけ

茨（9画）

「氵」にしない

読み方　音　くん いばら

使い方：茨城県《いばらきけん》　茨の花《いばらのはな》　野茨《のいばら》　花茨《はないばら》

城（9画）

上にはねる

読み方　音 ジョウ　くん しろ

使い方：宮城県《みやぎけん》　城主《じょうしゅ》　城門《じょうもん》　古城《こじょう》　城下町《じょうかまち》　お城《しろ》

栃（9画）

はねる

読み方　音　くん とち

使い方：栃木県《とちぎけん》　栃《とち》もち　栃《とち》がゆ　栃《とち》の木《き》　栃《とち》の実《み》

埼（11画）

「扌」にしない

読み方　音　くん さい

使い方：埼玉県《さいたまけん》

❶ □に漢字を書きましょう。

(1) □《いばらき》県を観光《かんこう》する。

(2) □《みやぎ》県の名所を見る。

(3) □《とちぎ》県まで出かける。

(4) □《さいたま》県を旅行する。

(5) 古いお□《しろ》の中に入る。

(6) □《とち》の実を食べる。

(7) □《じょうかまち》を歩き回る。

(8) □《いばら》の花がさく。

(9) □《とち》の木が育つ。

(10) □《じょうもん》が開くのを待つ。

1つ9点【90点】

スパイラルコーナー　□に漢字を書きましょう。

(1) 手を□《あ》げて合図する。

(2) 野球□《せんしゅ》にあこがれる。

1つ5点【10点】

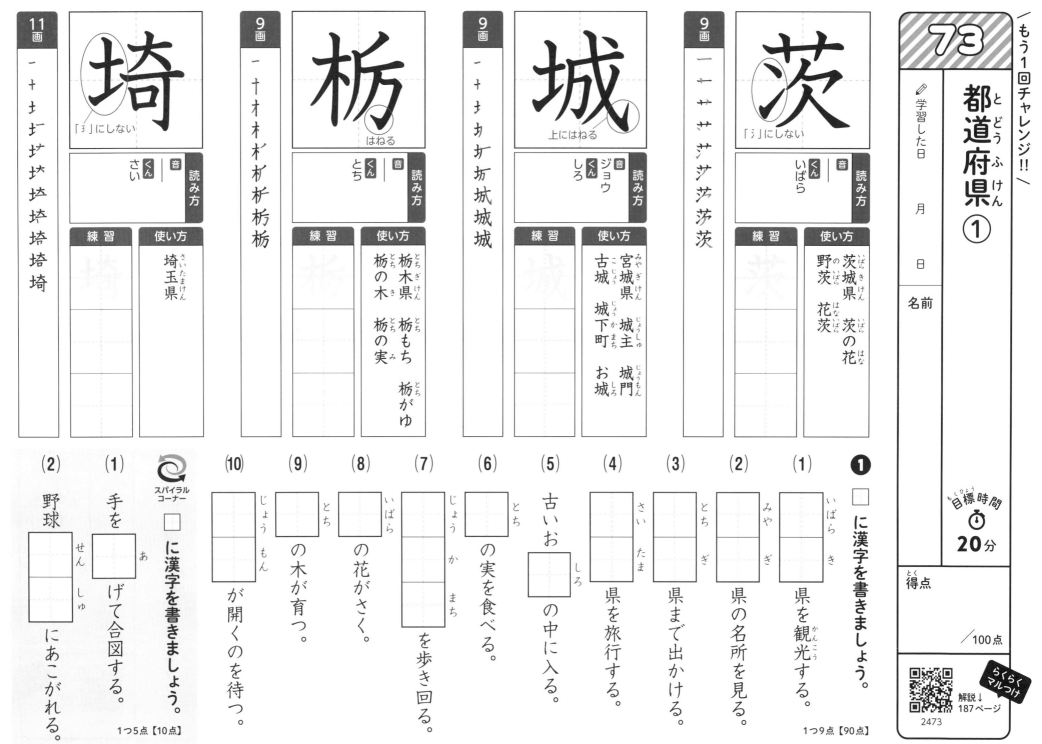

74 都《と》道《どう》府《ふ》県《けん》②

学習した日　月　日

名前

目標《もくひょう》時間 20分

得《とく》点　／100点

解説↓188ページ

2474

らくらくマルつけ

潟（15画）

くっつけない

読み方　音　くん かた

使い方：新潟県《にいがたけん》　干潟《ひがた》

富（12画）

やや大きめに

読み方　音 フ（フウ）　くん と む　とみ

使い方：富山県《とやまけん》　豊富《ほうふ》　貧富《ひんぷ》　富《ふ》ごう　富士山《ふじさん》　富《とみ》くじ

梨（11画）

つき出す

読み方　音　くん なし

使い方：山梨県《やまなしけん》　洋梨《ようなし》　水梨《みずなし》　梨《なし》の木《き》　梨《なし》の花《はな》

岡（8画）

点の向きに注意

読み方　音　くん おか

使い方：静岡県《しずおかけん》　福岡県《ふくおかけん》　岡山県《おかやまけん》　岡目《おかめ》

---

1 □に漢字を書きましょう。　1つ9点【90点】

(1) □□《にいがた》県の海を見る。

(2) □□《とやま》県の川で泳ぐ。

(3) □□《やまなし》県の湖を観光《かんこう》する。

(4) □□《しずおか》県の公園で遊ぶ。

(5) □□《ふくおか》県の遊園地に行く。

(6) □□《おかやま》県でキャンプする。

(7) □□□《ふじさん》に登る。

(8) 変化《へんか》に□《と》む地形を調べる。

(9) 干《ひ》□《がた》の生物を観察《かんさつ》する。

(10) □《とみ》をたくわえる。

スパイラルコーナー □に漢字を書きましょう。　1つ5点【10点】

(1) □□□《ふしぎ》なことだ。

(2) □□《みんわ》の本を読む。

もう1回チャレンジ!!

74 都《と》道《どう》府《ふ》県《けん》②

学習した日　月　日

名前

目標時間《もくひょうじかん》 20分

得点《とくてん》　／100点

解説↓188ページ

2474

らくらくマルつけ

潟（15画）

くっつけない

読み方：音 ―　くん かた

使い方：新潟県《にいがたけん》　干潟《ひがた》

練習

富（12画）

やや大きめに

読み方：音 フ（フウ）　くん と　とむ　とみ

使い方：富山県《とやまけん》　豊富《ほうふ》　貧富《ひんぷ》　富《ふ》ごう　富士山《ふじさん》　富《とみ》くじ

練習

梨（11画）

つき出す

読み方：くん なし

使い方：山梨県《やまなしけん》　洋梨《ようなし》　水梨《みずなし》　梨《なし》の木《き》　梨《なし》の花《はな》

練習

岡（8画）

点の向きに注意

読み方：くん おか

使い方：静岡県《しずおかけん》　福岡県《ふくおかけん》　岡山県《おかやまけん》　岡目《おかめ》

練習

1 □に漢字を書きましょう。

1つ9点【90点】

(1) □《にいがた》県の海を見る。

(2) □《とやま》県の川で泳ぐ。

(3) □《やまなし》県の湖を観光《かんこう》する。

(4) □《しずおか》県の公園で遊ぶ。

(5) □《ふくおか》県の遊園地に行く。

(6) □《おかやま》県でキャンプする。

(7) □《ふじさん》に登る。

(8) 変化《へんか》に□《と》む地形を調べる。

(9) 干《ひ》□《がた》の生物を観察《かんさつ》する。

(10) □《とみ》をたくわえる。

スパイラルコーナー　□に漢字を書きましょう。

1つ5点【10点】

(1) □《ふしぎ》なことだ。

(2) □《みんわ》の本を読む。

75 都《と》道《どう》府《ふ》県《けん》③

学習した日　月　日

名前

目標《もくひょう》時間 20分

得《とく》点　／100点

解説↓ 188ページ

らくらくマルつけ

2475

岐（7画）

はらう

読み方　音 （キ）　くん

使い方　分岐《ぶんき》　多岐《たき》　岐路《きろ》

練習 岐

阜（8画）

とめる

読み方　音 フ　くん

使い方　岐阜県《ぎふけん》

練習 阜

奈（8画）

上につき出す

読み方　音 ナ　くん

使い方　奈良県《ならけん》　神奈川県《かながわけん》　奈落《ならく》

練習 奈

良（7画）

はらう

読み方　音 リョウ　くん よい

使い方　良心《りょうしん》　良薬《りょうやく》　良品《りょうひん》　最良《さいりょう》　改良《かいりょう》　仲良《なかよ》し

練習 良

---

1 □に漢字を書きましょう。　1つ9点【90点】

(1) □□《ぎふ》県で電車に乗る。

(2) □□《なら》県を車で移動《いどう》する。

(3) □□□《かながわ》県に行く。

(4) 天気の□《よ》い日に旅立つ。

(5) □□《さいりょう》の計画を立てる。

(6) □《よ》き友と出かける。

(7) □□《ならく》の底《そこ》におちる。

(8) □□《りょうやく》は口に苦しと言う。

(9) 仲《なか》の□《よ》い友人ができる。

(10) □□《りょうひん》を手に入れる。

スパイラルコーナー

□に漢字を書きましょう。　1つ5点【10点】

(1) □□《ぎょこう》が人でにぎわう。

(2) □□《ちてい》に湖を見つける。

＼もう1回チャレンジ!!／

75

都《と》道《どう》府《ふ》県《けん》③

学習した日　月　日

名前

目標《もくひょう》時間　20分

得点《とく》　／100点

解説↓188ページ

らくらくマルつけ

2475

岐　7画

はらう

読み方　音 (キ)　くん

使い方　分岐《ぶんき》　多岐《たき》　岐路《きろ》

練習

阜　8画

とめる

読み方　音 フ　くん

使い方　岐阜県《ぎふけん》

練習

奈　8画

上につき出す

読み方　音 ナ　くん

使い方　奈良県《ならけん》　神奈川県《かながわけん》　奈落《ならく》

練習

良　7画

はらう

読み方　音 リョウ　くん よい

使い方　良心《りょうしん》　最良《さいりょう》　良薬《りょうやく》　改良《かいりょう》　良品《りょうひん》　仲良《なかよ》し

練習

1 □に漢字を書きましょう。　1つ9点【90点】

(1) □□《ぎふ》県で電車に乗る。

(2) □□《なら》県を車で移動《いどう》する。

(3) □□□《かながわ》県に行く。

(4) 天気の□《よ》い日に旅立つ。

(5) □□《さいりょう》の計画を立てる。

(6) □《よ》き友と出かける。

(7) □□《ならく》の底《そこ》におちる。

(8) □□《りょうやく》は口に苦しと言う。

(9) 仲《なか》の□《よ》い友人ができる。

(10) □□《りょうひん》を手に入れる。

スパイラルコーナー　□に漢字を書きましょう。　1つ5点【10点】

(1) □□《ぎょこう》が人でにぎわう。

(2) □□《ちてい》に湖を見つける。

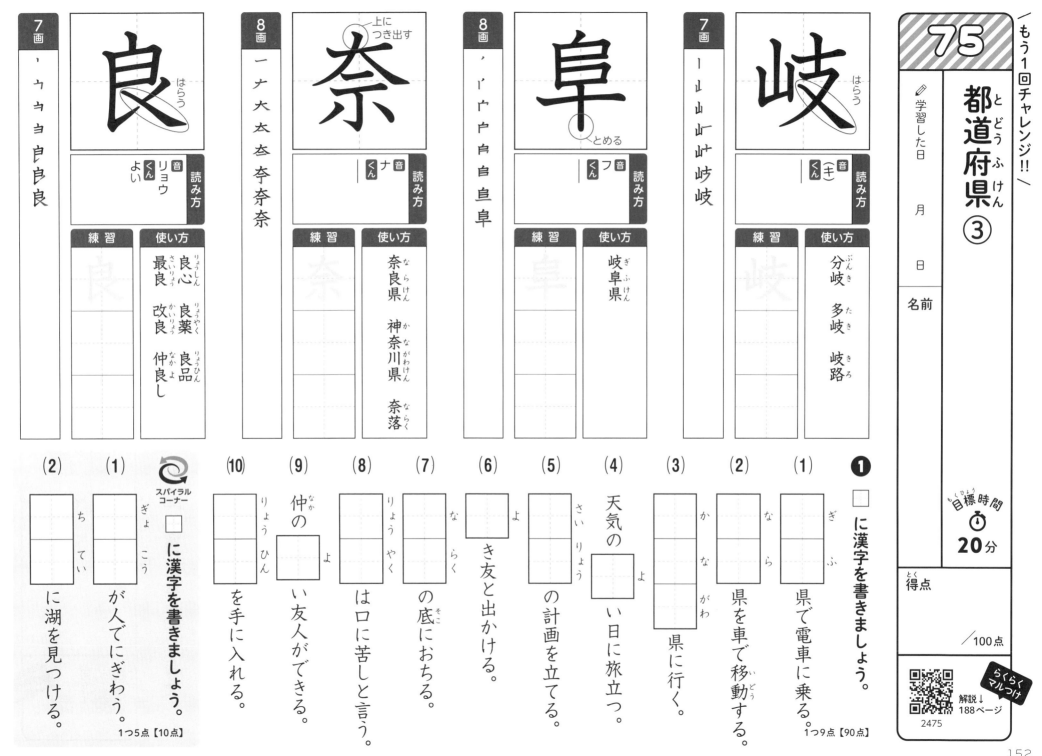

76

都道府県《とどうふけん》④

学習した日　月　日

名前

目標時間《もくひょうじかん》 20分

得点《とく》　／100点

解説↓188ページ

らくらくマルつけ

2476

滋 12画

点の向きに注意

読み方　音 (ジ)　くん —

使い方　滋養《じよう》　滋味《じみ》

賀 12画

とめる

読み方　音 ガ　くん —

使い方　滋賀県《しがけん》　年賀状《ねんがじょう》　賀正《がしょう》　祝賀《しゅくが》　参賀《さんが》　賀詞《がし》

佐 7画

上につき出す

読み方　音 サ　くん —

使い方　佐賀県《さがけん》　佐渡《さど》　補佐《ほさ》　大佐《たいさ》　少佐《しょうさ》

阪 7画

はらう

読み方　音 (ハン)　くん —

使い方　大阪府《おおさかふ》　阪神《はんしん》　京阪《けいはん》

兵 7画

とめる

読み方　音 ヘイ　ヒョウ　くん —

使い方　兵庫県《ひょうごけん》　兵力《へいりょく》　兵器《へいき》　兵隊《へいたい》　水兵《すいへい》　出兵《しゅっぺい》

練習

1 □に漢字を書きましょう。

(1) □□《しが》県に引っこす。

(2) □□《さが》県に転校する。

(3) □□《おおさか》府《ふ》に旅行へ行く。

(4) □□《ひょうご》県から出発する。

(5) □□《へいりょく》をくらべる。

(6) □□《たいさ》が指示《しじ》を出す。

(7) □□《ねんが》状《じょう》を書く。

(8) □□《がしょう》のあいさつ。

(9) 仕事を補《ほ》□《さ》する。

(10) 港で□□《すいへい》を見かける。

1つ9点【90点】

スパイラルコーナー　□に漢字を書きましょう。

(1) □□《めじるし》を見つける。

(2) □□□《りょかっき》が空を飛《と》ぶ。

1つ5点【10点】

もう1回チャレンジ!!

76 都《と》道《どう》府《ふ》県《けん》④

学習した日　月　日

名前

目標《もくひょう》時間　20分

得点　／100点

らくらくマルつけ　解説↓188ページ

2476

滋（12画）

点の向きに注意

読み方　音 （ジ）　くん ―

使い方　滋養《じよう》　滋味《じみ》

練習

賀（12画）

とめる

読み方　音 ガ　くん ―

使い方　滋賀県《しがけん》　年賀状《ねんがじょう》　賀正《がしょう》　祝賀《しゅくが》　参賀《さんが》　賀詞《がし》

練習

佐（7画）

上につき出す

読み方　音 サ　くん ―

使い方　佐賀県《さがけん》　佐渡《さど》　補佐《ほさ》　大佐《たいさ》　少佐《しょうさ》

練習

阪（7画）

はらう

読み方　音 （ハン）　くん ―

使い方　大阪府《おおさかふ》　阪神《はんしん》　京阪《けいはん》

練習

兵（7画）

とめる

読み方　音 ヘイ ヒョウ　くん ―

使い方　兵庫県《ひょうごけん》　兵力《へいりょく》　兵器《へいき》　兵隊《へいたい》　水兵《すいへい》　出兵《しゅっぺい》

練習

---

1 □に漢字を書きましょう。

(1) □□（しが）県に引っこす。

(2) □□（さが）県に転校する。

(3) □□（おおさか）府《ふ》に旅行へ行く。

(4) □□（ひょうご）県から出発する。

(5) □□（へいりょく）をくらべる。

(6) □□（たいさ）が指示《しじ》を出す。

(7) □□（ねんが）状《じょう》を書く。

(8) □□（がしょう）のあいさつ。

(9) 仕事を補《ほ》□（さ）する。

(10) 港で□□（すいへい）を見かける。

1つ9点【90点】

スパイラルコーナー □に漢字を書きましょう。

(1) □□（めじるし）を見つける。

(2) □□□（りょかっき）が空を飛《と》ぶ。

1つ5点【10点】

77

都道府県《とどうふけん》⑤

学習した日　月　日

名前

目標時間《もくひょうじかん》 20分

得点《とく》 ／100点

解説↓ 188ページ

らくらくマルつけ

2477

媛　12画

上より長く

読み方
- 音　(エン)
- くん　—

使い方
- 愛媛県《えひめけん》

練習

香　9画

はらう

読み方
- 音　(コウ)(キョウ)
- くん　か　かおり　かおる

使い方
- 香川県《かがわけん》　花《はな》の香《か》
- 湯《ゆ》の香《か》　香水《こうすい》

練習

崎　11画

はねる

読み方
- 音　—
- くん　さき

使い方
- 宮崎県《みやざきけん》
- 長崎県《ながさきけん》

練習

熊　14画

点の向きに注意

読み方
- 音　—
- くん　くま

使い方
- 熊本県《くまもとけん》　白熊《しろくま》　黒熊《くろくま》
- 小熊《こぐま》　穴熊《あなぐま》　熊手《くまで》

練習

鹿　11画

曲げて上にはねる

読み方
- 音　—
- くん　しか　か

使い方
- 鹿児島県《かごしまけん》　小鹿《こじか》　雄鹿《おじか》
- 雌鹿《めじか》　鹿《か》の子《こ》

練習

---

1 □に漢字を書きましょう。

(1) □□《えひめ》県の人口を調べる。

(2) □□《かがわ》県のれきしを学ぶ。

(3) □□《みやざき》県の名物を食べる。

(4) □□《ながさき》県の教会を見学する。

(5) □□《くまもと》県の市役所に行く。

(6) □□□《かごしま》県にとまる。

(7) 新緑の□《かお》りがする。

(8) 野山を□《しか》がかける。

(9) バラの花が□《かお》る。

(10) □□《こじか》に角が生える。

1つ9点【90点】

スパイラルコーナー

□に漢字を書きましょう。

(1) 試合《しあい》で□□《しょうり》する。

(2) □□《こくさん》の商品を買う。

1つ5点【10点】

77 都《と》道《どう》府《ふ》県《けん》⑤

学習した日　月　日

名前

目標《もくひょう》時間 20分

得点　／100点

解説↓188ページ　らくらくマルつけ　2477

媛（12画）

上より長く

読み方：音（エン）　くん —

使い方：愛媛県《えひめけん》

香（9画）

はらう

読み方：音（コウ）（キョウ）　くん か　かおり　かおる

使い方：香川県《かがわけん》　花の香《はなのか》　湯の香《ゆのか》　香水《こうすい》

崎（11画）

はねる

読み方：音 —　くん さき

使い方：宮崎県《みやざきけん》　長崎県《ながさきけん》

熊（14画）

点の向きに注意

読み方：音 —　くん くま

使い方：熊本県《くまもとけん》　白熊《しろくま》　黒熊《くろくま》　小熊《こぐま》　穴熊《あなぐま》　熊手《くまで》

鹿（11画）

曲げて上にはねる

読み方：音 —　くん しか　か

使い方：鹿児島県《かごしまけん》　小鹿《こじか》　雄鹿《おじか》　雌鹿《めじか》　鹿の子《かのこ》

1 □に漢字を書きましょう。

(1) □□（えひめ）県の人口を調べる。

(2) □□（かがわ）県のれきしを学ぶ。

(3) □□（みやざき）県の名物を食べる。

(4) □□（ながさき）県の教会を見学する。

(5) □□（くまもと）県の市役所に行く。

(6) □□□（かごしま）県にとまる。

(7) 新緑の□（かお）りがする。

(8) 野山を□（しか）がかける。

(9) バラの花が□（かお）る。

(10) □□（こじか）に角が生える。

1つ9点【90点】

スパイラルコーナー　□に漢字を書きましょう。

(1) 試合《しあい》で□□（しょうり）する。

(2) □□（こくさん）の商品を買う。

1つ5点【10点】

78

まとめのテスト 19

学習した日　月　日

名前

目標時間《もくひょうじかん》 20分

得《とく》点

／100点

らくらくマルつけ

解説↓ 188ページ

2478

1 （　）に――線の読みがなを書きましょう。

1つ4点【52点】

(1) 茨城県の名所に行く。（　）

(2) 宮城県のれきしを学ぶ。（　）

(3) 栃木県の各地《かくち》を歩く。（　）

(4) 埼玉県で農業をする。（　）

(5) 新潟県で漁業《ぎょぎょう》をする。（　）

(6) 富山県の海で泳ぐ。（　）

(7) 山梨県の宿にとまる。（　）

(8) 静岡県で山に登る。（　）

(9) 福岡県で名物を食べる。（　）

(10) 岡山県の昔話を聞く。（　）

(11) 城あとをさがす。（　）

(12) 梨の木を植える。（　）

(13) 干《ひ》潟を歩く。（　）

2 □に漢字を書きましょう。

1つ4点【48点】

(1) □《よ》し悪《あ》しがわかる。

(2) □《しか》の鳴き声がする。

(3) 花の□《か》がする。

(4) □□《へいたい》を集める。

(5) □□《くまで》で葉を集める。

(6) □□《へいき》をすてる。

(7) □□《りょうしん》がいたむ。

(8) □□《しろくま》を観察《かんさつ》する。

(9) 外国に□□《しゅっぺい》する。

(10) 雄《お》□《じか》が野をかける。

(11) 機械《きかい》を□□《かいりょう》する。

(12) □□□《しゅくがかい》が開かれる。

＼もう1回チャレンジ!!／

78 まとめのテスト⑲

学習した日　　月　　日

名前

目標《もくひょう》時間 20分

得《とく》点　　／100点

らくらくマルつけ

解説↓188ページ

2478

❶ （　）に——線の読みがなを書きましょう。

1つ4点【52点】

(1) 茨城県の名所に行く。（　　）

(2) 宮城県のれきしを学ぶ。（　　）

(3) 栃木県の各地《かくち》を歩く。（　　）

(4) 埼玉県で農業をする。（　　）

(5) 新潟県で漁業《ぎょぎょう》をする。（　　）

(6) 富山県の海で泳ぐ。（　　）

(7) 山梨県の宿にとまる。（　　）

(8) 静岡県で山に登る。（　　）

(9) 福岡県で名物を食べる。（　　）

(10) 岡山県の昔話を聞く。（　　）

(11) 城あとをさがす。（　　）

(12) 梨の木を植える。（　　）

(13) 干《ひ》潟を歩く。（　　）

❷ □に漢字を書きましょう。

1つ4点【48点】

(1) □《よ》し悪《あ》しがわかる。

(2) □《しか》の鳴き声がする。

(3) 花の□《か》がする。

(4) □□《へいたい》を集める。

(5) □□《くまで》で葉を集める。

(6) □□《へいき》をすてる。

(7) □□《りょうしん》がいたむ。

(8) □□《しろくま》を観察《かんさつ》する。

(9) 外国に□□《しゅっぺい》する。

(10) 雄《お》□《じか》が野をかける。

(11) 機械《きかい》を□□《かいりょう》する。

(12) □□□《しゅくがかい》が開かれる。

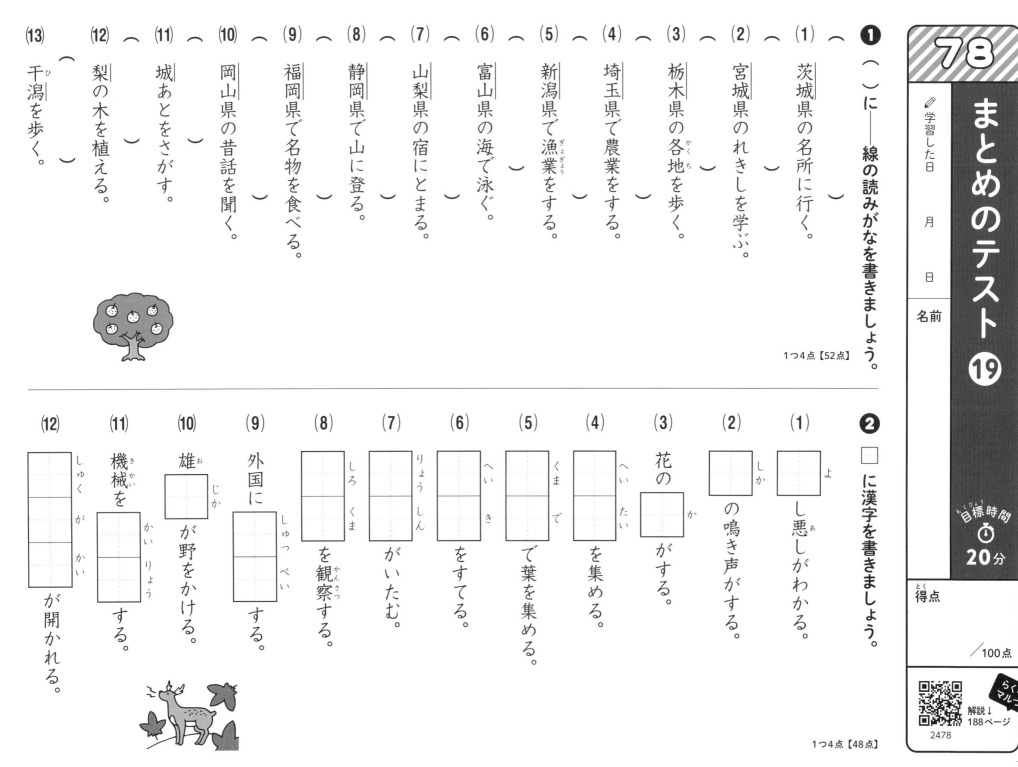

79

まとめのテスト⑳

学習した日　月　日

名前

目標時間《もくひょう》 20分

得点《とく》 ／100点

解説↓ 189ページ 2479

らくらくマルつけ

1 （　）に——線の読みがなを書きましょう。

(1) 岐阜県でスキーをする。（　）

(2) 奈良県の寺に行く。（　）

(3) 神奈川県の海岸を歩く。（　）

(4) 滋賀県には湖がある。（　）

(5) 佐賀県には干潟《ひがた》がある。（　）

(6) 大阪府《ふ》で観光《かんこう》バスに乗る。（　）

(7) 兵庫県を電車で通る。（　）

(8) 愛媛県のみかんを食べる。（　）

(9) 香川県でうどんを食べる。（　）

(10) 宮崎県で果物《くだもの》を育てる。（　）

(11) 長崎県の島をめぐる。（　）

(12) 熊本県を旅行する。（　）

(13) 鹿児島県でみやげを買う。（　）

1つ4点【52点】

2 □に漢字を書きましょう。

(1) □《とち》もちを食べる。

(2) □《いばら》の花がさく。

(3) □《なし》の花が散《ち》る。

(4) □□《こじょう》をおとずれる。

(5) □《ふ》ごうの話を聞く。

(6) □□《じょうしゅ》の子孫《しそん》と話す。

(7) □□《ようなし》の皮をむく。

(8) □《とち》がゆを食べる。

(9) □《とみ》くじが当たる。

(10) □□《みずなし》を食べる。

(11) 貧《ひん》□《ぷ》の差《さ》がはげしい。

(12) □《しろ》あとをたずねる。

1つ4点【48点】

もう1回チャレンジ!!

79 まとめのテスト 20

学習した日　月　日

名前

目標《もくひょう》時間 20分

得《と》点《く》

／100点

解説↓ 189ページ

2479

らくらくマルつけ

1（　）に――線の読みがなを書きましょう。　1つ4点【52点】

(1) 岐阜県でスキーをする。（　）

(2) 奈良県の寺に行く。（　）

(3) 神奈川県の海岸を歩く。（　）

(4) 滋賀県には湖がある。（　）

(5) 佐賀県には干潟《ひがた》がある。（　）

(6) 大阪府《ふ》で観光《かんこう》バスに乗る。（　）

(7) 兵庫県を電車で通る。（　）

(8) 愛媛県のみかんを食べる。（　）

(9) 香川県でうどんを食べる。（　）

(10) 宮崎県で果物《くだもの》を育てる。（　）

(11) 長崎県の島をめぐる。（　）

(12) 熊本県を旅行する。（　）

(13) 鹿児島県でみやげを買う。（　）

2 □に漢字を書きましょう。　1つ4点【48点】

(1) □《とち》もちを食べる。

(2) □《いばら》の花がさく。

(3) □《なし》の花が散《ち》る。

(4) □□《こじょう》をおとずれる。

(5) □《ふ》ごうの話を聞く。

(6) □□《じょうしゅ》の子孫《しそん》と話す。

(7) □□《ようなし》の皮をむく。

(8) □《とち》がゆを食べる。

(9) □《とみ》くじが当たる。

(10) □□《みずなし》を食べる。

(11) 貧《ひん》□《ぷ》の差《さ》がはげしい。

(12) □《しろ》あとをたずねる。

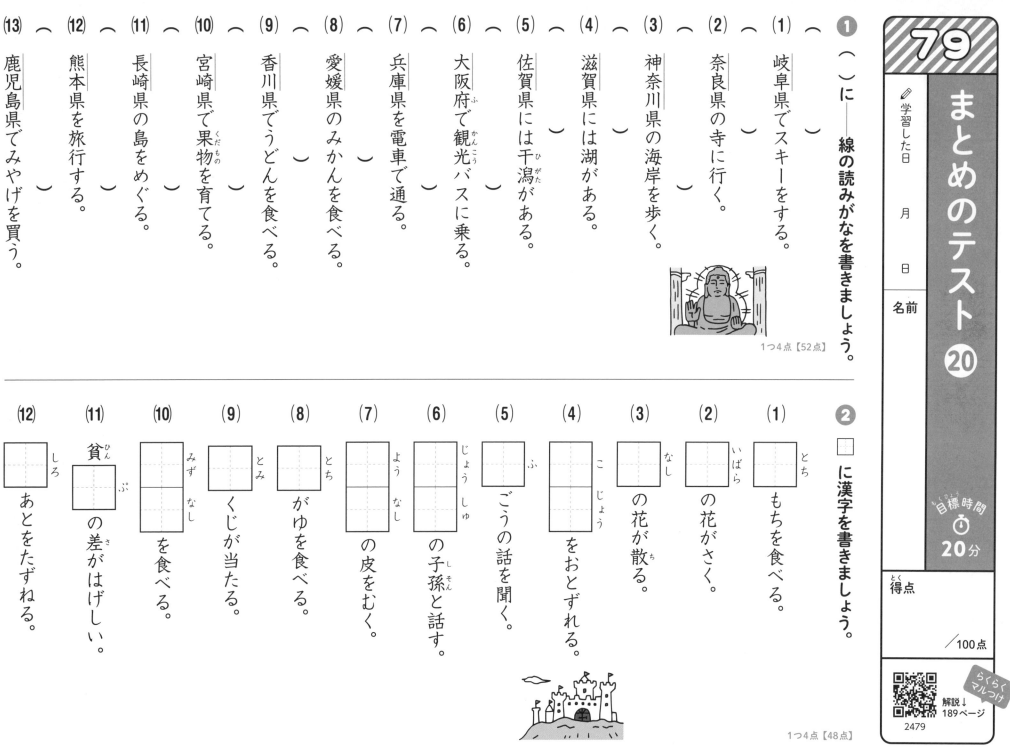

80

パズル・実せん⑩

学習した日　月　日

名前

目標《もくひょう》時間 20分

得《とく》点　／100点

らくらくマルつけ

解説↓189ページ

2480

1 矢印《やじるし》の向きに読むと熟語《じゅくご》になるように、次の□に入る漢字を書きましょう。　1つ6点【12点】

(1)

心
↑
改《かい》 ← □ ← 最《さい》
↓
薬

(2)

出
↓
器《き》 ← □ → 隊《たい》
↑
水

2 次のうち、——線の読み方がほかとちがうものを選《えら》び、記号を書きましょう。【8点】

ア 古城　イ 根城

ウ 城主　エ 城下町　（　　）

3 画数の少ない順《じゅん》から多い順になるように、次の□内の漢字をならべかえましょう。　完答【8点】

茨　熊　佐　媛

□ → □ → □ → □

4 次の都《と》道《どう》府《ふ》県《けん》名を漢字で書きましょう。　1つ6点【72点】

① にいがた　県

② とちぎ　県

③ さいたま　県

④ かながわ　県

⑤ やまなし　県

⑥ しずおか　県

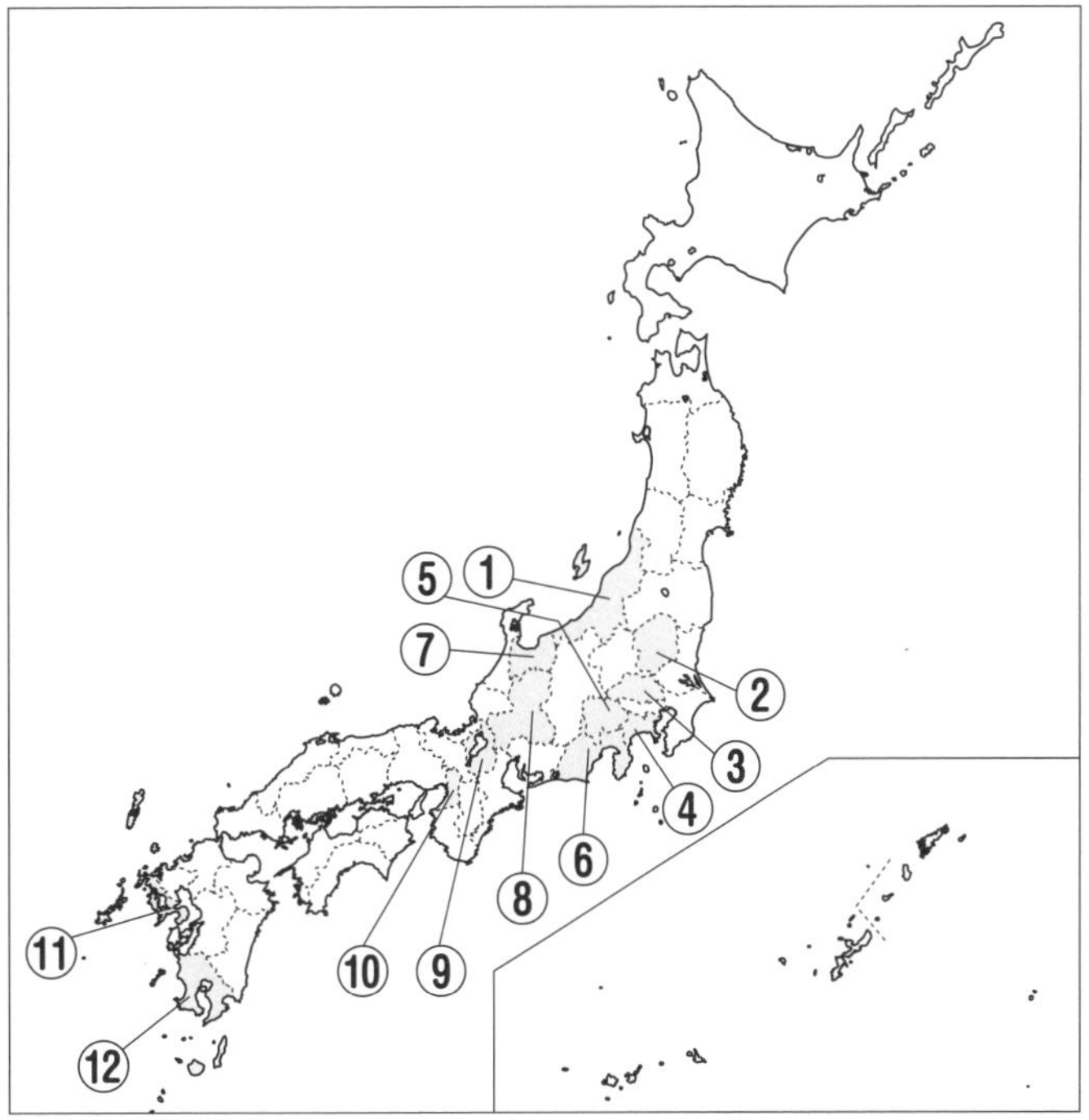

⑦ とやま　県

⑧ ぎふ　県

⑨ しが　県

⑩ おおさか　府《ふ》

⑪ ながさき　県

⑫ かごしま　県

もう1回チャレンジ!!

80

パズル・実せん⑩

学習した日　月　日

名前

目標時間《もくひょうじかん》 20分

得点《とくてん》

／100点

解説↓ 189ページ

らくらくマルつけ

2480

❶ 矢印《やじるし》の向きに読むと熟語《じゅくご》になるように、次の□に入る漢字を書きましょう。 1つ6点【12点】

(1)
心 ↑
改《かい》 → □ ← 最《さい》（□の右から改、左から最）
↓ 薬

（改→□、最→□、□→心、□→薬）

(2)
出 ↓
□ → 隊《たい》、□ → 器《き》
↑ 水

（出→□、水→□、□→隊、□→器）

❷ 次のうち、――線の読み方がほかとちがうものを選《えら》び、記号を書きましょう。 【8点】

ア 古城　イ 根城

ウ 城主　エ 城下町　（　　）

❸ 画数の少ない順《じゅん》から多い順になるように、次の□内の漢字をならべかえましょう。 完答【8点】

茨　熊　佐　媛

□ → □ → □ → □

❹ 次の都道府県名《とどうふけん》を漢字で書きましょう。 1つ6点【72点】

① にいがた 県

② とちぎ 県

③ さいたま 県

④ かながわ 県

⑤ やまなし 県

⑥ しずおか 県

⑦ とやま 県

⑧ ぎふ 県

⑨ しが 県

⑩ おおさか 府《ふ》

⑪ ながさき 県

⑫ かごしま 県

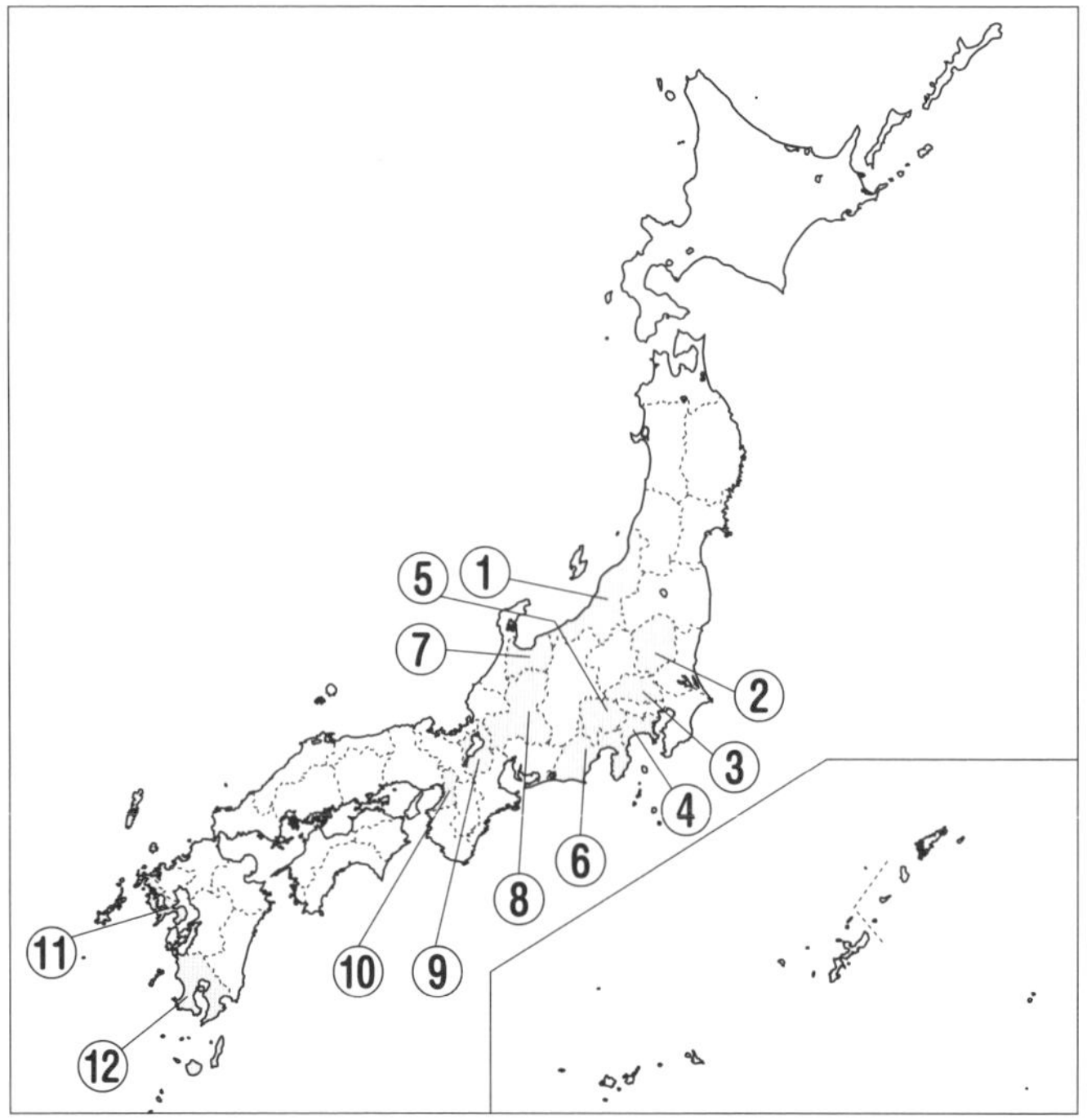

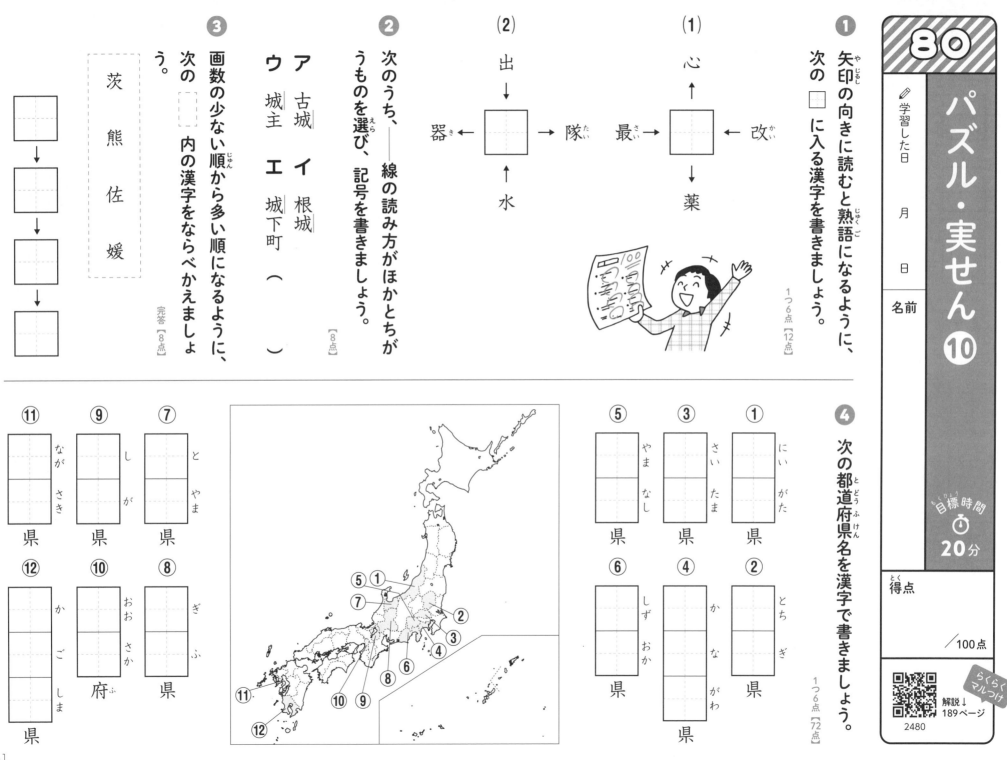

81 そうふく習＋先取り①

学習した日　月　日

名前

目標《もくひょう》時間 20分

得《と》点《く》　／100点

らくらくマルつけ
解説↓189ページ
2481

1 □に漢字を書きましょう。 1つ4点【32点】

(1) ボートで□《おき》に出る。

(2) 波に流され□《りく》に着く。

(3) 大会を□□《けっせき》する。

(4) 時間が□□《ひつよう》になる。

(5) 村の□□《でんせつ》を調べる。

(6) 試験《しけん》の□□《けっか》が出る。

(7) 新しい方法《ほうほう》を□□《ていあん》する。

(8) 水の□□《じょうたい》をたしかめる。

2 次の――線のカタカナを、漢字と送りがなで書きましょう。 1つ6点【24点】

(1) 平和をネガウ。（　　）

(2) 雪がツモル。（　　）

(3) 家にマネク。（　　）

(4) 意見をノベル。（　　）

3 次の□に漢字一字を入れて、四字熟語《じゅくご》を作りましょう。 1つ4点【16点】

(1) 自《じ》□《きゅう》自《じ》足《そく》

(2) □《たん》刀直入《とうちょくにゅう》

(3) 言語道《ごんごどう》□《だん》

(4) 自画自《じがじ》□《さん》

4 （　）に――線部の読みがなを書きましょう。 1つ4点【28点】

(1) 早起きに努める。（　　）

(2) きまりを改める。（　　）

(3) 季節がうつりかわる。（　　）

(4) 工場で本を印刷する。（　　）

(5) 新記録《しんきろく》を達成する。（　　）

(6) 風の勢いが強まる。（　　）

(7) 電車で往復する。（　　）

81 そうふく習＋先取り①

学習した日　月　日

名前

目標時間《もくひょうじかん》 20分

得点《とく》　／100点

解説↓189ページ　2481　らくらくマルつけ

1 □に漢字を書きましょう。 1つ4点【32点】

(1) ボートで□《おき》に出る。

(2) 波に流され□《りく》に着く。

(3) 大会を□□《けっせき》する。

(4) 時間が□□《ひつよう》になる。

(5) 村の□□《でんせつ》を調べる。

(6) 試験《しけん》の□□《けっか》が出る。

(7) 新しい方法《ほうほう》を□□《ていあん》する。

(8) 水の□□《じょうたい》をたしかめる。

2 次の――線のカタカナを、漢字と送りがなで書きましょう。 1つ6点【24点】

(1) 平和をネガウ。（　　）

(2) 雪がツモル。（　　）

(3) 家にマネク。（　　）

(4) 意見をノベル。（　　）

3 次の□に漢字一字を入れて、四字熟語《じゅくご》を作りましょう。 1つ4点【16点】

(1) 自《じ》□《きゅう》自足《じそく》

(2) □《たん》刀直入《とうちょくにゅう》

(3) 言語道《ごんごどう》□《だん》

(4) 自画自《じがじ》□《さん》

4 （　）に――線部の読みがなを書きましょう。 1つ4点【28点】

(1) 早起きに努める。（　　）

(2) きまりを改める。（　　）

(3) 季節がうつりかわる。（　　）

(4) 工場で本を印刷する。（　　）

(5) 新記録《しんきろく》を達成する。（　　）

(6) 風の勢いが強まる。（　　）

(7) 電車で往復する。（　　）

82

そうふく習＋先取り②

学習した日　月　日

名前

目標《もくひょう》時間 20分

得《とく》点　／100点

解説↓189ページ

2482

らくらくマルつけ

❶ □に漢字を書きましょう。 1つ4点【32点】

(1) 森の中で□《くま》にあう。

(2) 海ですなの□《しろ》を作る。

(3) 計画が□□《しっぱい》する。

(4) □□《ざいりょう》をすべて集める。

(5) □□《けんこう》に気をつける。

(6) うでに□□《ほうたい》をまく。

(7) 新聞の□□《へんしゅう》をする。

(8) □□《こせい》を大切にする。

❷ 次の――線のカタカナを、漢字と送りがなで書きましょう。 1つ6点【24点】

(1) 犬をツレル。（　　）

(2) 水をクワエル。（　　）

(3) 紙がヤブレル。（　　）

(4) 道でマヨウ。（　　）

❸ 【　】の意味の決まった言い回しになるように、次の□に入る漢字を書きましょう。 1つ6点【24点】

(1) 鼻を□る
【相手にはじをかかせる】

(2) 頭を□やす
【気持ちを落ち着ける】

(3) 目に□る
【だまって見ていられない】

(4) 力を□す
【手助けをする】

❹ 次の特別《とくべつ》な読み方をする言葉の読みがなを、（　）に書きましょう。 1つ5点【20点】

(1) 友達（　　）

(2) 景色（　　）

(3) 清水（　　）

(4) 眼鏡（　　）

もう1回チャレンジ!!

82 そうふく習＋先取り②

学習した日　月　日

名前

目標《もくひょう》時間 20分

得《とく》点　／100点

らくらくマルつけ

解説↓ 189ページ

2482

1 □に漢字を書きましょう。　1つ4点【32点】

(1) 森の中で□《くま》にあう。

(2) 海ですなの□《しろ》を作る。

(3) 計画が□□《しっぱい》する。

(4) □□《ざいりょう》をすべて集める。

(5) □□《けんこう》に気をつける。

(6) うでに□□《ほうたい》をまく。

(7) 新聞の□□《へんしゅう》をする。

(8) □□《こせい》を大切にする。

2 次の――線のカタカナを、漢字と送りがなで書きましょう。　1つ6点【24点】

(1) 犬をツレル。（　　）

(2) 水をクワエル。（　　）

(3) 紙がヤブレル。（　　）

(4) 道でマヨウ。（　　）

3 【　】の意味の決まった言い回しになるように、次の□に入る漢字を書きましょう。　1つ6点【24点】

(1) 鼻を□る【相手にはじをかかせる】

(2) 頭を□やす【気持ちを落ち着ける】

(3) 目に□る【だまって見ていられない】

(4) 力を□す【手助けをする】

4 次の特別《とくべつ》な読み方をする言葉の読みがなを、（　）に書きましょう。　1つ5点【20点】

(1) 友達（　　）

(2) 景色（　　）

(3) 清水（　　）

(4) 眼鏡（　　）

83

そうふく習＋先取り③

学習した日　月　日

名前

目標《もくひょう》時間 20分

得点《とく》　／100点

解説↓190ページ

らくらくマルつけ

2483

1 □に漢字を書きましょう。　1つ4点【32点】

(1) 荷物を□《なわ》でしばる。

(2) クラスの□《なか》が良《よ》い。

(3) □□《やくそく》をしっかり守る。

(4) 実験《じっけん》が□□《せいこう》する。

(5) □□《えいよう》を十分とる。

(6) 国語□□《じてん》で調べる。

(7) 雨量《うりょう》が□□《げんしょう》する。

(8) 身体□□《けんさ》をする。

2 次の――線のカタカナを漢字で書き分けましょう。　1つ4点【16点】

(1)
① 投ヒョウ所。（　　）
② 目ヒョウ点。（　　）

(2)
① 公園の銅《どう》ゾウ。（　　）
② 動物園のゾウ。（　　）

3 【　】の意味のことわざになるように、次の□に入る漢字を書きましょう。　1つ4点【16点】

(1) □□下《もと》暗し【身近なことほどわかりにくい】

(2) □□は口に苦し【ためになる注意ほど聞きづらい】

(3) 馬の耳に□□【人の意見を聞き入れない】

(4) □えあればうれいなし【用意をしておけば心配がない】

4 次の――線部の漢字の読み方を（　）に書きましょう。　1つ6点【36点】

(1)
① 選挙を行う。（　　）
② 手を挙げる。（　　）

(2)
① 伝言を聞く。（　　）
② 心を伝える。（　　）

(3)
① 周囲を見る。（　　）
② さくで囲う。（　　）

＼もう1回チャレンジ!!／

83

そうふく習＋先取り③

学習した日　月　日

名前

目標時間《もくひょうじかん》 20分

得《とく》点　／100点

らくらくマルつけ
解説↓190ページ
2483

❶ □に漢字を書きましょう。　1つ4点【32点】

(1) 荷物を□《なわ》でしばる。

(2) クラスの□《なか》が良《よ》い。

(3) □□《やくそく》をしっかり守る。

(4) 実験《じっけん》が□□《せいこう》する。

(5) □□《えいよう》を十分とる。

(6) 国語□□《じてん》で調べる。

(7) 雨量《うりょう》が□□《げんしょう》する。

(8) 身体□□《けんさ》をする。

❷ 次の――線のカタカナを漢字で書き分けましょう。　1つ4点【16点】

(1) ① 投ヒョウ所。（　　）
② 目ヒョウ点。（　　）

(2) ① 公園の銅《どう》ゾウ。（　　）
② 動物園のゾウ。（　　）

❸ 【　】の意味のことわざになるように、次の□に入る漢字を書きましょう。　1つ4点【16点】

(1) □□下暗《もと》し
【身近なことほどわかりにくい】

(2) □□は口に苦し
【ためになる注意ほど聞きづらい】

(3) 馬の耳に□□
【人の意見を聞き入れない】

(4) □えあればうれいなし
【用意をしておけば心配がない】

❹ 次の――線部の漢字の読み方を（　）に書きましょう。　1つ6点【36点】

(1) ① 選挙を行う。（　　）
② 手を挙げる。（　　）

(2) ① 伝言を聞く。（　　）
② 心を伝える。（　　）

(3) ① 周囲を見る。（　　）
② さくで囲う。（　　）

漢字ギガドリル　小学4年

答え

わからなかった問題は、ポイントの解説《かいせつ》をよく読んで、確認《かくにん》してください。

1　人の気持ち①

3ページ

❶
(1)愛　(2)信　(3)願
(4)勇気　(5)信用　(6)願
(7)勇　(8)親愛　(9)自信
(10)願

(1)守
(2)鉄

まちがえたら、3年の漢字を見直しましょう。

❶ ポイント

(1)「愛《あい》」という漢字を書くときには、一画目の「ノ」を書きわすれないようにしましょう。

(5)「信用《しんよう》」は、「まちがいがないと信じて受け入れること」という意味です。

(6)「願望《がんぼう》」は、「願《ねが》い望《のぞ》むこと」という意味で、にた意味の漢字の組み合わせになっています。「願」の音読みは「ガン」、訓読《くんよ》みは「ねが(う)」です。

(7)「勇《いさ》ましい」は、「活気にあふれていて人の気持ちをふるい立たせるさま」という意味です。「勇」の訓読みは「いさ(む)」で、音読みは「ユウ」です。

(8)「親愛《しんあい》」は、「人に対して親しむ思いと愛する思いをもっていること」という意味です。

2　人の気持ち②

5ページ

❶
(1)不安　(2)静　(3)希望
(4)不気味　(5)静　(6)静
(7)望　(8)不幸　(9)希少
(10)待望

(1)夏祭
(2)口笛

まちがえたら、3年の漢字を見直しましょう。

❶ ポイント

(2)「静《しず》める」は、「落ち着かせる」という意味です。「静」の最後《さいご》の一画ははねて書きます。

(4)「不気味《ぶきみ》」は、「気味が悪いこと・気味が悪いさま」という意味です。「不」の音読みは「ブ」のほかに、「フ」があります。「不」という漢字には、熟語《じゅくご》の上について「~しない・~でない」と下の熟語の意味を打ち消すはたらきがあります。また、「不」という漢字には「よくない・悪い」という意味もあり、この意味で「不」が使われている熟語には、「不運」「不作」などがあります。

(9)「希少《きしょう》」は、「少なくてめずらしいこと・めったにないこと」という意味です。

(10)「待望《たいぼう》」は、「待ち望《のぞ》むこと」という意味です。

3　すてきな仲間《なかま》

7ページ

❶
(1)求　(2)協力　(3)仲間
(4)人徳　(5)追求　(6)仲
(7)道徳　(8)協調　(9)仲直
(10)求人

(1)昔
(2)昭和

まちがえたら、3年の漢字を見直しましょう。

❶ ポイント

(1)「求《きゅう》」は、はね・はらいに気をつけて書くようにしましょう。七画目の「丶」も、わすれずに書くようにしましょう。

(4)「人徳《じんとく》」は、「その人物が身につけている徳」という意味です。「徳」は、「すぐれた品性《ひんせい》・りっぱな行い」のことです。また、「徳」の部首は「彳」で、「亻」ではないので注意しましょう。

(5)「追求《ついきゅう》」は、「追い求《もと》めること」という意味です。

(6)「仲《なか》」は同じ読みの「中」に気をつけて書き分けるようにしましょう。

(7)「道徳《どうとく》」は、「人が正しい行いをするために、守らなければならない決まりのまとまり」のことです。

(8)「協調性《きょうちょうせい》」は、「おたがいに協力しあうこと」という意味です。「協調」には、同じ読みの「強調」という言葉があるので、注意しましょう。

4　大事な約束《やくそく》

9ページ

❶
(1)約束　(2)笑　(3)好
(4)予約　(5)花束　(6)好物
(7)約　(8)束　(9)笑
(10)好

(1)進
(2)向

まちがえたら、3年の漢字を見直しましょう。

❶ ポイント

(1)「約束《やくそく》」の「束」は、音読みは「ソク」、訓読《くんよ》みは「たば」です。

(2)「笑《わら》う」の「笑」は、七画目の「ノ」を書きわすれないようにしましょう。下の部分は、「大」ではなく「夭」と書きます。

(3)「好《す》き」の「好」は、訓読みに「この(む)」と「す(く)」の二つの読みがあります。「好」のあとの送りがなに気をつけて読み分けるようにしましょう。音読みは「コウ」です。
(7)「約《やく》」という漢字が数字の前についている場合は、「おおよそ・ほぼ」という意味で使われています。
(8)「束《たば》ねる」は、「一つにまとめてくる」という意味です。

5 すばらしい一日　11ページ

❶
(1)特別　(2)最高　(3)完全
(4)特急　(5)別　(6)最
(7)完　(8)特集　(9)別人
(10)最後

❷
(1)待
(2)屋根

まちがえたら、3年の漢字を見直しましょう。

ポイント

❶
(2)「最高《さいこう》」の反対の意味の言葉は「最低《さいてい》」です。
(5)「別《わか》れる」は、「いっしょだった人や物がはなればなれになる」という意味です。「わかれる」と読む言葉には「分かれる」もありますが、「分かれる」は、「一つのものが二つより多くなる」という意味です。
(10)「最後《さいご》」の反対の意味の言葉は「最初《さいしょ》」です。

6 まとめのテスト❶　13ページ

❶
(1)わら　(2)あい
(3)いちぼう　(4)あんせい
(5)せんやく　(6)がんしょ
(7)かんしょう　(8)へいせい
(9)きゅう　(10)き
(11)ゆうぼう　(12)そく
(13)あいよう

❷
(1)仲　(2)信　(3)最大
(4)勇者　(5)協定　(6)好調
(7)特　(8)区別　(9)最新
(10)信号　(11)徳用品　(12)不自由

ポイント

❶
(3)「一望《いちぼう》」は、「一目で見わたすこと」という意味です。
(4)「安静《あんせい》」は、「病気などを治《なお》すため、静《しず》かにねていること」という意味です。
(8)「平静《へいせい》」は、「気持ちや動作が落ち着いているさま」という意味です。
(10)「希《き》はく」は、「うすいこと」という意味です。
(12)「結束《けっそく》」は、「同じ思いをもつものどうしがまとまること」という意味です。

❷
(3)「最大《さいだい》」の反対の意味の言葉は「最小」です。
(5)「協定《きょうてい》」は、「集まって話し合い、取り決めをすること」という意味です。「協」は、同じ読みの「教」「強」などに注意して書き分けましょう。

7 まとめのテスト❷　15ページ

❶
(1)ゆう　(2)そうしん
(3)だいす　(4)なかだ
(5)ふとく　(6)きょうどう
(7)とくしょく　(8)さいしょう
(9)べつべつ　(10)こうい
(11)びとく　(12)つうしん
(13)ぶようじん

❷
(1)求　(2)笑　(3)願
(4)完　(5)静止　(6)約分
(7)束　(8)希求　(9)完
(10)望遠　(11)愛読書　(12)静物画

ポイント

❶
(4)「仲立《なかだ》ち」は、「間に立ってとりもつこと」という意味です。
(5)「不徳《ふとく》」は、「徳が身についていないこと」という意味です。
(6)「協同《きょうどう》」は、「多くの人が力を合わせて物事を行うこと」という意味です。「共同《きょうどう》」と書くこともあります。
(7)「特色《とくしょく》」は、「ほかよりも特にすぐれていること・ほかと特にちがっていること」という意味です。
(11)「美徳《びとく》」は、「道徳にかなった美しい行動」という意味です。

❷
(5)「静止《せいし》」の反対の意味の言葉は「運動」です。
(8)「希求《ききゅう》」は、「強く願《ねが》い求《もと》めること」という意味です。

8 パズル・実せん①

17ページ

❶ (1)好 (2)望
❷ (1)求める (2)別れる
❸ (1)10(画) (2)14(画)
❹ (1)①最高 ②協力 ③約束 ④わら ⑤しん ⑥しず
(2)中→仲

ポイント

❶ (1)「好物《こうぶつ》」「好調《こうちょう》」「良好《りょうこう》」「愛好《あいこう》」の熟語《じゅくご》ができます。
(2)「願望《がんぼう》」「希望《きぼう》」「待望《たいぼう》」「有望《ゆうぼう》」の熟語ができます。

❷ (2)「別《わか》れる」を「分かれる」と書かないように気をつけましょう。

❸ どちらも音読みは「トク」です。画数を数えるときは、一画一画ていねいに数えるようにしましょう。

❹ (1)⑥「しづ」と書かないように気をつけましょう。
(2)「なかよく」は、漢字と送りがなで書くと「仲良《なかよ》く」となります。

9 話し合いをしよう①

19ページ

❶ (1)例 (2)積極的 (3)例 (4)積 (5)的外 (6)例文 (7)究極 (8)目的 (9)南極 (10)面積

(1)願 (2)愛犬

まちがえたら、見直しましょう。 ≫3ページ

ポイント

❶ (2)「積極的《せっきょくてき》」は、「進んで物事を行うさま」という意味です。英語《えいご》では「ポジティブ」といいます。反対の意味の言葉は「消極的」で、「自分から進んでは物事を行わないさま」という意味です。英語では「ネガティブ」といいます。「積《せき》」の「禾」を「木」と書かないように気をつけましょう。
(5)「的外《まとはず》れ」は、「大事なところをはずしているさま・見当ちがいなさま」という意味です。「的」を訓読《くんよ》みで読むことに気をつけましょう。「的」の訓読みは「まと」、音読みは「テキ」です。
(7)「究極《きゅうきょく》」は、「物事をつきつめてきわめること・きわめて行き着いたところ」という意味です。

10 話し合いをしよう②

21ページ

❶ (1)側 (2)共通 (3)名案 (4)省 (5)側面 (6)共 (7)反省 (8)省 (9)共有 (10)案内

(1)望 (2)静

まちがえたら、見直しましょう。 ≫5ページ

ポイント

❶ (1)「側」の訓読《くんよ》みは「がわ」、音読みは「ソク」です。
(2)「共通《きょうつう》」は、「二つ以上《いじょう》のもののどれにもあてはまること」という意味です。「共」の音読みは「キョウ」、訓読みは「とも」です。
(3)「名案《めいあん》」は、「よい考え・すぐれた思いつき」という意味です。同じ読みの言葉に「明暗」があるので気をつけましょう。
(4)「省《はぶ》く」は、「いらないものを取りのぞく」という意味です。上の部分は「小」ではなく「少」です。また、下の部分の「目」を「日」と書かないように気をつけましょう。
(5)「側面《そくめん》」は、「物体の正面ではない横の面」という意味がありますが、ここでは「いろいろな面があるうちの一つの面」という意味で用いられています。
(6)「共《とも》に」は、「いっしょに」という意味です。同じ読みの「友」に気をつけましょう。
(9)「共有《きょうゆう》」は、「一つのものを二人以上でいっしょにもつこと」という意味です。

11 ちょうせんしてみよう①

23ページ

❶ (1)成長 (2)失敗 (3)成 (4)失 (5)敗 (6)成功 (7)消失 (8)勝敗 (9)功 (10)成

(1)求 (2)仲

まちがえたら、見直しましょう。 ≫7ページ

ポイント

❶ (2)「失敗《しっぱい》」の「失」の音読みは「シツ」、訓読《くんよ》みは「うしな(う)」です。送りがなを「失なう」と書くまちがいが多いので気をつけましょう。また、「失」の四画目はしっかり上につき出すようにしましょう。「矢」と書きまちがえないようにします。「敗」の音読みは「ハイ」、訓読みは「やぶ(れる)」ですが、「失敗」の場合は「パイ」と読みます。
(6)「成功《せいこう》」の反対の意味の言葉は、(2)「失敗」です。「成」の音読みは「セイ」、訓読みは「な(る)」「な

（す）」です。「成」は筆順《ひつじゅん》に気をつけて書きましょう。「ノ→厂→万→成→成→成」の順で書きます。
(9)「功績《こうせき》」は、「りっぱなはたらき・あることを成《な》しとげたほめられるようなはたらき」という意味です。

12 ちょうせんしてみよう② 25ページ

❶
(1)初 (2)体験 (3)苦労 (4)指令[司令] (5)最初 (6)実験 (7)初 (8)労力 (9)命令 (10)初耳

(1)大笑 (2)約

まちがえたら、見直しましょう。≫9ページ

ポイント
❶ (1)「初《はじ》めて」の「初」は、「ネ」の「丶」をわすれて「ネ」と書いてしまわないように気をつけましょう。「初」の訓読《くんよ》みには「はじ（めて）」のほかに、「はじ（め）」「はつ」があります。音読みは「ショ」です。
(4)「指令《しれい》」は、「指図《さしず》してあることをするように言いつけること」という意味です。
(8)「労力《ろうりょく》」は、「何かをするために心や体をはたらかせること」という意味です。「労」は、「⺍」の部分を「⺌」と書かないように気をつけましょう。
(10)「初耳《はつみみ》」は、「初めて聞くこと」という意味です。

13 わたしたちのゆめ 27ページ

❶
(1)飛行 (2)必要 (3)努力 (4)飛 (5)必 (6)要 (7)努 (8)必死 (9)重要 (10)飛

(1)特定 (2)完走

まちがえたら、見直しましょう。≫11ページ

ポイント
❶ (1)「飛」は、字形に気をつけて書きましょう。筆《ひつ》順《じゅん》にも気をつけて書きましょう。「⺄→⺄→⺄→⻜→⻜→飛→飛→飛」の順で書きます。
(2)「必要《ひつよう》」の「必」は、筆順に気をつけて書きましょう。「丶→ソ→义→必→必」の順で書きます。
(6)「要《かなめ》」は、「ある物事の最《もっと》も大事な部分」という意味です。「要」の訓《くん》読《よ》みは「かなめ」、音読みは「ヨウ」です。
(7)「努《つと》める」は、「ある目的《もくてき》のために力をつくして物事を行う」という意味です。「努」の訓読みは「つと（める）」、音読みは「ド」です。

14 まとめのテスト③ 29ページ

❶
(1)つと (2)な (3)とも (4)やまづ (5)ひつどく (6)こうみょう (7)ふよう (8)れいわ (9)うちがわ (10)ひらい (11)ひっけん (12)きょうどう (13)たいせき

❷
(1)失礼 (2)労 (3)例外 (4)敗北 (5)帰省 (6)受験 (7)答案 (8)初回 (9)例題 (10)大敗 (11)北極 (12)具体的

ポイント
❶ (2)「成《な》り立《た》ち」は、「あるものができあがるまでのいきさつ」という意味です。
(4)「山積《やまづ》み」の「積」の訓読《くんよ》みは「つ（む）」「つ（もる）」ですが、ここでは「づ（み）」とにごって読むことに気をつけましょう。
(6)「功名《こうみょう》」は、「手がらを立てて名を広く知られること・名を広く知られることになった手がら」という意味です。「名」を「みょう」と読むことに気をつけましょう。
❷ (12)「具体的《ぐたいてき》」は、「形などがあってはっきりとわかりやすいさま」という意味です。

15 まとめのテスト④ 31ページ

❶
(1)たと (2)はつゆき (3)しつぎょう (4)ちてき (5)はいしゃ (6)しょうりょく (7)ろう (8)けん (9)しってん (10)ずあん (11)しょにち (12)てきちゅう (13)もんぶかがくしょう

❷
(1)飛 (2)令 (3)成立 (4)必勝 (5)共学 (6)要点 (7)年功 (8)両側 (9)積雪 (10)努力 (11)成人式 (12)要注意

ポイント
❶ (7)「徒労《とろう》」は、「むだな苦労」という意味です。
(12)「的中《てきちゅう》」は、「見こみや予想が当たること」という意味です。
(13)「省」という漢字には、「国の行政機関《ぎょうせいきかん》」という意味があります。「文部科学省《もんぶかがくしょう》」の「省」は、この意味で用いられています。ほかに「はぶく」という意味

があり、(6)「省力《しょうりょく》」は、この意味で用いられています。「反省《はんせい》」「自省《じせい》」などは、「ふり返ってよく考える」という意味で用いられています。

❷ (7)「年功《ねんこう》」は、「長い年月にわたる功績《こうせき》」という意味です。「功」は、「エ」の部分を「土」、「力」の部分を「刀」と書かないように気をつけましょう。

16 パズル・実せん❷ 33ページ

❶ (1)案 (2)令

❷ (1)積極↔消極 (2)成功↔失敗

❸ イ

❹ (1)①飛行 ②体験 ③努力 ④**ひつよう** ⑤**たと** ⑥**くろう**
(2)7(画)

ポイント

❶ (1)「案内《あんない》」「案外《あんがい》」「名案《めいあん》」「思案《しあん》」の熟語《じゅくご》ができます。「思案」は、「あれこれと物事について考えること」という意味です。

❷ (2)「命令《めいれい》」「指令《しれい》」「号令《ごうれい》」「法令《ほうれい》」の熟語ができます。反対の意味の言葉の組み合わせを覚《おぼ》えておきましょう。

❸「側」の音読みは「ソク」、訓読《くんよ》みは「がわ」です。ア「内側」は「うちがわ」、イ「側面」は「そくめん」、ウ「両側」は「りょうがわ」、エ「右側」は「みぎがわ」と読み、イだけが音読みで、ほかは訓読みです。

❹ (2)「初」は、四画目の「丶」を数えわすれないようにしましょう。

17 算数の時間① 35ページ

❶ (1)以上 (2)未満 (3)半径 (4)満 (5)直径 (6)以内 (7)未知 (8)以前 (9)未来 (10)満足

❷ (1)消極的 (2)積

まちがえたら、見直しましょう。 ≫19ページ

ポイント

❶ (1)「以上《いじょう》」の反対の意味の言葉は「以下」です。「百以上」というとき、「百」をふくみます。
(2)「未満《みまん》」は、「ある数に満たない」という意味です。「千未満」というとき、「千」はふくみません。
(7)「未知《みち》」は、「まだ知らない・まだ知られていない」という意味です。「未」という漢字には、「まだ〜しない」という下の漢字の意味を打ち消すはたらきがあります。

18 算数の時間② 37ページ

❶ (1)兆 (2)億 (3)単位 (4)位 (5)単 (6)上位 (7)単語 (8)首位 (9)前兆 (10)億万

❷ (1)側 (2)案外

まちがえたら、見直しましょう。 ≫21ページ

ポイント

❶ (1)「兆《ちょう》」は、筆順《ひつじゅん》に気をつけて書くようにしましょう。「丿→丬→兆→兆→兆」の順で書きます。
(4)「位《くらい》」は、「数を数えるときの区切り」のことです。「位」の訓読《くんよ》みは「くらい」、音読みは「イ」です。
(9)「前兆《ぜんちょう》」は、「何かが起こるその前にあらわれるきざし・前ぶれ」という意味です。
(10)「億万長者《おくまんちょうじゃ》」は、「とても多くの金銭《きんせん》をもっている人・大金持ち」という意味の四字熟語《じゅくご》です。

19 児童会《じどうかい》の仲間《なかま》 39ページ

❶ (1)児童会 (2)司会 (3)副 (4)連 (5)園児 (6)連 (7)司書 (8)副題 (9)連休 (10)連

❷ (1)作成 (2)失言

まちがえたら、見直しましょう。 ≫23ページ

ポイント

❶ (2)「司会《しかい》」は、「会の進行役をする人」のことです。
(3)「副《ふく》」という漢字には、「主となるものにつきしたがうもの」という意味があります。同じ読みには「福」「服」という漢字があるので、気をつけて書き分けましょう。
(4)「連」の音読みは「レン」、訓読《くんよ》みは「つら(なる)」「つら(ねる)」「つ(れる)」です。送りがなに気をつけて読み分けましょう。
(7)「司書《ししょ》」は、「図書館で本に関係《かんけい》する仕事をする人」のことです。

20 今日《きょう》は参観日《さんかんび》 41ページ

❶
(1) 参観日 (2) 欠席 (3) 着席
(4) 出欠 (5) 持参 (6) 観光
(7) 参考 (8) 欠 (9) 参
(10) 欠

(1) 初
(2) 号令

まちがえたら、見直しましょう。
≫25ページ

❶ ポイント
(2)「欠席《けっせき》」は、「出るべき会などに出ないこと」という意味です。反対の意味の言葉は「出席」です。
(5)「持参《じさん》」は、「物などを持っていくこと・物などを持ってくること」という意味です。
(8)「欠《か》かさず」は、「ある物事をしないですますことなく」という意味です。

21 卒業式《そつぎょうしき》の練習 43ページ

❶
(1) 卒業式 (2) 合唱 (3) 放課後
(4) 低学年 (5) 課題曲 (6) 卒園
(7) 低 (8) 暗唱 (9) 低
(10) 唱

(1) 努力家
(2) 必

まちがえたら、見直しましょう。
≫27ページ

❶ ポイント
(2)「合唱《がっしょう》」は、「たくさんの人で声を合わせて歌うこと」という意味です。「唱」の音読みは「ショウ」、訓読《くんよ》みは「とな(える)」です。
(4)「低《てい》」は、最後《さいご》の「一」を書きわすれないようにしましょう。
(5)「課題《かだい》」は、「あたえられた題目・果《は》たすべき仕事」という意味です。
(8)「暗唱《あんしょう》」は、「暗記したことを口に出して言うこと」という意味です。
(10)「唱《とな》える」は、「口に出して言う」という意味です。

22 まとめのテスト⑤ 45ページ

❶
(1) つ (2) しょう
(3) せき (4) こくれん
(5) おうい (6) たんちょう
(7) いご (8) しれい
(9) ふくぎょう (10) くうせき
(11) さんれつ (12) たんこうぼん
(13) みこうかい

❷
(1) 児 (2) 満 (3) 千億
(4) 日課 (5) 観客 (6) 低音
(7) 高卒 (8) 欠員 (9) 課題
(10) 億兆 (11) 外径 (12) 高低

❶ ポイント
(2)「提唱《ていしょう》」は、「意見などを唱《とな》えて主張《しゅちょう》すること」という意味です。
(4)「国連《こくれん》」は、「国際連合《こくさいれんごう》」を略《りゃく》したものです。
(6)「単調《たんちょう》」は、「変化《へんか》があまりなく、調子が一定であること」という意味です。
(8)「司令官《しれいかん》」は、「大きな部隊《ぶたい》などをとりまとめる仕事をする人」のことです。
(11)「参列《さんれつ》」は、「式などに参加《さんか》して列席《れっせき》すること」という意味です。

❷
(1)「児《じ》」は、六画目ははらい、七画目ははねるようにしましょう。
(5)「観《かん》」の「隹」は字形に気をつけて書きましょう。
(10)「億兆《おくちょう》」は、「数がとても大きいこと」という意味です。

23 まとめのテスト⑥ 47ページ

❶
(1) か (2) ちょう
(3) かちょう (4) がいかん
(5) いちおく (6) まんげつ
(7) こうけい (8) しんそつ
(9) けつらく (10) まんかい
(11) いくじ (12) ていきゅう
(13) よちょう

❷
(1) 席 (2) 参 (3) 未定
(4) 副食 (5) 上司 (6) 以外
(7) 地位 (8) 単語 (9) 連日
(10) 行司 (11) 歌唱力 (12) 未発表

❶ ポイント
(2)「兆候《ちょうこう》」は、「物事の起こる前ぶれ」という意味です。(13)「予兆《よちょう》」も同じ意味の言葉です。「兆」という漢字は、「一億《いちおく》の一万倍」という意味のほかに、

「前ぶれ・きざし」という意味があります。
(4)「外観《がいかん》」は、「外から見た様子」という意味です。
(7)「口径《こうけい》」は、「丸いつつ状《じょう》の物体の内側《うちがわ》の直径」という意味です。

❷
(2)「参《さん》」は、「彡」の向きに気をつけて書くようにしましょう。
(6)「以外《いがい》」には、同じ読みの言葉の「意外」があるので気をつけましょう。
(10)「行司《ぎょうじ》」は、「すもうで力士《りきし》の勝ち負けを決める役」という意味です。

24 パズル・実せん❸

49ページ

❶
(1)位 (2)未

❷
(1)①まんげつ ②み
(2)①れんじつ ②つら
(3)①けってん ②か

❸
(1)①がっしょう ②きゃくせき ③いか ④観客 ⑤課題 ⑥一位
(2)福→副

ポイント

❶
(1)「単位《たんい》」「首位《しゅい》」「地位《ちい》」の熟語《じゅくご》ができます。
(2)「未来《みらい》」「未定《みてい》」「未明《みめい》」の熟語ができます。

❷
(1)①は音読み、②は訓読《くんよ》みで読みます。「満」の音読みは「マン」、訓読みは「み(ちる)」「み(たす)」です。
(2)①は音読み、②は訓読みで読みます。「連」の音読みは「レン」、訓読みは「つら(なる)」「つら(ねる)」「つ(れる)」です。送りがなが「なる」のときは「つら」と読みます。
(3)①は音読み、②は訓読みで読みます。「欠」の音読みは「ケツ」ですが、「欠点」の場合は「けってん」とつまって読みます。訓読みは「か(ける)」「か(く)」です。

❸
(2)「副《ふく》」は、同じ部分があり、同じ読みの「福」と気をつけて書き分けるようにしましょう。「副賞《ふくしょう》」は、「正式の賞にそえておくられるお金や品物」という意味です。

25 給食室《きゅうしょくしつ》での調理

51ページ

❶
(1)給食 (2)材料 (3)大量
(4)食材 (5)量 (6)料理
(7)分量 (8)給油 (9)取材
(10)自給自足

(1)以下
(2)満

まちがえたら、見直しましょう。 ≫35ページ

ポイント

❶
(5)「はかる」は、意味によって使う漢字がことなるので気をつけましょう。物の重さや容積《ようせき》をはかる場合には、「量《はか》る」と書きます。時間や数をはかる場合には、「計る」と書きます。「量」の音読みは「リョウ」です。
(8)「給油《きゅうゆ》」は、「油を注ぐこと」という意味です。「給」という漢字には、「足す」という意味があります。
(10)「自給自足《じきゅうじそく》」は、「必要《ひつよう》なものを自分で作って用意すること」という意味の四字熟語《じゅくご》です。

26 れきしを学ぶ

53ページ

❶
(1)戦場 (2)軍隊 (3)戦争
(4)隊長 (5)戦 (6)争
(7)作戦 (8)争点 (9)軍手
(10)登山隊

(1)何億円
(2)位

まちがえたら、見直しましょう。 ≫37ページ

ポイント

❶
(1)「戦《せん》」は、「戈」の字形に気をつけて書くようにしましょう。十二画目の「ノ」や十三画目の「、」を書きわすれないようにします。「戦」の音読みは「セン」、訓読《くんよ》みは「たたか(う)」です。
(2)「軍隊《ぐんたい》」の「隊」は、「豕」の「丷」を「ッ」と書かないように気をつけましょう。「豕」の部分の字形にも気をつけて書きます。
(8)「争点《そうてん》」は、「争《あらそ》いの中心になっているところ」という意味です。「争」の音読みは「ソウ」、訓読みは「あらそ(う)」です。

27 図書室で本を読もう　55ページ

❶ (1)英語 (2)辞典 (3)借 (4)英文 (5)借用 (6)事典 (7)借 (8)英会話 (9)古典 (10)辞書

(1)副作用 (2)児

まちがえたら、見直しましょう。≫39ページ

ポイント

❶ (2)「辞典《じてん》」は、「言葉の意味や用法《ようほう》について説明《せつめい》している書物」のことです。「辞」は「辛」の部分を「幸」と書かないように気をつけましょう。「辞典」に対して、(6)「事典」は、「ある事物について説明している書物」のことをいいます。

(3)「借《か》りる」の反対の意味の言葉は「貸《か》す」です。

(5)「借用《しゃくよう》」は、「借りて使うこと」という意味です。

(9)「古典《こてん》」は、「昔の書物」のことです。

(10)「辞書《じしょ》」は、「辞典」とにた意味の言葉です。

28 クラブ活動に参加《さんか》する　57ページ

❶ (1)目標 (2)友達 (3)訓練 (4)縄 (5)上達 (6)標本 (7)縄 (8)配達 (9)標語 (10)訓

(1)欠点 (2)運転席

まちがえたら、見直しましょう。≫41ページ

ポイント

❶ (2)「友達《ともだち》」は、特別《とくべつ》な読み方をする言葉です。

(5)「達《たつ》」の「幸」の部分は、横画の数に気をつけて書くようにしましょう。

(6)「標本《ひょうほん》」は、「生物などに手を加《くわ》えてそのままのじょうたいでたもっておけるようにしたもの」という意味です。

(9)「標語《ひょうご》」は、「目標などをわかりやすく手短に表した言葉」のことです。

29 運動会の練習　59ページ

❶ (1)陸上 (2)試合 (3)競走 (4)旗 (5)試 (6)白旗 (7)試着 (8)校旗 (9)着陸 (10)競馬

(1)課外 (2)低下

まちがえたら、見直しましょう。≫43ページ

ポイント

❶ (3)「競走《きょうそう》」と、同じ読みの言葉に「競争《きょうそう》」がありますが、「競争」は「勝ち負けなどをきそうこと」という意味です。「競」には「キョウ」のほかに「ケイ」という音読みがあります。

(5)「試《こころ》みる」は、「ためしにやってみる」という意味です。「試」の訓読《くんよ》みは「こころ(みる)」、音読みは「シ」です。

30 まとめのテスト⑦　61ページ

❶ (1)はか (2)なわ (3)せじ (4)げんりょう (5)こころ (6)おんくん (7)ぐんじん (8)てばた (9)にゅうし (10)てん (11)おおなわ (12)かくん (13)きしゅ

❷ (1)上陸 (2)達成 (3)競争 (4)対戦 (5)借金 (6)標高 (7)隊員 (8)競泳 (9)大陸 (10)材木 (11)給料 (12)英会話

ポイント

❶ (3)「お世辞《せじ》」は、「相手に気に入られるように口にする調子のいい言葉」のことです。「辞」という漢字には、「言葉」という意味があります。

(10)「祝典《しゅくてん》」は、「祝《いわ》いのために定まった形で行われる行事」という意味です。

(12)「家訓《かくん》」は、「守らなければならないこととして、その家に伝《つた》わるきまり」のことです。

❷ (6)「標高《ひょうこう》」は、「海水面からはかった陸地《りくち》の高さ」という意味です。

(12)「英会話《えいかいわ》」や、「英語」「英文」などの熟語《じゅくご》の「英」という漢字は、「イギリス」という意味で用いられています。

31 まとめのテスト⑧　63ページ

❶
(1)えい　(2)か
(3)ひょう　(4)せんりょく
(5)きょうざい　(6)ぶたい
(7)はいきゅう　(8)はったつ
(9)りくち　(10)がくたい
(11)けっせん　(12)きょうほ
(13)ともだち

❷
(1)争　(2)典　(3)縄
(4)試食　(5)数量　(6)教訓
(7)食料　(8)国旗　(9)辞書
(10)海軍　(11)試作品　(12)入場料

ポイント

❶ (1)「英《えい》ゆう」は、「すぐれた才知や武力《ぶりょく》があり、ふつうの人ではできないことを成《な》しとげた人・ヒーロー」のことです。「英」という漢字には、「すぐれる」という意味があります。

(7)「配給《はいきゅう》」は、「物などを分けて各自《かくじ》に配ること」という意味です。

(12)「競《きょう》」は、左右の部分の形が少しちがいます。字形に気をつけて書くようにしましょう。

❷ (1)「ふん争《そう》」は、「あることについてもめて争《あらそ》うこと・もめごと」という意味です。「争」は、最後《さいご》の一画をはねるようにしましょう。

32 パズル・実せん④　65ページ

❶ (1)材　(2)給
❷ (1)量　(2)計
❸ (1)陸上↔海上
(2)戦争↔平和
❹ (1)①きょうそう　②か　③はた
④特訓　⑤目標　⑥達成
(2)イ

ポイント

❶ (1)「取材《しゅざい》」「教材《きょうざい》」「題材《だいざい》」の熟語《じゅくご》ができます。

(2)「給食《きゅうしょく》」「給油《きゅうゆ》」「給料《きゅうりょう》」の熟語ができます。

❷ (1)「重さ」をはかる場合は「量《はか》る」と書きます。

(2)「時間」をはかる場合は「計る」と書きます。

❸ (1)「陸《りく》」と「海」は、それぞれ反対の意味をもつ漢字です。

(2)「平和」は、「戦争《せんそう》がないじょうたいのこと」という意味なので、反対の意味の言葉は「戦争」です。

❹ (1)⑥「達《たつ》」の「辶」は、三画で書きます。

(2)漢字の筆順《ひつじゅん》には、全体をつらぬく画は最後《さいご》に書くというきまりがあるので、「縄《なわ》」の「乚」の部分も最後に書きます。

33 健康《けんこう》にすごす　67ページ

❶
(1)健康　(2)血管　(3)治
(4)管理　(5)治　(6)小康
(7)治　(8)健室　(9)治
(10)管

(1)料金
(2)題材

まちがえたら、見直しましょう。
≫51ページ

ポイント

❶ (1)「健康《けんこう》」の「康」は、字形に気をつけて書きましょう。

(2)「管《かん》」の音読みは「カン」、訓読《くんよ》みは「くだ」です。

(3)「治《なお》る」の「治」の訓読みは「なお(る)」「なお(す)」のほかに、「おさ(める)」「おさ(まる)」があります。音読みは「ジ」「チ」です。

(6)「小康《しょうこう》」は、「悪くなっていた病気が、安定してくること」という意味です。

34 けがに注意する　69ページ

❶
(1)包帯　(2)泣　(3)折
(4)包　(5)帯　(6)折
(7)帯　(8)折　(9)包丁
(10)泣

(1)隊
(2)争

まちがえたら、見直しましょう。
≫53ページ

ポイント

❶ (1)「包帯《ほうたい》」の「包」は、「己」の部分を「巳」と書かないように気をつけましょう。「包」の音読みは「ホウ」、訓読《くんよ》みは「つつ(む)」です。「帯」は、「卌」の部分の筆順《ひつじゅん》に気をつけて書きましょう。「一↓十↓卄↓卅↓卌」の順で、五画で書きます。「帯」の音読みは「タイ」、訓読みは「お(びる)」「おび」です。

(2)「泣《な》く」は、同じ読みの「鳴く」に気をつけて書き分けましょう。

(8)「折《おり》」は、「機会《きかい》・時間を区切ったある時点」という意味です。

35 栄養《えいよう》をとる

71ページ

❶ (1)栄養　(2)改　(3)無理　(4)養　(5)無　(6)休養　(7)無事　(8)改正　(9)光栄　(10)栄

(1)英国　(2)借

まちがえたら、見直しましょう。 ≫55ページ

ポイント

❶ (2)「改《あらた》める」は、「よいほうに変《か》える」という意味です。送りがなのまちがいが多いので気をつけましょう。
(3)「無《む》」には、「ム」「ブ」の音読みがあります。
(4)「養《やしな》う」は、「育ててたくわえる・作り上げる」という意味です。
(9)「光栄《こうえい》」は、「行動などをほめられてほまれに思うこと」という意味です。
(10)「栄《さか》える」は、「いきおいがさかんになる」という意味です。

36 食事を作る

73ページ

❶ (1)食器　(2)野菜　(3)塩　(4)飯　(5)青菜　(6)食塩　(7)飯　(8)器用　(9)山菜　(10)夕飯

(1)速達　(2)縄

まちがえたら、見直しましょう。 ≫57ページ

ポイント

❶ (2)「菜《さい》」の音読みは「サイ」、訓読《くんよ》みは「な」です。「菜」という漢字には、「葉やくきを食べることのできる草」という意味があります。「菜」という漢字には「おかず」という意味もあり、「前菜」「副菜《ふくさい》」などの熟語《じゅくご》で用いられます。
(4)「飯」は「𩙿」の字形に気をつけましょう。「食」が「へん」になった場合、形が少し変《か》わります。

37 家事をする

75ページ

❶ (1)衣類　(2)鏡　(3)置　(4)鏡台　(5)位置　(6)衣食住　(7)書類　(8)置　(9)手鏡　(10)類

(1)試　(2)競走

まちがえたら、見直しましょう。 ≫59ページ

ポイント

❶ (2)「鏡《かがみ》」は訓読《くんよ》みです。音読みは「キョウ」です。
(3)「置《お》く」の「置」は「罒」を「四」と書かないように気をつけましょう。「置」の訓読みは「お(く)」、音読みは「チ」です。
(10)「類《たぐ》いまれ」は、「めったにないことであるさま・めずらしいことであるさま」という意味です。「類」の訓読みは「たぐ(い)」、音読みは「ルイ」です。「類い」は、「同じ種類《しゅるい》のもの・同じ程度《ていど》のもの」という意味です。

38 まとめのテスト❾

77ページ

❶ (1)こころな　(2)お　(3)ひるめし　(4)けんぜん　(5)ぶんるい　(6)むめい　(7)はいかん　(8)きょうめん　(9)がんえん　(10)どうるい　(11)しょうこう　(12)ほうち　(13)ぶれい

❷ (1)養　(2)包　(3)改　(4)泣　(5)菜園　(6)右折　(7)栄光　(8)養分　(9)白衣　(10)消火器　(11)時間帯　(12)自治会

ポイント

❶ (1)「心無《こころな》い」は、「思いやりがない」という意味です。「無」の訓読《くんよ》みは「な(い)」で、音読みは「ム」「ブ」の二つがあります。(6)「無名《むめい》」の「無」は「ム」と読み、(13)「無礼《ぶれい》」の「無」は「ブ」と読みます。
(4)「健全《けんぜん》」は、「心や体が正しいじょうたいにあって健康《けんこう》であること・行動や思考にかたよりがなく調和がとれていること」という意味です。

❷ (12)「自治《じち》」は、「自分たちに関《かか》わることを自分たちの責任《せきにん》で取りはからうこと」という意味です。

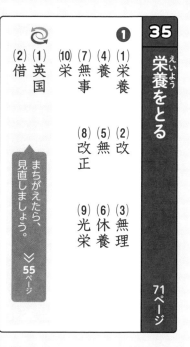

39 まとめのテスト⑩ 79ページ

❶
(1) がっき (2) おび
(3) えい (4) な
(5) ちすい (6) きょくせつ
(7) きょうよう (8) ほう
(9) かいぎょう (10) いったい
(11) つつ (12) ざい
(13) おりおり

❷
(1) 鏡 (2) 健 (3) 飯
(4) 無数 (5) 塩水 (6) 鉄管
(7) 配置 (8) 衣服 (9) 健康
(10) 親類 (11) 食塩 (12) 管楽器

ポイント

❶ (2)「帯《おび》」の訓読《くんよ》みには、「おび」と「お（びる）」があります。
(3)「栄誉《えいよ》」は、「かがやかしいほまれ」という意味です。
(5)「治水《ちすい》」は、「水害《すいがい》などをふせぐために川の工事などを行うこと」という意味です。「治」には「チ」のほかに「ジ」という音読みがありますが、「じすい」などと読まないように気をつけましょう。
(12)「総菜《そうざい》」は、「ふだんのおかず」という意味です。
(13)「四季折々《しきおりおり》」は、「春夏秋冬の四つの季節《きせつ》のそのときどき」という意味の四字熟語《じゅくご》です。

❷ (6)「管《かん》」という漢字には、「細長いつつ」という意味があり、「鉄管」の「管」はこの意味で用いられています。また、「管」という漢字には「笛・楽器《がっき》の一つ」という意味があり、(12)「管楽器」の「管」はこの意味で用いられています。そのほか「とりしまる」という意味もあり、「管理」「管制《かんせい》」などの「管」はこの意味で用いられています。

40 パズル・実せん⑤ 81ページ

❶ (1) 類 (2) 管

❷
(1) ① 病気をナオす。― 治
② 時計をナオす。― 直
(2) ① 妹がナく。― 泣
② 鳥がナく。― 鳴

❸ イ

❹
(1) ① やさい ② ほうちょう
③ しお
④ 食器 ⑤ 健康 ⑥ 栄養
(2) 反→飯

ポイント

❶ (1)「分類《ぶんるい》」「衣類《いるい》」「親類《しんるい》」の熟語《じゅくご》ができます。
(2)「鉄管《てっかん》」「配管《はいかん》」「血管《けっかん》」の熟語ができます。

❷ (1)「こわれたものをもとにもどす」という意味で用いる場合は「直す」、「病気やけががよくなるようにする」という意味で用いる場合は「治《なお》す」と書きます。
(2)「人が悲しみなどのために声を出す」という意味で用いる場合は「泣《な》く」、「虫や鳥などが声を出す」という意味で用いる場合は「鳴く」と書きます。

❹ (1) ③「塩」を一語で用いる場合は、「しお」と訓読《くんよ》みで読みます。
(2)「飯《はん》」と「反」は、音読みが同じなので気をつけましょう。

41 家族とすごす 83ページ

❶
(1) 祝 (2) 孫 (3) 夫
(4) 祝日 (5) 夫 (6) 祝
(7) 子孫 (8) 老人 (9) 夫人
(10) 老

❷
(1) 水道管
(2) 治安

まちがえたら、見直しましょう。 ≫67ページ

ポイント

❶ (1)「祝《いわ》う」の「祝」は、「ネ」を「ネ」と書かないように気をつけましょう。
(2)「孫《まご》」の右部分は「糸」ではなく「系」です。「ノ」を書きわすれないようにしましょう。
(8)「老人《ろうじん》」の「老」は、形のにた「考」に気をつけて書き分けましょう。「老」の音読みは「ロウ」、訓読《くんよ》みは「お（いる）」です。
(9)「夫人《ふじん》」は、ほかの人の妻《つま》をうやまっていう言葉です。同じ読みの言葉に「婦人《ふじん》」がありますが、「婦人」は「大人《おとな》の女性《じょせい》」という意味です。「夫」は、一画目の横画よりも二画目の横画を長く書くようにしましょう。

42 日記をつける 85ページ

❶
(1) 昨年 (2) 記録 (3) 残
(4) 覚 (5) 昨日 (6) 残
(7) 覚 (8) 録音 (9) 感覚
(10) 残雪

❷
(1) 小包
(2) 折紙

まちがえたら、見直しましょう。 ≫69ページ

❶ ポイント
(1)「昨《さく》」という漢字には、「ひとまわり前の」という意味があります。したがって、「昨年」は「一つ前の年・去年」という意味になります。
(4)「覚《おぼ》え」の「覚」は、「⺍」の部分を「⺌」と書かないように気をつけましょう。「覚」の訓読《くんよ》みは「おぼ(える)」のほかに、「さ(ます)」「さ(める)」があります。
(5)「昨日《きのう》」は「きのう」と読み、特別《とくべつ》な読み方をする言葉です。音読みは「カク」です。「さくじつ」と読むこともあります。
(6)「残《のこ》る」の「残」は、「戋」の字形に気をつけて書くようにしましょう。

43 本を読む 87ページ

❶
(1) 小説 (2) 結末 (3) 芸
(4) 結 (5) 末 (6) 文芸
(7) 説明 (8) 年末 (9) 説
(10) 学芸会

(1) 改 (2) 無

まちがえたら、見直しましょう。 ≫71ページ

❶ ポイント
(2)「結末《けつまつ》」の「末」は、一画目の横画よりも二画目の横画を短く書くようにしましょう。形のにている「未《み》」と書き分けるようにします。「末」の音読みは「マツ」、訓読《くんよ》みは「すえ」です。
(5)「行く末《すえ》」は、「この先のなりゆき・行く先」という意味です。
(9)「説《と》く」は、「物事についてわかりやすく話す」という意味です。「説」の訓読みは「と(く)」、音読みは「セツ」です。

44 おふろに入る 89ページ

❶
(1) 入浴 (2) 熱 (3) 加
(4) 清 (5) 浴 (6) 熱気
(7) 追加 (8) 日光浴 (9) 熱心
(10) 清水

(1) 菜 (2) 赤飯

まちがえたら、見直しましょう。 ≫73ページ

❶ ポイント
(2)「熱《あつ》い」は、「温度が高いと感じられる」という意味です。同じ読みの言葉に「暑い」がありますが、「暑い」は「気温がとても高い」という意味です。
(4)「清《せい》けつ」は、「よごれがなくてきれいなこと」という意味です。「清」の音読みは「セイ」、訓読《くんよ》みは「きよ(い)」「きよ(まる)」「きよ(める)」です。
(10)「清水《しみず》」は、特別《とくべつ》な読みをする言葉です。「清水」は、「にごっていないきれいな水」という意味です。

45 調べ物をする 91ページ

❶
(1) 関心 (2) 伝 (3) 方法
(4) 念入 (5) 関 (6) 伝記
(7) 手法 (8) 残念 (9) 手伝
(10) 関所

(1) 置 (2) 鏡

まちがえたら、見直しましょう。 ≫75ページ

❶ ポイント
(1)「関心《かんしん》」は、「ある物事に心をひかれること」という意味です。同じ読みの言葉に「感心」があるので、気をつけて書き分けましょう。「感心」は、「心に深く感じること」という意味です。
(4)「念入《ねんい》り」は、「細かいところにまで気をつけて物事を行うこと」という意味です。
(5)「関《かか》わる」は、「つながりがある」という意味です。「関」の訓読《くんよ》みは「かか(わる)」のほかに「せき」があります。音読みは「カン」です。
(6)「伝記《でんき》」は、「ある人物の生き方や残《のこ》した成果《せいか》などを書き記した書物」のことです。
(9)「手伝《てつだ》う」は、特別《とくべつ》な読み方をする言葉です。
(10)「関所《せきしょ》」は、「昔、都市などの重要《じゅうよう》なところに置《お》かれていた、通行人を取り調べるための場所」のことです。

46 まとめのテスト⑪ 93ページ

❶
(1) こころのこ (2) と
(3) むす (4) さくや
(5) かそく (6) えんげい
(7) ざんしょ (8) けっきょく
(9) よくしつ (10) はつねつ
(11) てつだ (12) しみず
(13) きのう[さくじつ]

❷
(1) 孫 (2) 目覚 (3) 念
(4) 祝福 (5) 農夫 (6) 老木
(7) 末日 (8) 関 (9) 発覚
(10) 作法 (11) 住所録 (12) 祝勝会

❶ ポイント
(1)「心残《こころのこ》り」は、「思いが残ってあきらめきれないこと」という意味です。

❷
(7)「残暑《ざんしょ》見まい」は、「暑さがまだ残る時期に、友人などにあてて書く手紙」のことです。
(4)「祝福《しゅくふく》」は、「幸福をよろこんで祝《いわ》うこと・幸福をいのること」という意味です。「祝」の訓読《くんよ》みは「いわ(う)」、音読みは「シュク」です。
(8)「機関《きかん》」は、「同じ目的《もくてき》に向かって進むある集団《しゅうだん》」という意味です。
(9)「発覚《はっかく》」は、「かくしていたことなどが表に出ること」という意味です。

47 まとめのテスト⑫ 95ページ

❶
(1) **おぼ** (2) **すえ**
(3) **ほう** (4) **しゅくさい**
(5) **としお** (6) **すいふ**
(7) **とうろく** (8) **はつまご**
(9) **みかく** (10) **せいりゅう**
(11) **ちょうろう** (12) **おおぜき**
(13) **にゅうねん**

❷
(1) 水浴 (2) 伝 (3) 加工
(4) 熱意 (5) 説教 (6) 残金
(7) 加入 (8) 結成 (9) 伝言
(10) 熱湯 (11) 工芸品 (12) 昨年度

ポイント

❶
(1)「覚《おぼ》え書き」は、「わすれないように書きとめておいた文書・メモ」のことです。
(11)「長老《ちょうろう》」は、年をとった人をうやまっていう言葉です。「年をとった人のうち、ゆたかな知恵《ちえ》や経験《けいけん》があって、教えみちびく立場にある人」という意味ももっています。
(12)「大関《おおぜき》」は、すもうの位《くらい》の一つです。最《もっと》も強い「横綱《よこづな》」の次の位にあたります。
(13)「入念《にゅうねん》」は、「念入り」という意味です。

48 パズル・実せん⑥ 97ページ

❶ (1) 関 (2) 祝 (3) 伝 (4) 芸

❷ (1) 静→清 (2) 係→孫

❸ (1) 夏はアツい。—暑
(2) 湯がアツい。—熱

❹ (1) ① 昨日 ② 説明 ③ 結末 ④ **おぼ** ⑤ **ほうほう** ⑥ **ざんねん**
(2) 16（画）

ポイント

❶「カン」という音読みの漢字は、「漢」「感」「観」などたくさんありますが、「係」と組み合わせて「カン係」という熟語《じゅくご》ができるのは「関《かん》」です。

❷ (1)「静」と「清《せい》」は、音読みが同じ「セイ」で、「青」の部分が同じなので、書きまちがいに気をつけましょう。「静けつ」の「静」を「清」に書き直します。
(2)「係」と「孫《そん》」は、「系」の部分が同じで形がにているので気をつけて書き分けましょう。「子係」の「係」を「孫」に書き直します。

❸「気温が高い」という場合には「暑い」と書き、「温度が高い」という場合には「熱《あつ》い」と書きます。

❹ (1) ③「結末《けつまつ》」は、「最後《さいご》に行き着いたところ」という意味です。「結」という漢字には「しめくくり」、「末」という漢字には、「終わり」という意味があります。

49 わたしたちの街《まち》 99ページ

❶
(1) 商店街 (2) 倉庫 (3) 付近
(4) 郡部 (5) 街角 (6) 付
(7) 街路 (8) 米倉 (9) 市街地
(10) 付着

(1) 老化
(2) 孫

まちがえたら、見直しましょう。 83ページ

ポイント

❶
(1)「街《がい》」の音読みは「ガイ」、訓読《くんよ》みは「まち」です。「街」は、「亻」の部分を「イ」と書かないように気をつけましょう。
(4)「郡部《ぐんぶ》」の「郡」は地理上の区画をしめすもので、「郡部」は、「郡にふくまれる地域《ちいき》」という意味です。
(5)「街角《まちかど》」は、「街の通り道の曲がり角・街の中」という意味です。
(8)「米倉《こめぐら》」は、「米をしまっておく倉庫《そうこ》」という意味です。「倉」の訓読みは「くら」、音読みは「ソウ」です。

50 博物館《はくぶつかん》の見学 101ページ

❶
(1) 博物館 (2) 建物 (3) 札
(4) 通貨 (5) 建 (6) 名札
(7) 博学 (8) 金貨 (9) 博士
(10) 改札口

(1) 覚
(2) 録画

まちがえたら、見直しましょう。 85ページ

❶ ポイント

(1)「博《はく》」は、九画目の「、」を書きわすれないようにしましょう。
(3)「札《さつ》」は「乚」の部分について、まがるところ・はねるところに気をつけて書きましょう。
(4)「通貨《つうか》」は、「しはらいの方法《ほうほう》として使うことができるお金」という意味です。
(7)「博学《はくがく》」は、「さまざまな学問に広く通じているさま」という意味です。
(9)「博士《はかせ》」は「はかせ」と読む、特別《とくべつ》な読み方をする言葉です。「はくし」と読む場合もあります。「はかせ」と読む場合は、「その学問についてくわしい知識《ちしき》がある人」という意味で用い、「はくし」と読む場合は、「学位《がくい》の一つで、大学院の博士課程《かてい》を修了《しゅうりょう》して審査《しんさ》などに合格《ごうかく》した者にあたえられるもの」という意味で用います。

51 交差点《こうさてん》で立ち止まる 103ページ

❶
(1)交差点 (2)察官 (3)車輪
(4)差 (5)察知 (6)二輪車
(7)指差 (8)長官 (9)首輪
(10)差

(1)月末 (2)伝説

まちがえたら、見直しましょう。 ≫87ページ

❶ ポイント

(3)「車輪《しゃりん》」の「輪」は、十画目の「一」を書きわすれないようにしましょう。「輪」の音読みは「リン」、訓読《くんよ》みは「わ」です。
(5)「察知《さっち》」は、「気がつくこと・見当をつけて知ること」という意味です。
(8)「長官《ちょうかん》」は、「省庁《しょうちょう》などで最《もっと》も位《くらい》の高い官」という意味です。「官」という漢字には、「役人」という意味があります。また、同じ「カン」という音読みで形のにている「管」という漢字があるので、気をつけて書き分けましょう。
(10)「差《さ》す」は、「光が当たる」という意味です。同じ読みの言葉に「指す」などがあります。「指す」は、「指などでしめす」という意味です。「差」の訓読みは「さ(す)」、音読みは「サ」です。

52 旅に出よう 105ページ

❶
(1)徒歩 (2)各地 (3)続
(4)道順 (5)続行 (6)各駅
(7)手続 (8)順調 (9)各自
(10)生徒

(1)海水浴 (2)熱中

まちがえたら、見直しましょう。 ≫89ページ

❶ ポイント

(1)「徒《と》」の「彳」の部分を「イ」と書かないようにしましょう。
(4)「道順《みちじゅん》」の「順」という漢字には、「道すじ・物事の順序《じゅんじょ》」という意味があります。
(8)「順調」は、「物事が調子よく進むこと・物事がとどこおることなく運ぶこと」という意味です。ここでの「順」という漢字は、「さしさわりがない・都合がよい」という意味で用いられています。

53 夕焼《ゆうや》けを見に行こう 107ページ

❶
(1)夕焼 (2)群 (3)浅
(4)巣 (5)大群 (6)焼
(7)群 (8)遠浅 (9)群
(10)巣箱

(1)記念 (2)伝

まちがえたら、見直しましょう。 ≫91ページ

❶ ポイント

(1)「夕焼《ゆうや》け」の「焼」は、「尭」の字形に気をつけて書くようにしましょう。
(3)「浅《あさ》い」の「浅」は、八画目の「ノ」や九画目の「、」を書きわすれないようにしましょう。
(5)「大群《たいぐん》」は、「動物などが作ったとても大きな集まり」という意味です。同じ読みの言葉に「大軍《たいぐん》」があるので気をつけましょう。「大軍」は、「とても多くの兵隊《へいたい》による軍」という意味です。
(8)「遠浅《とおあさ》」は、「海や川などが遠くまで浅くなっているさま」という意味です。

54 まとめのテスト⑬ 109ページ

❶
(1)あさ (2)す
(3)けん (4)ひや
(5)なづ (6)じぞく
(7)がいろ (8)てじゅん
(9)ふるす (10)や
(11)そうぞく (12)ぐんない
(13)はかせ

❷
(1)官 (2)徒 (3)点差
(4)魚群 (5)察 (6)各社
(7)表札 (8)銀貨 (9)時差
(10)一群 (11)船倉 (12)輪投

ポイント

❶(1)「浅《あさ》はか」は、「考えが足りないさま」という意味です。
(9)「古巣《ふるす》」は、「古くなった巣」という意味のほかに、「もともといた場所」という意味があります。
(11)「相続《そうぞく》」は、「受けつぐこと」という意味です。
❷(7)「表札《ひょうさつ》」は、「家の入口や門などに名前を書いてかけておく札《ふだ》」のことです。
(10)「一群《いちぐん》」は、「ひとかたまりの群《む》れ」という意味です。「群」は同じ「グン」という音読みで、「君」という部分も同じ「郡」に気をつけて書き分けましょう。また、「一群」には、「一軍《いちぐん》」という同じ読みの言葉もあるので気をつけましょう。
(11)「船倉《せんそう》」は、「船の荷物をおさめておくところ」、あるいは「船をおさめておくところ」という意味です。

55 まとめのテスト⑭ 111ページ

❶
(1)む (2)さ
(3)さっ (4)にふだ
(5)ゆびわ (6)がくと
(7)たいさ (8)かっこく
(9)ぐんせい (10)りんしょう
(11)こうさつ (12)がいこうかん
(13)ひゃっかてん

❷
(1)浅 (2)付 (3)焼
(4)博 (5)建 (6)巣立
(7)席順 (8)浅緑 (9)続出
(10)建国 (11)博 (12)市街地

ポイント

❶(3)「察《さっ》する」は、「おしはかって知る」という意味です。
(6)「学徒《がくと》」は、「学生と生徒・研究者」のことです。
(9)「群生《ぐんせい》」は、「同じ種類《しゅるい》の植物が一つのところに集まって生えること」という意味です。「群」の音読みは「グン」、訓読《くんよ》みは「む（れる）」「む（れ）」「むら」です。
(10)「輪唱《りんしょう》」は、「合唱で追いかけるように歌を歌うこと」という意味です。
❷(6)「巣立《すだ》ち」は、「ひなが巣を出ていくこと・子どもが親のもとをはなれていくこと」という意味です。

56 パズル・実せん⑦ 113ページ

❶(1)各 (2)続
❷(1)健→建 (2)単→巣 (3)着→付
❸(1)①みちじゅん ②はくぶつかん
③ひゃっかてん ④商店街 ⑤徒歩 ⑥察
(2)ア

ポイント

❶(1)「各国《かっこく》」「各駅《かくえき》」「各自《かくじ》」「各社《かくしゃ》」の熟語《じゅくご》ができます。「各」という漢字には、「それぞれ・おのおの」という意味があります。
❷(2)「連続《れんぞく》」「持続《じぞく》」「続行《ぞっこう》」「続出《ぞくしゅつ》」の熟語ができます。
(3)「くっつく」という意味の場合は「付《つ》く」と書くのが正しいので、「着く」を「付く」と書き直します。
❸(1)⑥「察《さつ》」は、「祭」の字形に気をつけて書くようにしましょう。

57 身のまわりの自然《しぜん》 115ページ

❶
(1)自然 (2)風景 (3)気候
(4)変 (5)天然 (6)変化
(7)全然 (8)夜景 (9)天候
(10)景色

(1)付
(2)街

まちがえたら、見直しましょう。
≫99ページ

ポイント

❶(1)「自然《しぜん》」の「然」は、「タ」を「夕」と書かないように気をつけましょう。「然」の音読みには、「ゼン」のほかに「ネン」があります。
(10)「景色《けしき》」は「けしき」と読む、特別《とくべつ》な読み方をする言葉です。

58 春の畑仕事 117ページ

❶
(1) 芽　(2) 害虫　(3) 固
(4) 梅　(5) 発芽　(6) 固有
(7) 梅林　(8) 芽生　(9) 有害
(10) 固

(1) 貨物
(2) 札

まちがえたら、見直しましょう。 ≫101ページ

ポイント

❶
(1)「芽《め》」は、「植物の種《たね》から最初《さいしょ》に生えてくる葉やくき」のことです。同じ読みの言葉に「目」があります。「目」は、「物を見るはたらきをする体の部分」のことです。「芽」の訓読《くんよ》みは「め」、音読みは「ガ」です。
(2)「害虫《がいちゅう》」は、「害をあたえる虫」という意味です。「害」という漢字には、「悪い結果《けっか》をあたえるもの」という意味があります。
(6)「固有《こゆう》」は、「そのものだけにあること・そのものだけがもっていること」という意味です。「固」の音読みは「コ」、訓読みは「かた(める)」「かた(まる)」「かた(い)」です。

59 暑い夏の庭 119ページ

❶
(1) 照　(2) 果実　(3) 種
(4) 井戸　(5) 日照　(6) 種類
(7) 果物　(8) 照　(9) 井
(10) 果

(1) 輪
(2) 観察

まちがえたら、見直しましょう。 ≫103ページ

ポイント

❶
(1)「照《て》る」の「照」は、形のにている「昭」に気をつけて書き分けましょう。「照」の訓読《くんよ》みは「て(る)」「て(らす)」「て(れる)」で、音読みは「ショウ」です。「昭」とは音読みも同じなので気をつけましょう。
(7)「果物《くだもの》」は、特別《とくべつ》な読み方をする言葉です。
(9)「井《い》の中のかわず」は、あとに「大海を知らず」と続《つづ》いて、「自分のせまい世界がすべてだと思って、広い世界があることを知らないこと」のたとえとして用いられることわざです。

60 秋の公園で遊ぶ 121ページ

❶
(1) 季節　(2) 散　(3) 松
(4) 節目　(5) 散歩　(6) 松竹梅
(7) 四季　(8) 調節　(9) 松葉
(10) 散

(1) 順番
(2) 続

まちがえたら、見直しましょう。 ≫105ページ

ポイント

❶
(1)「季節《きせつ》」の「季」は、一画目の「ノ」を書きわすれないようにしましょう。
(4)「節目《ふしめ》」は、「草や木などのふくれたところ」という意味です。「節」の訓読《くんよ》みは「ふし」、音読みは「セツ」です。熟語《じゅくご》によって、音読みで読むか訓読みで読むかがことなるので、気をつけて読み分けましょう。
(6)「松竹梅《しょうちくばい》」で三つの級を表すとき、「松《まつ》」が最《もっと》もよいものとされます。

61 冬の牧場《ぼくじょう》をおとずれる 123ページ

❶
(1) 牧場　(2) 周辺　(3) 冷
(4) 周　(5) 牧草　(6) 冷
(7) 辺　(8) 冷　(9) 海辺
(10) 冷気

(1) 群
(2) 浅

まちがえたら、見直しましょう。 ≫107ページ

ポイント

❶
(3)「冷《つめ》たい」の「冷」の部首は「冫」です。「氵」ではないので気をつけましょう。
(4)「周《まわ》り」は、「そのものをかこんでいる部分」という意味です。同じ読みの言葉に「回り」がありますが、「まわること」という意味で用いる場合は、「回り」と書きます。

62 まとめのテスト⑮ 125ページ

❶
(1)め (2)たね
(3)こうけい (4)かんせつ
(5)へいぜん (6)せいか
(7)がいちょう (8)しゅうゆう
(9)かんれい (10)しゅもく
(11)かき (12)くだもの
(13)けしき

❷
(1)松林 (2)固体 (3)梅酒
(4)牧 (5)照明 (6)変動
(7)分散 (8)梅園 (9)固形
(10)近辺 (11)放牧 (12)悪天候

ポイント

❶ (3)「光景《こうけい》」は「ながめ」のことで、にた意味の言葉は「風景」「景色《けしき》」です。
(5)「平然《へいぜん》」は、「何事もなかったかのように落ち着きはらっているさま」という意味です。
(8)「周遊《しゅうゆう》」は、「さまざまな土地を旅行して回ること」という意味です。

❷ (7)「分散《ぶんさん》」は、「分けて散《ち》らすこと」という意味です。

63 まとめのテスト⑯ 127ページ

❶
(1)うめ (2)か
(3)ひで (4)さんすい
(5)ゆうぼく (6)しんぺん
(7)じこう (8)きょうこ
(9)たいしょうてき (10)はっさん
(11)いっぺん (12)きしべ
(13)せいしょう

❷
(1)冷 (2)雨季［雨期］ (3)新芽
(4)当然 (5)節分 (6)青果
(7)公害 (8)周回 (9)景品
(10)種子 (11)冬季 (12)井戸

ポイント

❶ (5)「遊牧《ゆうぼく》」は、「一つのところに定まらずに、牛や羊などを連《つ》れて牧畜《ぼくちく》を行うこと」という意味です。
(6)「身辺《しんぺん》」は、「身のまわり」という意味です。「辺」の音読みは「ヘン」ですが、「身辺」の場合は「ヘン」を「ペン」と読むことに気をつけましょう。
(9)「対照的《たいしょうてき》」は、「二つのもののちがいがとても目立っているさま」という意味です。

64 パズル・実せん⑧ 129ページ

❶ (1)固 (2)害
❷ (1)冷 (2)覚
❸ (1)ア (2)ウ
❹ (1)①うみべ ②しき ③か
④風景 ⑤果物 ⑥牧場
(2)人工

ポイント

❶ (1)「固定《こてい》」「固形《こけい》」「固有《こゆう》」「固体《こたい》」の熟語《じゅくご》ができます。
(2)「公害《こうがい》」「有害《ゆうがい》」「害虫《がいちゅう》」「害鳥《がいちょう》」の熟語ができます。

❷ (1)「冷《れい》」の訓読《くんよ》みには、「つめ(たい)」「ひ(える)」「ひ(や)」「ひ(やす)」「ひ(やかす)」「さ(める)」「さ(ます)」があるので、気をつけて書き分けましょう。

❸ (1)アは「ふしめ」、イは「ちょうせつ」、ウは「せつやく」、エは「かんせつ」と読みます。
(2)アは「ひんしゅ」、イは「しゅもく」、ウは「なたね」、エは「しゅるい」と読みます。

❹ (1)①「海辺《うみべ》」の「辺」は訓読みで「べ」と読みます。
(2)「人工」は同じ読みの「人口」と書き分けましょう。

65 選挙《せんきょ》の様子① 131ページ

❶
(1)選挙 (2)氏名 (3)投票
(4)選 (5)票数 (6)当選
(7)挙手 (8)氏 (9)選
(10)挙

(1)然
(2)変身

まちがえたら、見直しましょう。
115ページ

ポイント

❶ (1)「選挙《せんきょ》」の「選」の音読みは「セン」、訓読《くんよ》みは「えら(ぶ)」です。「挙」の音読みは「キョ」、訓読みは「あ(げる)」「あ(がる)」です。「挙」は、「⺍」を「⺌」と書かないように気をつけましょう。
(2)「氏名《しめい》」は、「指名」「使命」などの同じ読みの言葉があるので、気をつけて書き分けましょう。
(10)「挙《あ》げる」は、「表し、しめす」という意味です。同じ読みの言葉に「上げる」がありますが、「上げる」は「高いほうに動かす」という意味です。

66 選挙《せんきょ》の様子② 133ページ

❶
(1)大臣 (2)府 (3)議員
(4)市民 (5)家臣 (6)府立
(7)会議 (8)国民 (9)議長
(10)民族

(1)固定
(2)害

まちがえたら、見直しましょう。 117ページ

❶ ポイント
(1)「大臣《だいじん》」の「臣」は、筆順《ひつじゅん》に気をつけて書きましょう。「一→丅→厂→戸→戸→臣」の順で書きます。また、「臣」は「ジン」のほかに、「シン」という音読みがあるので気をつけましょう。
(5)「家臣《かしん》」は、「その家に仕える人・家来」という意味です。
(10)「民族《みんぞく》」は、「言語や人種《じんしゅ》などが同じで、同じ集《しゅう》団《だん》の者であるという意識《いしき》でつながっているまとまり」という意味です。

67 漁業《ぎょぎょう》にたずさわる人々 135ページ

❶
(1)漁船 (2)灯台 (3)沖
(4)海底 (5)漁 (6)船底
(7)大漁 (8)沖合 (9)電灯
(10)底力

(1)結果
(2)品種

まちがえたら、見直しましょう。 119ページ

❶ ポイント
(1)「漁船《ぎょせん》」の「漁」は、「ギョ」という音読みのほかに、「リョウ」という音読みもあるので気をつけましょう。
(2)「灯台《とうだい》」は、「海にいる船に、光によって場所をしめす施設《しせつ》」のことです。
(7)「大漁《たいりょう》」は、「漁でたくさん魚がとれること」という意味です。同じ読みの言葉に「大量」があるので、気をつけて書き分けましょう。
(8)「沖合《おきあ》い」は、「海などで岸から遠くはなれた辺《あた》り」という意味です。

68 工業がさかんな街《まち》 137ページ

❶
(1)印刷 (2)機械 (3)印
(4)刷 (5)印 (6)刷
(7)機関車 (8)刷新 (9)矢印
(10)器械

(1)節約
(2)散

まちがえたら、見直しましょう。 121ページ

❶ ポイント
(1)「印刷《いんさつ》」の「印」は、音読みは「イン」、訓読《くんよ》みは「しるし」です。「印」は、筆順《ひつじゅん》に気をつけて書きましょう。「ノ→亻→F→E→E7→印」の順で書きます。「刷」の音読みは「サツ」、訓読みは「す(る)」です。
(8)「刷新《さっしん》」は、「すっかり新しくすること」という意味です。
(10)「器械《きかい》体そう」は、「鉄ぼうやとび箱などの器械を用いて行う体そう」のことです。同じ読み方でも、小さなものの場合は「器械」、大きく複雑《ふくざつ》なものの場合は「機械《きかい》」と書くことが一般的《いっぱんてき》です。

69 農業を体験《たいけん》する 139ページ

❶
(1)働 (2)便利 (3)農産物
(4)労働 (5)産 (6)働
(7)利点 (8)便 (9)産
(10)定期便

(1)冷
(2)一周

まちがえたら、見直しましょう。 123ページ

❶ ポイント
(5)「産《う》む」と同じ読みの言葉に「生む」があります。多くの場合、子どもやたまごをうむという場合は「産む」、それ以外《いがい》の場合は「生む」を用います。
(10)「定期便《ていきびん》」は、「定期的に輸送《ゆそう》を行う交通機関《きかん》」という意味です。「便」という漢字には、「交通や通信《つうしん》の手立て」という意味があります。

70 まとめのテスト⑰ 141ページ

❶
(1)えら　(2)ひょうあつ
(3)しぞく　(4)みんしゅてき
(5)けしいん　(6)じつどう
(7)きょうとふ　(8)せんこう
(9)しんみん　(10)でんぴょう
(11)ふべん　(12)へいし
(13)いんがし

❷
(1)出産　(2)有利　(3)灯油
(4)機長　(5)川底　(6)漁業
(7)刷　(8)議題　(9)点灯
(10)挙式　(11)産業　(12)機械化

ポイント

❶ (3)「氏族《しぞく》」は、「同じ祖先《そせん》をもつ集団《しゅうだん》」という意味です。
(4)「民主的《みんしゅてき》」は、「人間の自由と平等を重んじるという民主主義《しゅぎ》のあり方にかなっているさま」という意味です。
(9)「臣民《しんみん》」は、「国を治《おさ》める人物の支配下《しはいか》にある人々」という意味です。
(10)「伝票《でんぴょう》」は、「取り引きの内容《ないよう》を記入した紙」のことです。「票」の音読みは「ヒョウ」ですが、「伝票」の場合は「ヒョウ」を「ピョウ」と読むことに気をつけましょう。

❷ (4)「機長《きちょう》」の「機」は、「幾」の字形に気をつけて書きましょう。
(7)「縮刷《しゅくさつ》」は、「小さくちぢめて刷《す》る」という意味です。

71 まとめのテスト⑱ 143ページ

❶
(1)いろず　(2)いっきょ
(3)きき　(4)しょうとう
(5)めいさん　(6)しゅつりょう
(7)ていへん　(8)ぎかい
(9)りこう　(10)がいとう
(11)どうき　(12)さつ
(13)たいきょ

❷
(1)便　(2)働　(3)印
(4)開票　(5)選出　(6)重臣
(7)民家　(8)選定　(9)各氏
(10)沖　(11)臣下　(12)都道府県

ポイント

❶ (2)「一挙《いっきょ》」は、「一気に」という意味です。
(9)「利口《りこう》」は、「かしこいこと」という意味です。
(11)「動機《どうき》」は、「人が行動を起こすことになった原因《げんいん》」という意味です。「機」という漢字には、「心のはたらき」という意味があります。(3)「機器《きき》」では、「からくり」「しかけ」という意味で用いられています。
(13)「大挙《たいきょ》」は、「たくさんの人が集まって行動すること」という意味です。

❷ (11)「臣下《しんか》」は、「国家を治《おさ》める人に仕える者・家来」という意味です。同じ読みの言葉に「進化」があるので、気をつけて書き分けましょう。

72 パズル・実せん⑨ 145ページ

❶ 印刷・便利・漁業・灯台（順不同）
❷ (1)①票　②標
(2)①底　②低
❸ (1)3（画目）　(2)10（画目）
❹ (1)①ぎいん　②せんきょ
③だいじん
④国民　⑤出産　⑥機会
(2)働く

ポイント

❶ 漢字の意味を考えて、できる熟語《じゅくご》を答えましょう。
❷ 同じ音読みの漢字は、熟語の意味を考えて書き分けるようにしましょう。
❸ (1)「氏《し》」は、「丿→𠂆→𠂇→氏」の順《じゅん》で書きます。
(2)「械《かい》」は、「一→十→才→木→木一→朾→析→械→械→械」の順で書きます。
❹ (1)⑥「機械《きかい》」と書きまちがえないようにしましょう。

73 都道府県《とどうふけん》① 147ページ

❶
(1)茨城　(2)宮城　(3)栃木
(4)埼玉　(5)城　(6)栃
(7)城下町　(8)茨　(9)栃
(10)城門

❷
(1)挙
(2)選手

まちがえたら、見直しましょう。
≫131ページ

ポイント

❶ (1)「茨城《いばらき》」の「城」を「木」としないように気をつけましょう。
(3)「栃木《とちぎ》」の「栃」は、「厉」の部分の字形に気をつけて書くようにしましょう。
(5)「城《しろ》」の訓読《くんよ》みは「しろ」、音読みは「ジョウ」です。

74 都道府県《とどうふけん》② 149ページ

❶
(1) 新潟　(2) 富山　(3) 山梨
(4) 静岡　(5) 福岡　(6) 岡山
(7) 富士山　(8) 富　(9) 潟
(10) 富

(1) 不思議　(2) 民話

まちがえたら、見直しましょう。 ≫133ページ

❶ ポイント
(1)「新潟《にいがた》」の「潟」は、「舄」の字形に気をつけて書くようにしましょう。
(7)「富士山《ふじさん》」の「富」の音読みは「フ」、訓読《くんよ》みは「と(む)」「とみ」です。
(9)「干潟《ひがた》」は、「海岸でしおが引いたときにあらわれる浅《あさ》いところ」という意味です。

75 都道府県《とどうふけん》③ 151ページ

❶
(1) 岐阜　(2) 奈良　(3) 神奈川
(4) 良　(5) 最良　(6) 良
(7) 奈落　(8) 良薬　(9) 良
(10) 良品

(1) 漁港　(2) 地底

まちがえたら、見直しましょう。 ≫135ページ

❶ ポイント
(4)「良い《よ》」の「良」の訓読《くんよ》みは「よ(い)」、音読みは「リョウ」です。
(7)「奈落《ならく》の底《そこ》」は、「地ごくの底・ぬけ出すことのできない底」という意味です。
(8)「良薬《りょうやく》は口に苦し」は、「よくきく良《よ》い薬は苦くて飲みにくい」という意味から、「自分のためになる良い注意の言葉は、聞くのがつらい」という意味をもつようになったことわざです。

76 都道府県《とどうふけん》④ 153ページ

❶
(1) 滋賀　(2) 佐賀　(3) 大阪
(4) 兵庫　(5) 兵力　(6) 大佐
(7) 年賀　(8) 賀正　(9) 佐
(10) 水兵

(1) 目印　(2) 旅客機

まちがえたら、見直しましょう。 ≫137ページ

❶ ポイント
(1)「滋賀《しが》」の「滋」は、「兹」の字形に気をつけて書くようにしましょう。
(3)「大阪《おおさか》」は、かつては「大坂」と書かれることもありましたが、現在《げんざい》、正式には「大阪」と書くので気をつけましょう。
(6)「大佐《たいさ》」は、軍人《ぐんじん》の階級の一つです。
(8)「賀正《がしょう》」は、「年賀状《ねんがじょう》などに書く新年を祝《いわ》う言葉」のことです。
(9)「補佐《ほさ》」は、「ある人の仕事を果《は》たさせるために、助けることや、その人」という意味です。

77 都道府県《とどうふけん》⑤ 155ページ

❶
(1) 愛媛　(2) 香川　(3) 宮崎
(4) 長崎　(5) 熊本　(6) 鹿児島
(7) 香　(8) 鹿　(9) 香
(10) 小鹿

(1) 勝利　(2) 国産

まちがえたら、見直しましょう。 ≫139ページ

❶ ポイント
(1)「愛媛《えひめ》」の「媛」は、「爰」の字形に気をつけて書きましょう。
(2)「香川《かがわ》」の「香」には、「か」「かお(り)」「かお(る)」の三つの訓読《くんよ》みがあります。
(3)「宮崎《みやざき》」と(4)「長崎《ながさき》」の「崎」は、字形のにた「埼《さい》」に気をつけて書き分けましょう。
(5)「熊本《くまもと》」の「熊」は、「灬」の点の向きに気をつけて書くようにしましょう。

78 まとめのテスト⑲ 157ページ

❶
(1) いばらき　(2) みやぎ
(3) とちぎ　(4) さいたま
(5) にいがた　(6) とやま
(7) やまなし　(8) しずおか
(9) ふくおか　(10) おかやま
(11) しろ　(12) なし
(13) がた

❷
(1) 良[善]　(2) 鹿　(3) 香
(4) 兵隊　(5) 熊手　(6) 兵器
(7) 良心　(8) 白熊　(9) 出兵
(10) 鹿　(11) 改良　(12) 祝賀会

❶ ポイント
(1)「茨城《いばらき》」は、「いばらぎ」ではなく「いばらき」と読むのが正しいので、まちがえないように気をつけましょう。

❷
(5)「熊手《くまで》」は、「落ち葉などをかき集めるための

熊の手のような形をした道具」のことです。
(7)「良心《りょうしん》」は、「正しい行いをしようとする心のはたらき」のことです。同じ読みの言葉に「両親」があるので気をつけましょう。

79 まとめのテスト⑳ 161ページ

❶ (1)ぎふ (2)なら (3)かながわ (4)しが (5)さが (6)おおさか (7)ひょうご (8)えひめ (9)かがわ (10)みやざき (11)ながさき (12)くまもと (13)かごしま

❷ (1)栃 (2)茨 (3)梨 (4)古城 (5)富 (6)城主 (7)洋梨 (8)栃 (9)富 (10)水梨 (11)富 (12)城

ポイント

❶ (10)「宮崎《みやざき》」は「崎」を「ざき」、(11)「長崎《ながさき》」は「崎」を「さき」と読むので気をつけましょう。

❷ (1)「栃《とち》」は、ムクロジ科の落葉高木「トチノキ」の別名《べつめい》です。
(2)「茨《いばら》」は、バラなどのとげのある低木《ていぼく》のことです。
(10)「水梨《みずなし》」は、梨の品種《ひんしゅ》の一つです。

80 パズル・実せん⑩ 161ページ

❶ (1)良 (2)兵

❷ イ

❸ 佐→茨→媛→熊

❹ ①新潟 ②栃木 ③埼玉 ④神奈川 ⑤山梨 ⑥静岡 ⑦富山 ⑧岐阜 ⑨滋賀 ⑩大阪 ⑪長崎 ⑫鹿児島

ポイント

❶ (1)「良心《りょうしん》」「良薬《りょうやく》」「改良《かいりょう》」「最良《さいりょう》」の熟語《じゅくご》ができます。
(2)「出兵《しゅっぺい》」「水兵《すいへい》」「兵隊《へいたい》」「兵器《へいき》」の熟語ができます。

❷ アは「こじょう」、イは「ねじろ」、ウは「じょうしゅ」、エは「じょうかまち」と読みます。

❸ 「茨」は九画、「熊」は十四画、「佐」は七画、「媛」は十二画で書きます。

❹ 都道府県《とどうふけん》名を、漢字で書けるようにしておきましょう。

81 そうふく習＋先取り① 163ページ

❶ (1)沖 (2)陸 (3)欠席 (4)必要 (5)伝説 (6)結果 (7)提案 (8)状態

❷ (1)願う (2)積もる (3)招く (4)述べる

❸ (1)給 (2)単 (3)断 (4)賛

❹ (1)つと (2)あらた (3)きせつ (4)いんさつ (5)たっせい (6)いきお (7)おうふく

ポイント

❶ (7)「提案《ていあん》」は、「意見や議題《ぎだい》などを会議などの場に差《さ》し出すこと」という意味です。「提」は五年生で学習する漢字です。

❷ (3)「招《まね》く」の「招」の訓読《くんよ》みは「まね（く）」、音読みは「ショウ」です。「招」も五年生で学習します。
(4)「述《の》べる」の「述」の訓読みは「の（べる）」、音読みは「ジュツ」です。「述」も五年生で学習します。

❸ (1)「自給自足《じきゅうじそく》」は、「必要《ひつよう》なものを自分自身で作ること」という意味です。
(2)「単刀直入《たんとうちょくにゅう》」は、「いきなり話の本題に入ること」という意味です。「単」を「短」と書くまちがいが多いので注意しましょう。
(3)「言語道断《ごんごどうだん》」は、「あきれて言葉が出てこないほどひどいさま」という意味です。
(4)「自画自賛《じがじさん》」は、「自分自身で自分をほめること」という意味です。

82 そうふく習＋先取り② 165ページ

❶ (1)熊 (2)城 (3)失敗 (4)材料 (5)健康 (6)包帯 (7)編集 (8)個性

❷ (1)連れる (2)加える (3)破れる (4)迷う

❸ (1)折 (2)冷 (3)余 (4)貸

❹ (1)ともだち (2)けしき (3)しみず (4)めがね

ポイント

❶ (3)「失敗《しっぱい》」の反対の意味の言葉は「成功《せいこう》」です。
(8)「個性《こせい》」は、「その人だけがもっている性質《せいしつ》」という意味です。「個」も「性」も五年生で学習します。

❷ (3)「破《やぶ》れる」には、「敗《やぶ》れる」という同じ読みの言葉があるので注意しましょう。「破」の訓読《くんよ》みは「や

ぶ(る)」「やぶ(れる)」、音読みは「ハ」です。

❸ (4)「貸《か》す」と反対の意味の言葉は「借《か》りる」です。

83 そうふく習＋先取り③

167ページ

❶ (1)縄 (2)仲 (3)約束 (4)成功 (5)栄養 (6)辞典 (7)減少 (8)検査

❷ (1)①票 ②標 (2)①像 ②象

❸ (1)灯台 (2)良薬 (3)念仏 (4)備

❹ (1)①せんきょ ②あ (2)①でんごん ②つた (3)①しゅうい ②かこ

ポイント

❶ (2)「仲《なか》」は、同じ読みの「中」に注意して書き分けましょう。

(7)「減少《げんしょう》」の反対の意味の言葉は「増加《ぞうか》」です。「減」の音読みは「ゲン」、訓読《くんよ》みは「へ(る)」「へ(らす)」です。「減」「増」は五年生で学習します。

❷ 同じ音読みで、同じ部分をもつ漢字を注意して書き分けましょう。(2)は、ともに五年生で学習します。

❸ (4)「備《そな》え」は、「用意・準備《じゅんび》」という意味です。「備」は五年生で学習します。

❹ それぞれ、①は音読み、②は訓読みで読みます。

漢字ギガドリル　小学4年

さくいん

四年生で習うすべての漢字を、音読みの五十音順《ごじゅうおんじゅん》にならべています。音読みを小学校で習わない漢字や、訓読《くんよ》みしかない漢字は、訓読みでならべています。

臣 133
信 3
巣 107
成 23
省 21
清 89
静 5
席 41
積 19
折 69
節 121
説 87
戦 53
選 131
然 115
争 53
倉 99
束 9
側 21
続 105
卒 43
孫 83

タ

帯 69
隊 53
達 57
単 37
置 75
兆 37
低 43
底 135
的 19
典 55
伝 91
徒 105
努 27
灯 135
働 139
特 11
徳 7
栃 147

ナ

奈 151
仲 7
泣 69
梨 149
縄 57
熱 89
念 91

ハ

敗 23
梅 117
博 101
阪 153
飯 73
飛 27
必 27
票 131
標 57
不 5
夫 83
付 99
府 133
阜 151
富 149
副 39
兵 153
別 11
辺 123
変 115
便 139
包 69
法 91
望 5
牧 123

マ

末 87
満 35
未 35
民 133
無 71

ヤ

約 9
焼 107
勇 3
要 27
養 71
浴 89

ラ

利 139
陸 59
良 151
料 51
量 51
輪 103
類 75
令 25
冷 123
例 19
連 39
老 83
労 25
録 85

ワ

笑 9

小学四年生の漢字 202字

※「—」は音読みまたはくん読みの読みがないことを表します。

漢字	音読み	くん読み
愛	アイ	—
浅	(セン)	あさい
案	アン	—
井	(セイ)、(ショウ)	い
以	イ	—
衣	イ	(ころも)
位	イ	くらい
茨	—	いばら
印	イン	しるし
英	エイ	—
栄	エイ	さかえる、(はえ)、(はえる)
塩	エン	しお
媛	(エン)	—
岡	—	おか
沖	(チュウ)	おき
億	オク	—
加	カ	くわえる、くわわる
果	カ	はたす、はてる、はて
貨	カ	—
課	カ	—
芽	ガ	め
賀	ガ	—
改	カイ	あらためる、あらたまる
械	カイ	—
害	ガイ	—
街	ガイ、(カイ)	まち
各	カク	(おのおの)
覚	カク	おぼえる、さます、さめる
潟	—	かた
完	カン	—
官	カン	—
管	カン	くだ
関	カン	せき、かかわる
観	カン	—
願	ガン	ねがう
岐	(キ)	—
希	キ	—
季	キ	—
旗	キ	はた
器	キ	(うつわ)
機	キ	(はた)
議	ギ	—
求	キュウ	もとめる
給	キュウ	—
挙	キョ	あげる、あがる
漁	ギョ、リョウ	—
共	キョウ	とも
協	キョウ	—
鏡	キョウ	かがみ
競	キョウ、ケイ	(きそう)、(せる)
極	キョク、(ゴク)	(きわめる)、(きわまる)、(きわみ)
熊	—	くま
訓	クン	—
軍	グン	—
郡	グン	—
群	グン	むれる、むれ、むら
径	ケイ	—
景	ケイ	—
芸	ゲイ	—
欠	ケツ	かける、かく
結	ケツ	むすぶ、(ゆう)、(ゆわえる)
建	ケン、(コン)	たてる、たつ
健	ケン	(すこやか)
験	ケン、(ゲン)	—
固	コ	かためる、かたまる、かたい
功	コウ、(ク)	—
好	コウ	このむ、すく
香	(コウ)、(キョウ)	か、かおり、かおる
候	コウ	(そうろう)
康	コウ	—
佐	サ	—
差	サ	さす
菜	サイ	な
最	サイ	もっとも
埼	—	さい
材	ザイ	—
崎	—	さき
昨	サク	—
札	サツ	ふだ
刷	サツ	する
察	サツ	—
参	サン	まいる
産	サン	うむ、うまれる、(うぶ)
散	サン	ちる、ちらす、ちらかす、ちらかる
残	ザン	のこる、のこす
氏	シ	(うじ)
司	シ	—
試	シ	こころみる、(ためす)
児	ジ、(ニ)	—
治	ジ、チ	おさめる、おさまる、なおる、なおす
滋	(ジ)	—
辞	ジ	(やめる)
鹿	—	しか、か
失	シツ	うしなう
借	シャク	かりる
種	シュ	たね
周	シュウ	まわり
祝	シュク、(シュウ)	いわう
順	ジュン	—
初	ショ	はじめ、はじめて、はつ、(うい)、(そめる)
松	ショウ	まつ
唱	ショウ	となえる
照	ショウ	てる、てらす、てれる
城	ジョウ	しろ

録 ロク —	輪 リン わ	要 ヨウ かなめ (いる)	末 マツ (バツ) すえ	別 ベツ わかれる	不 フ ブ —	梅 バイ うめ	奈 ナ —	伝 デン つたわる つたえる つたう	達 タツ —	倉 ソウ くら	積 セキ つむ つもる	臣 シン ジン —
笑 (ショウ) わらう (えむ)	類 ルイ たぐい	養 ヨウ やしなう	満 マン みちる みたす	辺 ヘン あたり べ	夫 フ (フウ) おっと	博 ハク (バク) —	仲 (チュウ) なか	徒 ト —	単 タン —	束 ソク たば	折 セツ おる おり おれる	信 シン —
	令 レイ —	浴 ヨク あびる あびせる	未 ミ —	変 ヘン かわる かえる	付 フ つける つく	阪 (ハン) —	泣 (キュウ) なく	努 ド つとめる	置 チ おく	側 ソク がわ	節 セツ (セチ) ふし	巣 (ソウ) す
	冷 レイ つめたい・ひえる・ひや・ひやす・ひやかす・さめる・さます	利 リ (きく)	民 ミン (たみ)	便 ベン ビン たより	府 フ —	飯 ハン めし	梨 — なし	灯 トウ (ひ)	兆 チョウ (きざす) (きざし)	続 ゾク つづく つづける	説 セツ (ゼイ) とく	成 セイ (ジョウ) なる なす
	例 レイ たとえる	陸 リク —	無 ム ブ ない	包 ホウ つつむ	阜 フ —	飛 ヒ とぶ とばす	縄 (ジョウ) なわ	働 ドウ はたらく	低 テイ ひくい ひくめる ひくまる	卒 ソツ —	戦 セン たたかう (いくさ)	省 セイ ショウ はぶく (かえりみる)
	連 レン つらなる つらねる つれる	良 リョウ よい	約 ヤク —	法 ホウ (ハッ) (ホッ) —	富 フ (フウ) とむ とみ	必 ヒツ かならず	熱 ネツ あつい	特 トク —	底 テイ そこ	孫 ソン まご	選 セン えらぶ	清 セイ (ショウ) きよい きよまる きよめる
	老 ロウ おいる (ふける)	料 リョウ —	焼 (ショウ) やく やける	望 ボウ (モウ) のぞむ	副 フク —	票 ヒョウ —	念 ネン —	徳 トク —	的 テキ まと	帯 タイ おびる おび	然 ゼン ネン —	静 セイ (ジョウ) しず しずか しずまる しずめる
	労 ロウ —	量 リョウ はかる	勇 ユウ いさむ	牧 ボク (まき)	兵 ヘイ ヒョウ —	標 ヒョウ —	敗 ハイ やぶれる	栃 — とち	典 テン —	隊 タイ —	争 ソウ あらそう	席 セキ —